〈OECDソウル宣言進捗レビュー〉

インターネット経済
デジタル経済分野の公共政策

経済協力開発機構（OECD）［編著］
入江晃史［訳］
IRIE Akifumi

The Internet Economy on the Rise
PROGRESS SINCE THE SEOUL DECLARATION

明石書店

経済協力開発機構（OECD）

　経済協力開発機構（Organisation for Economic Co-operation and Development, OECD）は、民主主義を原則とする34か国の先進諸国が集まる唯一の国際機関であり、グローバル化の時代にあって経済、社会、環境の諸問題に取り組んでいる。OECDはまた、コーポレート・ガバナンスや情報経済、高齢化等の新しい課題に先頭になって取り組み、各国政府のこれらの新たな状況への対応を支援している。OECDは各国政府がこれまでの政策を相互に比較し、共通の課題に対する解決策を模索し、優れた実績を明らかにし、国内および国際政策の調和を実現する場を提供している。

　OECD加盟国は、オーストラリア、オーストリア、ベルギー、カナダ、チリ、チェコ、デンマーク、エストニア、フィンランド、フランス、ドイツ、ギリシャ、ハンガリー、アイスランド、アイルランド、イスラエル、イタリア、日本、韓国、ルクセンブルク、メキシコ、オランダ、ニュージーランド、ノルウェー、ポーランド、ポルトガル、スロバキア、スロベニア、スペイン、スウェーデン、スイス、トルコ、英国、米国である。欧州委員会もOECDの活動に参加している。

　OECDが収集した統計、経済、社会、環境の諸問題に関する研究成果は、加盟各国の合意に基づく協定、指針、標準と同様にOECD出版物として広く公開されている。

　本書はOECDの事務総長の責任のもとで発行されている。本書で表明されている意見や主張は必ずしもOECDまたはその加盟国政府の公式見解を反映するものではない。

Originally Published in English under the title:

"The Internet Economy on the Rise: Progress since the Seoul Declaration"

© OECD, 2013
© インターネット経済──デジタル経済分野の公共政策〈OECDソウル宣言進捗レビュー〉, Japanese language edition, Organisation for Economic Co-operation and Development, Paris, and Akashi Shoten Co., Ltd., Tokyo 2015

The quality of the Japanese translation and its coherence with the original text is the responsibility of Akashi Shoten Co., Ltd.

序　文

　今、世界中の政府が、新たな成長の源泉を見つけ、雇用を創出し、自国民の福祉（well-being）を向上させようとしている。インターネット経済はまさにそのための大いなる機会を意味する。

　OECD地域の10億近くのブロードバンド契約により、インターネットは今、役に立つプラットフォームから必要不可欠な多面的なインフラに変わった。このインフラは、コミュニケーション、協力、イノベーション、包摂的な参加、経済成長を可能にするため、オープンで分散的であることを維持する必要がある。例えば、米国では企業部門の付加価値の13パーセントまでインターネット関連の活動に帰することができ、この数字は伸びている。

　2008年の「インターネット経済の将来のためのソウル閣僚宣言」は、インターネット政策の転換点であった。インターネットの本質的性格と機能について、政府が企業、市民社会、技術コミュニティと協働してその発展を最善な形で導くことが必要であると認識された。当時、閣僚たちはOECD事務局に対し、同宣言の採択後3年以内に、同宣言を実施する際に国内や国際レベルにおける進捗をレビューし評価することを要請した。このレビューにおける主な政策関連分野は、次のとおりである。

- 通信インフラへの投資などを通じて我々の経済を刺激し強化する取組
- 電子商取引において消費者を保護し強化するための決然たる行動
- ネットワークセキュリティを向上させる対策
- 部門全体（例：メディア、エンターテインメント部門）を変革し、サービスイノベーションを可能にするものとしてのインターネットを利用する政策

当該レビューでは、インターネット経済は経済全体を後押しする可能性を持った新たな成長の源泉となるまで到達したことを強調している。インターネット経済は、イノベーション、競争、利用者の参加を促進し、効果的に社会全体の繁栄に貢献する力を持っている。これは特に、我々が直面している、又は近い将来に直面することが予想される経済的・社会的課題を考えると重要である。

　インターネット経済の高まり続ける重要性を前提とすると、この分野でイノベーションを梃入れすることは、政府が効果的にこれらの課題に取り組むために特に重要となるだろう。我々は次回のOECD閣僚級会合がインターネットの可能性について政府トップの意識を啓発し、インターネットのオープンで分散的な性格を保全するインターネット政策策定に対するマルチステークホルダーアプローチの重要性を強調する取組を歓迎する。

　私はそれゆえ、OECD情報・コンピュータ・通信政策委員会（ICCP）――現・OECDデジタル経済政策委員会（CDEP）――とOECD消費者政策委員会（CCP）、そして特にこのレビュー過程を主導したICCP議長Jorgen Abild Andersen氏に祝辞と感謝をしたい。この報告書は「持続可能な経済成長とより良い生活のためのより良いインターネット政策」に対し重要な貢献をするものである。

経済協力開発機構（OECD）事務総長
アンヘル・グリア（Angel Gurría）

はじめに

　2008年の「インターネット経済の将来に係るソウル閣僚級会合」に参加した閣僚たちは、宣言（「ソウル宣言」）を採択し、そこでOECDの将来の取組を指摘した。これは、1）インターネット経済の更なる分析を行い、この分析に基づき、2）インターネット経済の将来の発展を推進するため、規制の原則、ガイドライン、その他のルールを策定することを目指すものである。加えて、閣僚たちは気候変動などのグローバルな課題に対応するため、インターネットと関連ICTの役割をさらに調査する必要性を強調した。閣僚たちはOECD事務局に対し、ソウル宣言をその採択後3年以内にレビューすることを指示した。

　本書は、ソウル宣言の実施状況をレビューし、今後の取組分野を提案するものである。レビューは3つの観点から7つのテーマに整理される。3つの観点とは、1）インターネット経済の主要構成要素、2）インターネットが適切に機能するための枠組条件、3）インターネットが達成するべき社会経済的利益である。

　本レビューは、OECD情報・コンピュータ・通信政策委員会（ICCP）の下で、同委員会の作業部会からのインプットとOECD消費者政策委員会（CCP）からの協力を得て準備された。OECD加盟国の代表団は、ソウル政策質問票に回答し、いくつかの報告書へコメントすることで大きく貢献した。

　本レビューは関係者全員の努力の成果であり、分野横断的アプローチを採用している。OECD科学技術産業局（OECD Directorate for Science, Technology and Industry）の情報・通信・消費者政策課（Information, Communications and Consumer Policy Division）が調整を行い、Anne CarblancとDimitri Ypsilantiの指導とVerena Weberの全体調整の下で作成された。

　第1章「ソウル宣言：進捗の概観と将来の取組の提言」は、レビューさ

れた全分野における主な結果を要約している。Brigitte Acoca、Christian Reimsbach-Kounatze、Verena Weberが執筆した。

　第2章は、「高速インフラを経由したインターネットへのアクセス」に関し、通信インフラ分野でなされた進捗を詳しく見る。Deborah Alcocer氏の貢献によりVerena Weberが執筆した。

　第3章は、「イノベーションと持続可能性：デジタルコンテンツとグリーンICT」に関し、デジタルコンテンツとグリーンICTに着目することにより、アプリケーション層でなされた進捗を見る。Deborah Alcocer、Karine Perset、Rudolf Van der Berg各氏の貢献により、Verena Weberが執筆した。

　第4章は、「消費者の強化と保護」に関し、消費者政策における進展を見る。寺内彩子氏の貢献により、Brigitte Acocaが執筆した。

　第5章は、「インターネット経済へのグローバルな参加」に関し、開発のためのインターネットとICTの分野においてなされた進捗に着目する。Caroline PauvnovとVerena Weberが執筆した。

インターネット経済
デジタル経済分野の公共政策
〈OECD ソウル宣言進捗レビュー〉

目　次

序　文 ··· 3
はじめに ·· 5
図表一覧 ·· 12
頭字語・略語一覧 ··· 15
インターネット経済の将来のための宣言（ソウル宣言）················· 21

第1章　ソウル宣言：進捗の概観と将来の取組の提言 ············ 29
　はじめに ··· 30
　第1節　インターネット経済の主要構成要素 ··································· 33
　　1.1　高速インフラによるインターネットへのアクセス ······················ 34
　　1.2　デジタルコンテンツ：経済成長のためのイノベーション ··········· 38
　　1.3　データ駆動型インターネット経済のためのスマートアプリケーション ···· 44
　第2節　インターネット経済のための基本的枠組 ···························· 49
　　▶コラム 1.1　オンライン上の児童の保護 ······································ 50
　　2.1　サイバーセキュリティ ··· 51
　　2.2　プライバシー ·· 53
　　2.3　消費者保護と強化 ·· 56
　　2.4　オープン性 ·· 62
　第3節　インターネット経済のための社会経済的目標 ···················· 64
　　3.1　グリーン成長 ··· 64
　　3.2　開発のためのグローバルな参加 ·· 67
　結　論 ··· 70

第2章　高速インフラを経由したインターネットへのアクセス ······ 77
　はじめに ··· 78
　第1節　ネットワークへのアクセスの更なる増加と最大限の国内サービスエリア ······ 78
　　1.1　最近の発展の概観 ··· 79
　　1.2　アクセス拡大の促進のための政策及びプログラム ············· 86

目　次

　　▶コラム 2.1　EU におけるブロードバンド目標と政策：「欧州 2020」戦略と
　　　欧州のためのデジタルアジェンダ……………………………………………………87
第2節　投資と競争のための市場友好的な環境の創出…………………………………92
　2.1　最近の進展……………………………………………………………………………92
　2.2　競争促進政策…………………………………………………………………………94
第3節　融合から得られる利益……………………………………………………………98
　3.1　最近の進展……………………………………………………………………………98
　3.2　政策策定者と規制機関の役割……………………………………………………100
第4節　IPv6 の採用の奨励………………………………………………………………101
　4.1　IPv6 の展開における最近の進展…………………………………………………102
　4.2　IPv6 の展開を奨励するための政策と取組………………………………………105
第5節　電波周波数のより効率的な利用の奨励………………………………………107
第6節　計測と統計システムの改善……………………………………………………108
　6.1　新しい指標の開発…………………………………………………………………109
　6.2　指標に関する将来の作業分野……………………………………………………113
補遺2.A………………………………………………………………………………………119

第3章　イノベーションと持続可能性：デジタルコンテンツとグリーンICT…133
　はじめに……………………………………………………………………………………134
　第1節　経済成長のための革新：デジタルコンテンツ………………………………134
　　1.1　ソウル宣言とデジタルコンテンツ………………………………………………134
　　1.2　オンラインコンテンツ市場における最近の進展………………………………135
　　1.3　デジタルコンテンツ分野における政策の発展…………………………………148
　　1.4　デジタルコンテンツに係る将来の取組分野……………………………………151
　　1.5　公共部門情報に係る将来の取組分野……………………………………………153
　第2節　持続可能性：グリーンICT……………………………………………………156
　　2.1　ソウル宣言とグリーンICT………………………………………………………156
　　2.2　グリーンICTにおける最近の発展………………………………………………156
　　2.3　グリーンICTにおける国内政策の進展…………………………………………161
　　2.4　グリーンICTに係る将来の取組分野……………………………………………163

第4章　消費者の強化と保護 ... 167
第1節　企業・消費者間（B2C）電子商取引の進展 ... 168
1.1　電子商取引市場の成長 ... 168
1.2　変化する消費者の需要 ... 173
1.3　電子商取引に残る障害 ... 177
第2節　特定の消費者政策課題の検証 ... 181
2.1　複雑な法整備の状況 ... 182
2.2　情報開示 ... 186
2.3　不正請求、欺瞞的・詐欺的商行為 ... 191
2.4　地理的制約 ... 195
2.5　プライバシー ... 195
2.6　紛争解決と救済 ... 197

第5章　インターネット経済へのグローバルな参加 ... 209
第1節　包摂的な経済・社会・文化的発展のためのプラットフォームとしてのインターネット経済 ... 210
第2節　インターネット経済へのアクセスの増加 ... 212
2.1　海底光ファイバケーブルの展開と利用 ... 212
2.2　モバイル通信における発展 ... 218
第3節　発展途上国や新興国におけるアプリケーションと利用の促進 ... 225
3.1　農業と漁業におけるICTベースのアプリケーション ... 226
▶コラム 5.1　情報提供をベースとした農業・地方発展のためのモバイルアプリケーションの例 ... 226
3.2　医療のためのアプリケーション ... 230
▶コラム 5.2　モバイル医療アプリケーションの例 ... 231
3.3　教育のためのインターネットとICTベースのアプリケーション ... 234
▶コラム 5.3　モバイル教育アプリケーションの例 ... 235
3.4　モバイルバンキングアプリケーション ... 236
3.5　アプリケーションを通じた一般的結論 ... 238
第4節　発展途上国と新興国におけるインターネット経済のためのスキル開発 ... 244
4.1　スキルの開発 ... 244

4.2　スキル開発における将来の取組分野 ································ 246
第5節　イノベーションの役割：クラウドコンピューティングと開発 ········ 247
　　5.1　クラウドコンピューティングの定義、クラウドサービス、展開モデル···247
　　5.2　開発のためのクラウドコンピューティングの役割 ···················· 248
　　▶コラム 5.4　「ウシャヒディ」プラットフォーム：新興国と発展途上国に
　　　　おけるクラウドコンピューティングサービスの一例 ···················· 249
　　5.3　開発のためのクラウドコンピューティングに係る更なる取組分野········ 251
　結　論 ·· 254

訳者解説 ·· 259
訳者あとがき ·· 265

図表一覧

——第1章　ソウル宣言：進捗の概観と将来の取組の提言

図 1.1　ソウル宣言の7つのテーマをレビューするための分析枠組 ……………… 33
図 1.2　オンラインコンテンツのシェアと成長、2009-10 年 ……………………… 40
図 1.3　電力部門のバリューチェーンにおけるエネルギーとデータの流れ ……… 46
図 1.4　インターネットでモノやサービスを注文又は購入した個人、2011 年
　　　　又はデータが利用可能な最近の年 ……………………………………………… 59
図 1.5　ICT 集約型クリーン技術に対するベンチャーキャピタル投資、
　　　　1999-2010 年 ………………………………………………………………………… 66
表 1.1　光ファイバ（FTTH ／ FTTB）展開の状況、2010 年 …………………… 35

——第2章　高速インフラを経由したインターネットへのアクセス

図 2.1　通信インフラとサービスの観点におけるソウル宣言の目的 ……………… 79
図 2.2　100 人当たりの固定ブロードバンド契約数（OECD 地域）……………… 80
図 2.3　100 人当たりの光ファイバ契約数（OECD 地域）………………………… 81
図 2.4　100 人当たりの技術別ワイヤレスブロードバンド契約数（OECD 地域）、
　　　　2010 年 6 月 …………………………………………………………………………… 83
図 2.5　デジタル加入者線（DSL）のサービスエリア ……………………………… 83
図 2.6　第三世代（3G）モバイルネットワークサービスエリア ………………… 84
図 2.7　ブロードバンドアクセス契約世帯 …………………………………………… 85
図 2.8　地域インターネットレジストリ（RIR）による全 IPv6 割当の配分、
　　　　2010 年 8 月 …………………………………………………………………………… 102
図 2.9　グーグル利用者の IPv6 接続の利用可能性 ………………………………… 104
図 2.10　ワイヤレスブロードバンド指標の構成要素 ……………………………… 110
図 2.11　利用者のインターネット依存、2002-05 年 ……………………………… 114
表 2.1　特定のネットワーク事業者の最近のモバイルトラフィックの実績
　　　　（OECD 加盟国）……………………………………………………………………… 84
表 2.2　キーパートナー国等におけるブロードバンド目標 ……………………… 88
表 2.3　光ファイバ（FTTH ／ FTTB）展開の状況、2010 年 ………………… 91
表 2.4　特定の大規模 IPv6 割当 ……………………………………………………… 103

表 2.5	国内レベルにおける新しいブロードバンド指標の例（供給サイドと需要サイド）	112
表 2A.1	高速インフラに係る取組に関連する OECD 報告書の概観	119
表 2A.2	固定回線における競争：新規参入者の加入者市場のシェア	123
表 2A.3	IPv6 展開のための国家政策イニシアティブ、2010 年	124
表 2A.4	周波数割当	127

——第 3 章　イノベーションと持続可能性：デジタルコンテンツとグリーン ICT

図 3.1	オンラインコンテンツシェアと成長、2009-10 年	136
図 3.2	私的目的でオンライン新聞／インターネット上のニュース雑誌を読んでいる／ダウンロードしている個人の割合	140
図 3.3	google.com における週間ウェブ検索から見た「仮想世界」に対する関心、2004-10 年	142
図 3.4	「セカンドライフ」の中でログインを繰り返した月間のユニークユーザ、2006-09 年	143
図 3.5	グーグル社によって検索結果に登録されたブログの数（全数）	144
図 3.6	グーグル社によって検索結果に登録されたブログの数（上位 10 言語、非英語）	144
図 3.7	言語ごとのウィキペディア記事の全数	145
図 3.8	言語ごとのウィキペディア記事の割合（上位 10 言語）	145
図 3.9	ICT 集約型クリーン技術に対するベンチャーキャピタル投資、1999-2010 年	159
表 3.1	オンラインコンテンツ産業の市場規模と成長	137
表 3.2	進展する特定分野のオンラインビジネスモデル	138
表 3.4	特定のグリーン技術の展開により需要がある職業	160

——第 4 章　消費者の強化と保護

図 4.1	インターネットでモノやサービスを注文又は購入した個人、2011 年又はデータが利用可能な最近の年	169
図 4.2	ソーシャルメディアの影響、2010-11 年	175
図 4.3	国内と国境を越えたインターネット購入（EU 諸国）、2008-11 年	179
図 4.4	国内と国境を越えたインターネットショッピングにおける消費者の信頼（EU 諸国）、2008-11 年	179
図 4.5	オンライン購入において契約条件を読んでいる消費者の割合（EU 諸国）	187

——第 5 章　インターネット経済へのグローバルな参加

図 5.1	海底光ファイバケーブルの新規プロジェクトへの投資（地域別）、2008-12 年	214
図 5.2	モバイル契約数（発展段階別）	219
図 5.3	100 人当たりのモバイル契約数（発展段階別・地域別）	220
図 5.4	業務に携帯電話を利用している企業の割合、2009-11 年	220
図 5.5	100 人当たりのアクティブなモバイルブロードバンド契約数、2007-13 年	222
図 5.6	100 人当たりのアクティブなモバイルブロードバンド契約数（地域別）、2013 年	223
図 5.7	農村地域・遠隔地の発展のためのモバイルアプリケーションからの潜在的利益の源泉	228
図 5.8	モバイル医療アプリケーションの規模（ハイチ、インド、ケニア）、2010 年	233
表 5.1	国際光ファイバ接続がない国・地域	213
表 5.2	インフォーマル部門における技術利用に係る統計（発展途上 14 か国）、2009-10 年	221

頭字語・略語一覧

ACLE	Amsterdam Centre for Law and Economics（アムステルダム法と経済センター）
ACMA	Australian Communications and Media Authority（オーストラリア通信メディア庁）
ADR	Alternative Dispute Resolution（裁判外紛争解決手続）
AGCOM	*Autorità per le Garanzie nelle Comunicazioni*（通信規制庁）（イタリア）
AGEIS	Australian Green House Emissions Information System（オーストラリア温室効果ガス情報システム）
AGIMO	Australian Government Information Management Office（オーストラリア政府情報管理局）
AIOU	Allama Iqbal Open University（アラマ・イクバル公開大学）（パキスタン）
ALRC	Australian Law Reform Commission（オーストラリア法制度改革委員会）
ANACOM	*Autoridade Nacional de Comunicações*（国家通信庁）（ポルトガル）
APEC	Asia-Pacific Economic Cooperation（アジア太平洋経済協力）
APEC TEL	APEC Telecommunications and Information Working Group（APEC電気通信・情報作業部会）
APT	Asia-Pacific Telecommunity（アジア・太平洋電気通信共同体）
ARCEP	*Autorité de régulation des communications électroniques et des postes*（電子通信・郵便規制機関）（フランス）
ARIN	American Registry for Internet Numbers
ARV	Antiretroviral（抗レトロウイルス）
AWS	Advanced Wireless Services（アドバンスド・ワイヤレス・サービス）
BCR	Binding Corporate Rules（拘束的企業準則）
BEREC	Body of European Regulators for Electronic Communications（欧州電子通信規制機関）
BPL	Broadband over Power Lines（電力線ブロードバンド）

BRICS	Brazil, Russia, India, China and South Africa（ブラジル、ロシア、インド、中国、南アフリカ）
CCAAC	Commonwealth Consumer Affairs Advisory Council（消費者問題諮問協議会）（オーストラリア）
CBPR	Cross Border Privacy Rules（越境プライバシールール）（APEC）
CCP	Committee on Consumer Policy（消費者政策委員会）（OECD）
CIDR	Classless Inter-Domain Routing
CIF	Canada's Interactive Fund（カナダ・インタラクティブ・ファンド）
CISP	Working Party on Communications Infrastructure and Service Policies（通信インフラ・サービス政策作業部会）（OECD）
COPPA	Children's Online Privacy Protection Act（児童オンラインプライバシー保護法）（米国）
CRC	Copyright Review Committee（著作権検討委員会）（アイルランド）
CRTC	Canadian Radio-television and Telecommunications Commission（カナダ・ラジオ・テレビ電気通信委員会）
CSECL	Centre for the Study of European Contract Law（欧州契約法研究センター）
CSR	Corporate Social Responsibility（企業の社会的責任）
DCENR	Department of Communications, Energy and Natural Resources（通信・エネルギー・天然資源省）（アイルランド）
DG	Directorate General（総局）
DoD	Department of Defense（国防総省）（米国）
DOI	Deutschland-Online Infrastructure（ドイツ・オンライン・インフラストラクチャー）
DRM	Digital Rights Management（デジタル著作権管理）
DSL	Digital Subscriber Line（デジタル加入者線）
DTV	Digital Television（デジタルテレビ）
EC	European Commission（欧州委員会）
ECS	Electronic Communications Service（電子通信サービス）
EU	European Union（欧州連合）
FCCN	*Fundação para a Computação Científica Nacional*（国家コンピュータ科学財団）（ポルトガル）
FDD	Frequency-division duplexing（周波数分割複信）
FTTB	Fibre to the Building（集合住宅用光ファイバ）
FTTH	Fibre to the Home（家屋用光ファイバ）

頭字語・略語一覧

FTTP	Fibre-to-the Premises（光ファイバ（総称））
FWALA	Fixed Wireless Access Local Area（固定無線アクセスローカルエリア）
GDP	Gross Domestic Product（国内総生産）
GPT	General Purpose Technologies（一般目的技術）
GSM	Global System for Mobile Communications（国際デジタル携帯電話通信システム）
GSMA	GSM Association（GSM アソシエーション）
IaaS	Infrastructure as a Service（サービスとしてのインフラ）
IANA	Internet Assigned Numbers Authority
IETF	Internet Engineering Task Force（インターネット技術タスクフォース）
ICCP	Information, Computer and Communications Policy（情報・コンピュータ・通信政策委員会）（OECD）
ICPEN	International Consumer Protection and Enforcement Network（消費者保護及び執行に関する国際ネットワーク）
ICT	Information and Communication Technologies（情報通信技術）
IDN	Internationalised Domain Name（国際化ドメイン名）
IdM	Include Digital Identity Management（デジタルアイデンティティ管理）
IDRC	International Development Research Centre（国際開発研究センター）
IEA	International Energy Agency（国際エネルギー機関）
IGF	Internet Governance Forum（インターネットガバナンスフォーラム）
IICUT	International Institute of Cambodia University of Technology（カンボジア技術大学国際研究所）
IMRS	International Mobile Roaming Service（国際モバイルローミングサービス）
IP	Intellectual Property（知的財産）
IPv4	Internet Protocol version 4（インターネットプロトコル・バージョン 4）
IPv6	Internet Protocol version 6（インターネットプロトコル・バージョン 6）
IPR	Intellectual Property Rights（知的財産権）

IPTV	Internet Protocol Television
ISP	Internet Service Providers（インターネットサービスプロバイダ）
ITS	Intelligent Transport System（高度道路交通システム）
ITU	International Telecommunication Union（国際電気通信連合）
KCC	Korea Communications Commission（韓国通信委員会）
KISDI	Korean Information Society Development Institute（韓国情報通信政策研究院）
LLP	Limited Liability Partnership（リミテッド・ライアビリティ・パートナーシップ）
LTE	Long Term Evolution（ロング・ターム・エボリューション）
MCM	Meeting of the Council at Ministerial（閣僚理事会）（OECD）
METI	Ministry of Economy, Trade and Industry（経済産業省）（日本）
MIC	Ministry of Internal Affairs and Communications（総務省）（日本）
MIND	Mobile Technology Initiatives for Non-formal Distance（非公式遠隔教育モバイル技術取組）
MMDS	Multichannel Multipoint Distribution Service
MNO	Mobile Network Operators（モバイルネットワーク事業者）
MPO	*Ministerstvo Průmyslu a Obchodu*（産業貿易省）（チェコ）
MPSC	Mobile Premium Services Code（モバイルプレミアムサービスコード）
MSSRF	M.S. Swaminathan Research Foundation（マイクロソフト・スワミナサン研究財団）（インド）
MTR	Mobile Termination Rates（モバイル着信接続料）
MVNO	Mobile Virtual Network Operators（仮想移動体通信事業者）
NCAT	National Carbon Accounting Toolbox（全国カーボン会計ツールボックス）（オーストラリア）
NCTE	National Centre for Technology in Education（国立教育技術センター）（アイルランド）
NdB	*Netze des Bundes*（連邦省庁間のイントラネット構築計画）（ドイツ）
NFP	*Nationaal Frequentie Plan*（国家周波数計画）（オランダ）
NFC	Near Field Communication（近距離無線通信）
NGA	Next Generation Access（次世代アクセス）
NIR	National Internet Registry（国別インターネットレジストリ）
NTIA	National Telecommunications and Information Administration（国家電気通信情報庁）（米国）

ODR	Online Dispute Resolution（オンライン紛争解決）
OFT	Office of Fair Trading（公正取引庁）（英国）
OLM	Official Language Minority（公用語マイノリティ）
OLT	Ovi Life Tools（オヴィ・ライフツールズ）
ONS	Office for National Statistics（国家統計局）（英国）
ONT	Optical Network Termination（（電気通信事業者側の）光回線終端装置）
PaaS	Platform as a Service（サービスとしてのプラットフォーム）
PSI	Public Sector Information（公共部門情報）
PSTN	Public Switched Telephone Network（公衆交換電話網）
PtMP	Point-to-Multipoint（ポイントツーマルチポイント）
PtP	Point-to-Point（ポイントツーポイント）
QoS	Quality of Service（サービス品質）
RFID	Radio Frequency Identification
RIR	Regional Internet Registries（地域インターネットレジストリ）
SaaS	Software as a Service（サービスとしてのソフトウェア）
SFR	*Société Française de Radiotéléphonie*
SIM	Subscriber Identity Modules
SNEP	*Syndicat National de l'Edition Phonographique*（全国音楽出版組合）（フランス）
SME	Small and Medium Enterprises（中小企業）
STOU	Sukhothai Thammathirat Open University（コータイ・タマティラット公開大学）（タイ）
TPE	Trans-Pacific Express（太平洋横断高速海底ケーブル）
TSSG	Telecommunications Software & Systems Group（電気通信ソフトウェア＆システムズグループ）（アイルランド）
UNESCO	United Nations Educational, Scientific and Cultural Organization（国際連合教育科学文化機関／ユネスコ）
UHF	Ultra High Frequency（極超短波）
UT	University Terbuka（テルブカ大学）（インドネシア）
UNCITRAL	United Nations Commission on International Trade law（国連国際商取引法委員会）
UNFPA	United Nationals Population Fund（国際連合人口基金）
USSD	Unstructured Supplementary Service Data（非構造付加サービスデータ）

VoIP	Voice over Internet Protocol（ボイスオーバー・インターネットプロトコル）
VUP	Virtual University of Pakistan（パキスタンバーチャル大学）
WHO	World Health Organisation（世界保健機関）
WPCPS	Working Party on Consumer Product Safety（消費者製品安全作業部会）（OECD）
WPIE	Working Party on the Information Economy（情報経済作業部会）（OECD）
WPIIS	Working Party on Indicators for the Information Society（情報社会のための指標作業部会）（OECD）
WPISP	Working Party on Information Security and Privacy（情報セキュリティ・プライバシー作業部会）（OECD）

インターネット経済の将来のための宣言
（ソウル宣言）

　我々、オーストラリア、オーストリア、ベルギー、カナダ、チリ、チェコ、デンマーク、エジプト、エストニア、フィンランド、フランス、ドイツ、ギリシャ、ハンガリー、アイスランド、インド、インドネシア、アイルランド、イスラエル、イタリア、日本、韓国、ラトビア、ルクセンブルク、メキシコ、オランダ、ニュージーランド、ノルウェー、ポーランド、ポルトガル、セネガル、スロバキア、スロベニア、スペイン、スイス、トルコ、英国、米国、そして欧州委員会の閣僚や代表は、2008年6月17日と18日にソウル（韓国）にインターネット経済の将来を議論するために集まった[1]。

　我々は、インターネット経済を推進し、情報通信技術（ICT）部門におけるイノベーション、投資、競争を支える政策と規制環境によって、持続可能な経済成長と繁栄を刺激する共通の願いを**述べる**。我々は、国境を越えた必要な協力を含む、インターネット経済の利用者を保護する手段を取るとともに、民間部門、市民社会、インターネットコミュニティとインターネット経済を支えるICTネットワークの確保のために協働する。

　我々は、インターネット経済に幅広く参加することを可能にする、ICTネットワークへのユビキタスなアクセスとサービスを推進するために協働することを**決意する**。インターネット経済の更なる拡大は、民主主義社会や文化的多様性の重要な要素としての、情報の自由な流通、表現の自由、個人の自由の保護を促進する。我々はまた、インターネット経済の道具を例えば気候変動のようなグローバルな課題に対処するために利用すべく活動する。さらに前に進むに当たり、我々は「電子商取引に関する1998年OECD閣僚級会合」が初期のイ

ンターネット経済に提供した重要な基盤を認識し、2003年及び2005年の「世界情報社会サミット（World Summits on the Information Society: WSIS）」の結果に留意する。

　我々は、インターネットや関連情報通信技術（ICT）により経済的、社会的、文化的活動の隅々までカバーするインターネット経済が、次の手段によって、すべての国民の生活の質を向上させる我々の力となるという考え方を**共有する**。

- 環境的・人口動態的懸念への対処とともに、雇用、生産性、教育、医療、公共サービスのための新しい機会を提供すること
- 企業やコミュニティをつくる主な推進力として機能し、より密接な国際協力を促すこと
- 意見の多様性を推進し、透明性、説明責任、プライバシー、信頼を強化するため、新しい形の市民の関与と参加を可能にすること
- オンライン取引と交換において消費者と利用者に力を与えること
- 情報システムとネットワーク、それらの利用者に適用されるセキュリティ文化を強化すること
- 多くの異なる部門における研究、国際科学協力、創造性、イノベーションのためにますます重要となっているプラットフォームを開発すること
- ユビキタスでシームレスな通信と情報ネットワークへのアクセスを通じて、新しい経済活動や社会活動、アプリケーションとサービスのための機会をつくること
- 何十億もの人々、機械、モノを接続する迅速、安全、ユビキタスなネットワークに基づくグローバルな情報社会を推進すること

　我々は、法律、政策、自主規制、及消費者強化の間の適切なバランスを通じ、次のことを行うことが我々の課題であるということに**同意する**。

- インターネットアクセスと利用を世界的に拡大する

インターネット経済の将来のための宣言（ソウル宣言）

- インターネットベースのイノベーション、競争、利用者の選択を促進する
- 重要情報インフラを確保し、新しい脅威に対応する
- オンライン環境における個人情報の保護を確保する
- 知的財産権への尊重を確保する
- 個人、特に未成年者と他の弱者のために、信頼できるインターネットベースの環境を確保する
- 国際的な社会的、倫理的規範を尊重し透明性と説明責任を向上させる、インターネットの安全で責任ある利用を推進する
- インフラ投資、より高いレベルの接続性、革新的なサービスとアプリケーションを促す融合のために、市場友好的な環境をつくる

我々は、インターネット経済の発展に貢献するため、次のとおり宣言する。

a) 次の政策を通じ、デジタルネットワーク、端末、アプリケーションとサービスの融合を円滑化する

- 競争のための公平な競争条件を保証する規制環境を構築する
- オープンで分散的でダイナミックなインターネットの性質と、継続的な拡大を可能にし、イノベーション、相互運用性、参加とアクセスの容易さに寄与する技術標準の開発を支持する
- 大容量の情報通信インフラの開発と国内外におけるインターネット上のサービス提供における投資と競争を刺激する
- ブロードバンドネットワークとサービスが、実際に可能な最大限の国内サービスエリアと利用を達成するように発展することを確保する
- 公共の利益の目標を考慮に入れつつ、インターネットへのアクセスを円滑化するためにより効率的な電波周波数の利用と、新しい革新的なサービスの導入を奨励する
- 現在進行しているIPv4の枯渇の観点から、特に大きな民間部門のIPv4アドレス利用者と政府による適時の導入を通じ、新しいインターネットプロトコル

（IPv6）の採用を奨励する
- サービスの品質と費用に係る明確で正確な情報と共に、接続性、インターネットアプリケーションへのアクセスと利用、端末装置とコンテンツの利用に関し選択肢を与えることで、融合が消費者と企業に利益をもたらすことを確保する

b）次の政策を通じ、インターネットの発展、利用、アプリケーションにおける創造性を促進する
- 情報の自由な流通、研究、イノベーション、起業家精神、事業変革を支えるオープンな環境を維持する
- 公共部門の情報、科学的データを含むコンテンツ、文化遺産の作品をデジタルフォーマットの形で、より広くアクセスできるようにする
- インターネットと関連ICTに関する基礎研究、応用研究を奨励する
- 大学、政府、公的研究機関、利用者、企業が協力的なイノベーションネットワークで協働し、共有された実験的なインターネット設備を利用することを奨励する
- デジタル海賊行為と戦う努力と、制作者や利用者、我々の経済全体に利益をもたらすような形で作品を制作し普及させるインセンティブを制作者や権利保持者に与える革新的アプローチを結び付ける
- 制作者の権利と利用者の利益を十分に認める、デジタルコンテンツの制作、流通、利用のための新しい協同的なインターネットベースのモデルとソーシャルネットワークを奨励する
- インターネットと関連ICTを十全に活用するため、そして更にICTスキルやデジタル・メディアリテラシーを向上させるため人的資源開発を強化する

c）次の政策を通じ、信頼と安全を強化する
- 国内及び国際レベルで重要情報インフラをセキュリティリスクから保護する
- 我々の経済と社会の需要と必要性の高まりに応えるため、インターネット及び関連するネットワーク化されたICTシステムと端末のレジリエンスとセキュリ

インターネット経済の将来のための宣言（ソウル宣言）

ティを強化する
- 効果的な予防、保護、情報共有、対応、事業継続、回復の段階で、すべての利害関係者のコミュニティの国内外の協力を強化することで、オンライン上の悪意ある行動を減らす
- オンライン上の個人のプライバシーと同様、デジタルアイデンティティと個人データの保護を確保する
- 消費者が、効果的な消費者保護制度、オンライン取引により生じた経済的損害の適切な救済を含む、公正で利用しやすい効果的な紛争解決メカニズムを利用できることを確保する
- インターネットを利用する未成年の保護と支援を強化するため、未成年に対するインターネットの影響を理解することについて、政府、民間部門、市民社会、インターネット技術コミュニティの間の協力を奨励する
- 新しいセキュリティの脅威に対処するための研究を推進する

d) 次の政策を通じ、インターネットエコノミーが真にグローバルなものであることを確保する

- 特に発展途上国の人々のためにインターネットと関連ICTへのアクセスの拡大を支援する
- 障害者あるいは特別な必要がある人々へのサービスを強化するためのインターネットと関連技術の可能性を認める
- インターネット経済がうまく成長するためには競争環境が重要であり、この競争環境が、特に最も制限された経済手段しか持たない人々や地域のために発展をもたらす機会であることを認める
- 様々な能力、教育、スキルを持った人々を経済的・社会的により取り込むため、また、文化的・言語的多様性を保全するため、ローカルコンテンツや多言語翻訳を作り出すとともに、すべてのコミュニティによるインターネットと関連ICTネットワークの利用を促進する
- インターネットの統合性と安定性を確保する一方、国際化ドメイン名（IDN）

の導入を円滑化する
- プライバシー、消費者、未成年者の保護と同様に、サイバーセキュリティの向上やスパムとの戦いといった分野における政府と執行当局の国境を越えた協力を増やす
- エネルギー効率性の向上や気候変動への対処などのグローバルな課題に取り組むためにインターネットの潜在力を活用する

　我々は、OECDの報告書『インターネット経済の将来のための政策形成（*Shaping Policies for the Future of the Internet Economy*)』（OECD, 2008, *www.oecd.org/sti/40821707.pdf*) を**歓迎し**、その重要性を認識し、OECD加盟国と非加盟国に、インターネット経済を支えるための政策策定の検討を**勧める**。

　我々は、この宣言と我々の経済と社会の将来の課題と機会との関連性を維持するため、この宣言で得た理解を進め、適切な場合にはレビューすることに向け、すべての利害関係者と協働で取り組んでいくことを**約束する**。

　我々は、OECDがマルチステークホルダーの協力を通じてこの宣言で設定された目標を次の取組によってさらに進めるよう**促す**。

- インターネット経済の将来の発展、主に、1）イノベーション、生産性、そして経済成長の推進力としてのインターネットと関連ICTの重要な役割と貢献、2）仮想世界、センサーベースのネットワーク、ソーシャルネットワーキングのプラットフォームを含む、新しいインターネット技術、アプリケーション、サービスの経済的、社会的、文化的影響を分析すること
- この分析に基づき、インターネット経済の将来の開発のための政策と規制の原則、ガイドライン、その他のルールとベストプラクティスを策定・推進すること
- 気候変動への対応やエネルギー効率性の向上のため、インターネットと関連ICTの影響を調査すること
- インターネットのセキュリティや安定性に対する脅威との戦い、国境を越えたやりとり、情報へのアクセス拡大といった分野において、インターネット経済

- のための政策目標を達成するため、仲介者も含む様々な行為者の役割を検討すること
- 経済活動と社会福祉に係るインターネットの進化する利用と影響について信頼できる計測を実現するため、市民、企業、組織によるインターネットと関連ICTネットワークへの変化するアクセスと利用を計測する統計システムを改善すること
- 技術、市場、利用者の行動変化、そして益々重要になっているデジタルアイデンティティの重要性の観点から、消費者保護と強化、プライバシー、セキュリティに対処する現行のOECDルールの適用を検証すること
- 融合する通信ネットワークの発展と利用のための政策形成におけるガイダンスを提供するOECDルールの策定を勧告すること
- 電子政府及び公共部門の変革の課題とグッドプラクティスを見る、分野横断的な取組を継続すること
- より効果的な国際協力をするための措置やメカニズムを支援すること
- この宣言とOECD報告書『インターネット経済の将来のための政策形成』を、主要8か国首脳会議（G8）、国際電気通信連合（ITU）、世界知的所有権機関（WIPO）、国際連合教育科学文化協会（UNESCO）等のすべての関係国際団体や組織に伝えること
- インターネットガバナンスフォーラムなどの場で、インターネット技術コミュニティ、民間部門、市民社会と同様、アジア太平洋経済協力（APEC）や欧州評議会（EC）との協力的な関係及び互恵的な協力を強化すること
- 当該勧告の採択後3年以内のレビュー、そしてその後の適切な時期に、この宣言の観点から国家及び国際レベルにおける進捗をレビューすること

注釈
1. 2009年6月5日、ルーマニアがこの宣言を支持した。

第1章

ソウル宣言：
進捗の概観と将来の取組の提言

　本章では、ソウル宣言で提示された勧告をまとめ、2008年の宣言採択以降の、国内レベルと国際レベルにおける当該勧告の実施による発展と進捗の概観を示す。宣言以降に新しく出てきた、又は、規模や範囲という点でより重要になった政策課題に光を当て、更なる取組への提言を行う。

はじめに

「インターネット経済の将来におけるソウル閣僚宣言へのフォローアップ」（OECD, 2011a）では、**3つの観点から7つのメインテーマ**（図1.1を参照）が設定された。

A. **インターネット経済における3つの主要構成要素**[1]。この見出しにおけるテーマは、**高速通信インフラ、デジタルコンテンツ**[2]**、スマートアプリケーション**に関連する。

   1. **高速インフラによるインターネットへのアクセス**：高速固定及びモバイルネットワークは、インターネット経済の異なる部分及び利害関係者の間で、データへのアクセスやデータ移転を可能にする。これらのネットワークは、インターネット経済のバックボーンである。そのバックボーンの上において、デジタルコンテンツが生成され、経済を通して配布されている。このテーマは第2章で詳細に取り上げる。ここでは、高速ネットワークの分野において、主な市場と政策の発展に焦点を当てる。特に、1) ネットワークへのアクセスの拡大、2) 競争環境の創出、3) 融合、4) 計測方法の改善を取り上げている。

   2. **イノベーションと持続可能な成長におけるデジタルコンテンツとグリーンICT**：このテーマは第3章で詳細に触れるが、デジタルコンテンツとグリーン情報通信技術（ICT）という2つの分野の主な市場と政策を見る。特にこれら2つのイノベーションと持続可能な成長（グリーン成長）への寄与を強調し、更なる取組が必要な分野を特定する。デジタルコンテンツの分野で対処すべき課題としては、主に、資源効率的なICT、センサーネットワーク、スマートグリッドなどのスマートICTアプリケーションがある。これらの課題はまた、データ駆動型（data-driven）経済

第1章 ソウル宣言：進捗の概観と将来の取組の提言

を理解することに係る次のテーマにも関連する。

3. **よりスマートなアプリケーションの開発**：高速の固定ネットワークやモバイルネットワークはまた、データの収集、移転、処理及び分析を基盤として、「スマートな」アプリケーションの運用をサポートする。センサー、センサーネットワーク、機器間（M2M）通信によってデータは次々と生み出される。このテーマは、スマートメーターやスマートテレビなどのスマートデバイスの急増を考慮しながら、例えばスマートグリッド、スマート輸送のような、経済におけるスマートアプリケーションの市場と政策を対象とする。これらのアプリケーションのいくつかは、グリーンICT（上記のテーマA-2を参照）のところで議論される。しかし、ここで強調したいのは、これらのスマートデバイスを通じて生成された大量のデータと無形資産としてのデータの新しい役割である。データは、スマート端末のセンサーネットワークやM2M通信を通じてさらに増える。本書ではこのテーマには深く立ち入らないが、詳細はOECD（2013a）で扱っている。

B. インターネット経済がうまく機能することを確保するための**基本的枠組**。テーマとしては、**セキュリティとプライバシー、消費者保護と強化、オープン性**がある。これらの基本的枠組は、インターネット経済のイノベーションと繁栄を可能にするとともに、透明性や文化的多様性、個人の自由の保護を確保するためにも非常に重要である。**競争や知的財産権の保護**などの他の基本的枠組については、通信インフラやデジタルコンテンツのところで個別に議論される。

4. **サイバーセキュリティとプライバシー**：セキュリティとプライバシーは、消費者保護と同様、オンライン上の信頼にとって必要不可欠である。このテーマは、本書では深く取り扱うことはしないが、サイバーセキュリティとプライバシーの分野における主な市場と政策の発展を見る。その際、現在行われている「情報システムとネットワークのセキュリテ

ィに係るOECDガイドライン：セキュリティ文化に向けて」(OECD, 2002)（セキュリティガイドライン）と「プライバシーの保護と個人データの国境を越えた流通に係るOECDガイドライン」(OECD, 1980)（プライバシーガイドライン）の見直しも特に強調している。このテーマで触れているもう一つの課題は、デジタルアイデンティティ管理である。

5. **消費者を強化し、保護すること**：このテーマの詳細は第4章で扱うが、B2Cの電子商取引市場の主な市場と政策を見る。オンラインやモバイル決済、デジタルコンテンツの消費者の購入、参加型電子商取引（ソーシャル・協同的電子商取引）、紛争解決と救済を含む多くの分野に焦点を当てる。

6. **オープンなインターネット経済の確保**：このテーマは、本書で詳しく触れることはないが、本書ではインターネット経済のオープン性に影響を与える市場と政策を見る。オープン性とは、特にマルチステークホルダーの協力、許可の不要なアクセス、情報の自由な流通、表現の自由を指す。オープン性については、特に2011年6月の「インターネット経済：イノベーションと成長を生む」ハイレベル会合で強調された。この会合により、「インターネット政策策定原則に関するコミュニケ」(OECD, 2011g) と「インターネット政策策定原則に関するOECD理事会勧告」(OECD, 2011a) が導かれた。

C. インターネット経済が達成を支援する**社会経済的目標**。このテーマでは、上記のBと同様に、新興国及び発展途上国が十分にインターネット経済に参加して利益を得るために、いかにインターネット経済の主要構成要素を発展させるべきかという問題に取り組む。

7. **開発のためのインターネット経済へのグローバルな参加**：このテーマでは、発展途上国の人々がインターネットと関連するICTにアクセスできるよう支援する市場と政策、及び、将来のニーズの特定を見る。インターネット経済へのグローバルな参加を確保するため、4つの分野を強調

する。すなわち、1) 発展途上国におけるインターネット経済へのアクセスの促進、2) 発展途上国におけるアプリケーションとその利用の推進、3) スキルの向上、4) 特にクラウドコンピューティングなどのインターネット関連のイノベーション。このテーマは第5章で詳細に扱う。

図1.1　ソウル宣言の7つのテーマをレビューするための分析枠組

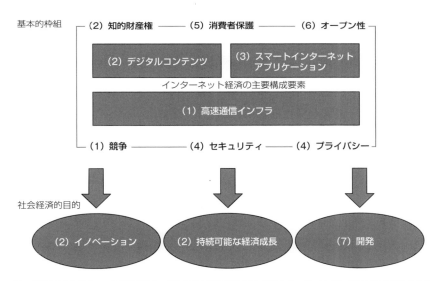

注：括弧内の数字はテーマの数字を示す。例えば基本的枠組の「(1) 競争」は、テーマ(1)「高速インフラによるインターネットへのアクセス」で議論されてきた。

第1節　インターネット経済の主要構成要素

インターネット経済のエコシステムは、主に、1)（高速）通信インフラ、2) デジタルコンテンツ、3) スマートインターネットアプリケーションで構成される[3]。

1.1 高速インフラによるインターネットへのアクセス

この課題は第2章で詳細に扱うが、ここでは主な調査結果の概要を示す。

市場と政策

ソウル宣言では、閣僚たちは、高速ネットワークの重要性を指摘し、次の6つの分野に細分化できる一連の目標の達成を約束した。

- ネットワークへのアクセスを拡大し、実際に可能な最大限の国内サービスエリアを達成する
- 投資と競争のために、市場友好的な環境をつくる
- 融合から利益を得る
- インターネットプロトコルの最新版であるIPv6の採用を奨励する
- 電波周波数のより効率的な利用を奨励する
- 計測と統計的手法を改善する

ソウル宣言以降、**ブロードバンドネットワークとインターネットへのアクセス**は、常に伸びてきている。固定ブロードバンドの点では、期待とサービスレベルの要求は引き続き大きくなっているものの、普及レベルはいくつかの国では飽和状態に近くなってきている。加えて、全体としてまだ初期段階（表1.1を参照）ではあるものの、光ファイバ網の展開が進んでいる。モバイルブロードバンドの点では、第三世代（3G）のサービスエリアが広くなり、データトラフィックが著しく増加している。政策の点では、国家ブロードバンド計画がインターネットへのアクセス増加に寄与している。さらに、複数の国が公的資金を光ファイバ網の展開に投資している。

設備市場の**競争**は、顧客がより多様な通信サービスと価格を選択できること、新規参入者が仮想移動体通信事業者（MVNO）を含め、市場シェアを得たことから、一般的には進展してきた。固定ブロードバンドの分野において競争が

第1章 ソウル宣言:進捗の概観と将来の取組の提言

表1.1 光ファイバ(FTTH／FTTB)展開の状況、2010年

	開通家屋[1]	主な網形態[2]	主な網形態(%)	最大の事業者
オーストラリア	40,000	PtMP	100%	Government
オーストリア	63,000	PtP	90%	Municipalities
ベルギー	3,750	na	na	Incumbent
カナダ	280,000	PtMP	na	Incumbent
チリ	20,000	PtMP	na	Incumbent
チェコ	195,000	PtMP	100%	Altnets[3]
デンマーク	795,300	PtP	85%	Utilities
フィンランド	544,000	PtP	100%	Incumbent(s)
フランス[4]	1,383,588	PtMP	55%	Incumbent
ドイツ	560,000	PtP	70%	Utilities
ギリシャ	5,000	PtP		Altnets
ハンガリー	215,000	PtMP	100%	Incumbent
アイスランド	33,000	PtP	80%	Utility
アイルランド	16,900	PtP	95%	Altnets
イタリア	2,245,500	PtP	100%	Altnets
日本	46,000,000	PtMP	80%	Incumbent
韓国	16,000,000	PtMP	100%	Incumbent
ルクセンブルク	56,000	PtP	100%	Incumbent
メキシコ	100,000	PtMP	na	Incumbent
オランダ	662,500	PtP	90%	Incumbent
ニュージーランド	50,000	PtMP	80%	Altnets
ノルウェー	381,700	PtP	100%	Utility
ポーランド	90,265	PtP	95%	Utility
ポルトガル	1,470,000	PtMP	100%	Incumbent
スロバキア	615,000	PtMP	95%	Incumbent
スロベニア	310,000	PtP	100%	Altnets
スペイン	412,500	PtMP	100%	Incumbent
スウェーデン	1,464,500	PtP	90%	Altnet
スイス	212,500	PtP	90%	Incumbent
トルコ	200,000	PtP	na	Altnets
英国	138,000	PtP	na	Altnets
米国	19,676,200	PtMP	na	Incumbent

1. 開通家屋は、事業者がサービスエリアで接続できる潜在的な家屋。ただし、当該家屋がネットワークに接続されているかどうかは不明。典型的には、新しいサービスのアクティベーションには開通家屋ポイント(home passed points)(例:光ファイバ用ペデスタル、ハンドホール、チェンバー、電柱)から家屋までのドロップケーブルのインストレーション又は接続と、家屋における事業者側光回線終端装置(ONT)を含む契約者の家屋設備のインストレーションが必要である。
2. 網形態は、ポイントツーポイント(PtP)又はポイントツーマルチポイント(PtMP)のいずれかがありうる。
3. Altnetsは伝統的な既存事業者以外の代替的なネットワーク事業者である。
4. データはNumericableネットワークを除く。

欧州各国に関する追加的なデータについては、BEREC(2006)を参照。
出典:OECD(2010b) based on IDATE for the FTTH Council Europe, FTTH Council North America, FTTH Council Asia-Pacific, European Communication Committee.

ないという問題に取り組むため、いくつかの国は、様々な機能的及び構造的分離を採用している。モバイルブロードバンドについていえば、発信者が料金を支払う構造の国々では、市場規制当局はモバイル着信接続料を下げようと介入しつづけてきた。加えて、政策策定者は、貿易や旅行の障壁となっている高い国際モバイルローミング料金についてより密接に取り組み始めたところである。これは、2012年の「国際モバイルローミングサービスに係るOECD理事会勧告」（OECD, 2012b）のテーマでもあった。

　通信市場においては、トリプルプレイサービスのように、バンドルされたサービスの数が増えるにつれ、**融合**が進展している。最近ではクワドラプルプレイサービスも現れたが、これまでのところ、同サービスは2、3か国にとどまっている。また、通信を介したネット動画配信サービス「over-the-top video services」からケーブルテレビ、衛星、伝統的な放送事業者まで、ますます競争が進んでいる。

　もう一つの通信市場の傾向は、モバイル音声とデータトラフィックの成長である。スマートデバイスの数の増加に合わせ、この傾向はすでにより顕著なものとなっており、希少な**周波数資源**への需要をさらに増加させる。ソウル閣僚級会合以降、周波数割当の新しい機会が、アナログからデジタルテレビへの切り替わりにより空きができた周波数帯から生まれている。いくつかの国では、すでにこの「デジタル配当」（訳注：日本でいうアナログ跡地）の周波数帯を割り当てたところがある。加えて、技術が進歩し、使われていない周波数のスペースをデバイスが使うことができるようになってきた。いわゆる「ホワイトスペース」である。

　政策の中には、最新のインターネットプロトコルであるIPv6の展開を、政府によるIPv6の利用などにより促しているものもある。しかし、IPv4からIPv6への移行を加速化させるための更なる行動を起こす緊急の必要性がある。これは特に、いくつかの地域ではIPv4アドレスが完全に割り当てられてしまっていることから特に重要である。

　最後に、OECDは、ソウル閣僚級会合以降、ブロードバンドインフラの新し

い発展を説明するとともに、それらの計測方法を改善するため、多くの**指標と価格バスケット**を開発してきた。モバイルネットワークの高まる重要性を計測するため、無線ブロードバンドの指標が開発された。固定ブロードバンドの価格バスケットの指標もまた、デジタル加入者線（DSL）やケーブル、光ファイバ網で提供される固定ブロードバンドサービスにおける、OECD加盟国の消費者と産業界が経験している価格レベルを比較するために開発された。

更なる取組のための重要分野

より広いブロードバンドサービスエリアを達成するためには、光ファイバ網を含む高速ネットワークの展開に注意を払う必要がある。特に、政策策定者や規制当局は、新しい投資を引き付け、競争促進措置を講ずる必要がある。例えば、農村地域など、光ファイバの展開がかなり初期の段階である、又は、現時点では経済的ではない場合、代替手段を模索する必要がある。人口が密集していない地域では、FTTH技術に投資することは非常に高額であるとともに、1件当たりの光ファイバの費用が著しく増加してしまう。政府は、これらの地域にブロードバンドを提供するための最良の方法は何か検証することや、一連のブロードバンド技術への投資を呼び込む環境を整備するという点において重要な役割を果たす。

高速ネットワークの展開に結びつく将来の取組のための重要な問題は、**競争を維持し、促す**方法である。例えば、特に人口密集地域ではない地域においては、その高コストにより、一つの光ファイバ網のみが経済的に存続できるかもしれない。これは、いくつかの供給者が自前の銅線網を展開することが可能な銅線環境とは異なっている。加えて、網形態の選択は物理的アクセスの競争条件を決定する。現在の投資と網形態の決定は将来のインフラ風景、その経済的存続可能性と競争に重要な影響を与える。モバイル市場では、特にモバイル着信接続料や国際モバイルローミング料金に関して競争を促す余地がまだある。

通信サービスとバンドルサービスの融合（例：トリプルプレイやクワドラプルプレイなど）という点では、政策策定者と規制当局は、サービスの透明性

の向上や市場支配力の乱用を監視するために重要な役割を担い続ける。「over-the-top video」サービスの発展は、丁度、「VoIP」サービスが電話に競争をもたらしたように、既存のケーブルテレビや衛星プロバイダの料金やサービスに対する新しい競争規律の重要な源となる。

効率的な周波数割当は、スマートフォンやセンサー、RFIDタグなどのスマートデバイスの市場の成長、モバイル音声とデータトラフィックの増加により、強く求められている。周波数が開放されれば、迅速な再割当を行い、周波数の再割当と利用には市場が考慮されるべきである。

利用可能な証拠によれば、IPv6の展開はあまりに遅いままである。政策策定者がIPv4から、IPv6への移行を強く奨励することが決定的に重要である。これを促進する行動としては、ハードウェア装置のアップグレードと試験、ウェブサイトによるIPv6の利用の奨励、IPv6の進捗を記録する手法の開発が含まれる。これには、より広くIPv6への対応準備ができているモバイルネットワークも対象となる。加えて、公共調達のためにIPv6サポートを義務付けることを政府が約束し、業務や家庭へのサービスのための利用をさらに奨励することもできる。

最後に、需要側でブロードバンドインフラへのアクセスに係る計測を改善する余地もある。特に、ブロードバンドインフラの導入と利用を計測する指標は更なる改善と精緻化ができる。このために、OECDの「世帯と企業のICT利用に係るモデル調査」を改訂し、更なる指標を開発することもできる。OECDでは、ワシントン（2011年10月）、ロンドン（2012年6月）で開催されたワークショップを通じて、ブロードバンド計測法の改善の取組を行ってきている。

1.2　デジタルコンテンツ：経済成長のためのイノベーション

閣僚たちは、デジタルコンテンツを重要なイノベーション関連分野として指摘した。ここでは最初に、公共部門の情報やインターネット仲介者の役割についても見つつ、デジタルコンテンツの制作と流通における市場と政策を簡潔に見る。また、これまでの進捗を簡潔にレビューし、政策策定者にソウル宣言以

第1章　ソウル宣言：進捗の概観と将来の取組の提言

降に生まれた新たな課題を示す。これは、更なる取組のテーマとなりうるものである。デジタルコンテンツの発展については第3章で詳細に議論する。

市場と政策

　デジタルコンテンツ、特にオンラインコンテンツ[4]市場は、オンライン収益のシェアがかなり増加したとともに、顕著な年間成長率を示した。この早い成長は、いくつかの要素で説明しうる。要素には、デジタルリテラシー向上、費用低下、「参加型ウェブ」(OECD, 2007を参照)[5]の成長、デジタルコンテンツを購入、利用、保存できるモバイル端末の利用の増加、基盤となるブロードバンドインフラの改善が含まれる。

　ゲームと音楽のコンテンツ産業は、全体の市場（オンライン及びオフライン）において、最も大きなオンラインシェアを有し、少なくとも全収益の30パーセントを占めている。2010年の成長率という点において、最も早く成長しているオンラインコンテンツ産業は映画産業であるが、これは低い水準からの出発である。額として最も大きい市場はオンライン広告市場であり群を抜いている。収益は2010年で705億米ドルとなっている。これに、ゲームが227億米ドルで続いている（図1.2）。

　オンライン広告がかなりの収益を生み出している一方、他のコンテンツ産業は対照的に、オンライン上の収益を増やすため、最も良い持続可能なビジネスモデルを模索しているところであり、全体としては、オンラインコンテンツ部門の経済面の影響はいまだ不明確である。オンラインコンテンツは、流通（例：音楽や映画）の分野の伝統的なバリューチェーンに大きな影響を引き続き与えている。さらに、生産側への影響は、例えばユーザ制作コンテンツ、新しい形の広告、ゲームが増えることで、大きくなっている。

　ソウル宣言以降、オンラインコンテンツ制作、流通、利用に関連する5分野──**オンラインニュース、仮想世界、ローカルコンテンツ、インターネット仲介者、公共部門情報**──が分析されてきた。

　伝統的な新聞の読者数は減少してきている一方、インターネットは、ニュー

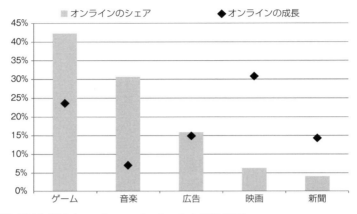

図1.2 オンラインコンテンツのシェアと成長、2009-10年

出典：PWC（2011）, "Global entertainment and media outlook 2011-2015", www.pwc.com.

スの重要な**新しい供給源**となった。4つのOECD加盟国（フィンランド、アイスランド、韓国、ノルウェー）では、16歳から74歳の70パーセント以上がオンラインのニュースを読み又はダウンロードしている（OECD, 2010a）。しかし、テレビと新聞はいまだに最重要の情報源であり、オンラインニュースは主にオフラインのニュースを補完している。ビジネスモデルの点からは、ニュースコンテンツからの直接収入はいまだに小さく、収益の大部分は広告によって生み出されている。ユーザはまだニュースサービスに金銭を払うことに消極的ではあるが、これは変化しつつある。全体として、来るべきオンラインニュース環境は、社会と民主主義におけるニュースの重要な役割という観点から、機会と課題の両方を生み出す。報告されている正の効果としては、オンラインニュースの広範な多様性と、インターネットがニュース制作と起業家的ジャーナリズムのために提供する独立性である。一方、課題面としては、複数のオブザーバーがニュースの質の劣化に警鐘を鳴らし、オンラインニュースの読者に対して当該ニュースの正確性を疑うことを勧めている。

　仮想世界は、ソウル宣言の年には大いに宣伝された（OECD, 2011b）。それ

第 1 章　ソウル宣言：進捗の概観と将来の取組の提言

以降、経済危機によりこの部門の統合があったが、仮想世界の受け入れは緩やかであった。より最近では、仮想世界に再び関心が出てきているが、これまでのところ仮想世界による社会的・経済的価値の可能性というのは逸話に留まっている。

　オンライン上の**ローカルコンテンツ**の分析は、社会は全世界の利益のためにより広く普及すべき豊富な文化遺産及び知識ベースを持っている、という論理的根拠から発展してきた。**ローカルコンテンツ**の大部分（OECD, 2001）[6]は、現在、ローカルコミュニティのみで利用可能であるが、これがインターネットがこれらのコミュニティにとって重要な役割を果たし始めた理由である。オンライン上のコンテンツを世に出す方法には、ブログやウィキペディアなどの「クラウド資源」をベースとしたウェブサイトが含まれる。発展という点では例えばウィキペディアは、これまで著しい成長を遂げてきた。そして、同サイトの記事数は速いペースで伸び続けている。加えて、インターネットユーザの27パーセントが英語の話者であると推計されている一方、英語記事のシェアは2011年では、ウィキペディア全体の記事の約20パーセントにすぎなかった。最近のローカルコンテンツの発展が示すのは、インターネットはローカルコンテンツの制作から流通まで非常に重要な役割を果たしていることと、インターネットの最大の貢献はコンテンツ制作者が自分のコンテンツを広く普及させることができるということである。

　インターネット仲介者は、消費者、企業、政府にオンラインコンテンツを配信する決定的に重要な役割を果たす。インターネット仲介者は、インターネットの基本インフラとプラットフォームへのアクセスを提供し、第三者間のやりとりや取引を可能にする。主な機能は、1）インフラの提供、2）散在する情報を収集、組織、評価する、3）社会的な意見交換や情報交換を円滑化する、4）需要と供給を集約する、5）市場プロセスを円滑化する、6）信頼を提供する、7）買い手／利用者と売り手／広告主の両方のニーズを考慮することである。インターネットサービスの変化のペースと技術的複雑性は、安定し、確立されたビジネス慣行の形成を困難にする。それにもかかわらず、利用可能なデ

ータによれば、これらの市場は非常に重要な成長、イノベーション、競争の源である。例えば、米国の国勢調査によれば、インターネット仲介者は、2008年には付加価値GDPの少なくとも1.4パーセントを占めていた。ここ数年は、インターネット仲介者が生産性上昇、より低廉な取引費用、ICT部門の成長拡大を通じ、経済成長に貢献したことを示している。

公共部門の情報は、インターネット上で制作され流通するデジタルコンテンツの重要な一部である。ソウル閣僚級会合の年に採択された「公共部門情報（PSI）へのアクセスの強化及びより効果的な利用に関するOECD理事会勧告」（OECD, 2008a）は、公共部門の情報へのより良いアクセスやより広い利用・再利用による経済的・社会的便益の増大を目的とした一般的な枠組を加盟国に示した。

政策の点では、政府は、固定ブロードバンドとモバイルブロードバンドの両方の基盤となる情報通信インフラの利用可能性とアクセシビリティの重要性を強調してきた。政府はまた、直接的に、ローカルコンテンツを推進してきた。文化遺産へのデジタルアクセシビリティ、新しい形の双方向文化コンテンツの制作を支援するための取組がいくつかある。さらに、政府は、スキルと教育の分野において、デジタルコンテンツの利用を推進してきた。プロジェクトには、高品質のコンテンツ開発や、教育のための電子書籍の配布も含まれている。最後に、政府は、インターネット仲介者の役割やそのプラットフォームの第三者の利用者の行動に対するインターネット仲介者の責任についても検証を始めている。

複数の研究が、インターネット仲介者がそのプラットフォームを利用する第三者によって制作されたコンテンツに関連する課題への対処を支援すべきか、支援すべきとして、いつ、どの程度、どのように支援すべきかを調査してきた。公共部門情報に係るOECD勧告の結果、加盟国は、公共部門情報を利用及び再利用することを推進するプロジェクトを始めた。これには、大規模なオープンデータの取組、例えば米国のDATA.GOV（*data.gov*）や英国のDATA.GOV.UK（*data.gov.uk*）、オーストラリアのdata.gov.au（*data.gov.au*）がある。

第1章　ソウル宣言：進捗の概観と将来の取組の提言

加えて、政府と民間部門は、政府のデータの革新的な利用を見つけるためのプロジェクトやコンテストに投資してきた。これらにより、例えば、家庭のエネルギー利用を最適化するアプリケーションや政治データを分析するアプリケーションが現れた。最後に、近年、デジタルコンテンツを購入、利用、保存する際の消費者を保護し強化するための様々な法的進展があったことも指摘したい。これらの進展は、「消費者保護と強化」の基本的枠組に係るセクション（及び本書第4章）でさらに議論される。

更なる取組のための重要分野

我々は、経済全体における**オンラインコンテンツの重要性**の理解を促進する必要がある。将来の取組としては、オンラインコンテンツのための新しい測定技術の開発を目標にすべきである。いくつかのデータの新しい源、例えば、検索エンジンのデータやインターネットベースの統計などは、オンラインコンテンツ測定の促進に利用できるだろう。この取組に基づき、もう一つの取組として、オンラインコンテンツの影響を見ることもできる。新しいオンラインコンテンツサービスは急速に発展しつつあり、インターネット経済におけるイノベーションの主要な源の一つとなっている。

この面で、**デジタルコンテンツ、特にオンラインコンテンツの制作と流通の新分野**を分析する必要がある。例えば、電子書籍市場（e-books）、スマートアプリケーション「apps」、より一般的には、モバイル端末用のデジタルコンテンツなどは興味深い進展がある。教育との関連（例：e-textbooks）や消費者保護についても更なる検証がなされるべきである（第4章も参照）[7]。加えて、特に教育分野におけるローカルコンテンツを計測、検証することができる。

知的財産権（IPR）保護は、すべてのデジタルコンテンツの分野において重要な要素となった。それゆえ、著作権の経済学に関して取組がなされるべきである。各国の知的財産システムは進展しているが、オンライン環境の変化は経済成長を推進するという観点からこれらのシステムの見直しが求められる可能性がある。これは特にビジネスモデルが顕著な変化を経験し、引き続き経験す

るような著作権の分野において当てはまる。いくつかの政府は、著作権と消費者保護の体制のバランスを取ることを目標とした政策を打ち出した（以下の消費者保護と強化に係る節と第4章を参照）。著作権制度に対する変化についての徹底的な議論は、確実な経験的事実に基づくべきであるが、これまでのところ、この分野で研究が行われたことはほとんどない。

　ソウル宣言以降、**クラウドコンピューティング**がますます発達し、イノベーションと新しいビジネスの創造を促進している。クラウドコンピューティング自体、コンテンツ制作、蓄積、流通に非常に大きな刺激を与える可能性を持っている。政策策定者は、クラウドコンピューティングとデジタルコンテンツ制作との関連性を検証すべきである。これは、大学、研究機関、政府が研究開発ネットワークの中で一緒に取り組むことを奨励する際にも検証すべきである。ソウル宣言以降現れたもう一つの分野は、「ビッグデータ」の分野である。「ビッグデータ」とデジタルコンテンツの関連性を検証することもできよう。

　公共政策の目的を進めるためにインターネット仲介者を関与させることで発生する費用便益は引き続き分析されるべきである。公共政策の目的を進めるためインターネット仲介者を関与させる取組はすでに行われている。かなり進んでいる取組もあり、いまだ初期の段階に留まっている取組もある。政策論議を国際的に進め未解決の課題に取り組むことを支援することができる。

　最後に、現在、「公共部門情報に関するOECD勧告」（OECD, 2008a）を見直し、どこの国が現在どのような位置付けなのか状況を包括的に把握するための取組が行われている。また、様々な情報源からのデータセットの有意な統合を通じ、より効率的かつ効果的な公共部門情報の利用を可能にするためのビッグデータ分析の可能性を評価することも考えられる。

1.3　データ駆動型インターネット経済のためのスマートアプリケーション

　ソウル宣言では、閣僚たちは何十億の人々、機械、モノが繋がるグローバルな情報社会のビジョンを共有した。閣僚たちはまた、新たなインターネット技

第1章　ソウル宣言：進捗の概観と将来の取組の提言

術、アプリケーション、サービス、例えばセンサーベースのネットワーク等の経済的、社会的、文化的な影響を分析する必要性を指摘した。何十億の人々、機械、モノが互いに繋がるということは、ビッグデータが生み出され、処理され、分析される、よりスマートなインターネット経済の主な特徴の一つである。ソウル宣言以降、例えば、センサーとセンサーネットワークを組み合わせたスマートメーター、機器間（M2M）通信、ビッグデータ分析といった、スマートデバイスに基づくいくつかのスマートアプリケーションの分野を検証する取組が行われている。具体的には、スマートグリッド、スマート輸送、スマートビルディング、スマート農業がある。次のセクションは、この分野における市場と政策を示す。これまでの進捗をレビューし、さらに取り組むべき分野を指摘する。個人情報の増大する経済的役割もまたこのテーマに含まれるが、これは、本章の後半と第4章におけるプライバシーのテーマにおいて扱う。

市場と政策

　ソウル宣言以降の取組によれば、**よりスマートなICTアプリケーション**は、環境課題に対処する際に重要な効果があるということを示している（インターネット経済のための社会経済的目的の一つとしてのグリーン成長に係るセクションを参照）。**よりスマートなICTアプリケーション**として最も有望な分野の一つは電力部門である。世界の電力の3分の2以上が化石燃料の燃焼により生み出されている。スマートグリッド（情報通信のために強化された能力を持つ電力ネットワーク）は、エネルギーの生成から消費までのバリューチェーンに伴う主要な電力分野の課題に取り組むことができる（図1.3）。これは、再生可能なエネルギー源のより広い統合を可能にし、電気自動車を含む低い二酸化炭素排出輸送を促進し、電力消費の構造的シフトを促している。

　一般利用者にとって、最も革新的なアプリケーションは、スマートメーター関連である。個々の世帯の電力消費の10パーセント以上が、単により良い情報（又は**より良い方法で**情報）を与えるだけで削減できる。「ピーク需要」の減少はまた、ピーク時に電力プラントへの追加の接続を回避することができる

図1.3　電力部門のバリューチェーンにおけるエネルギーとデータの流れ

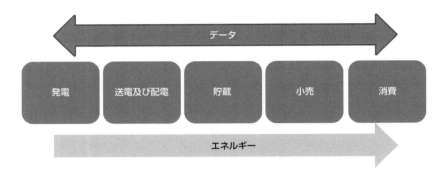

ことにより、直接、温室効果ガスの排出を抑えることに貢献することができる。しかし、便益はスマートメーターだけに限られない。より進んだモニタリングやネットワーク化されたITシステムは、電力の損失を抑えることができる。そのような損失は、世界の生産の平均8パーセントを占めるが、個別の国では15パーセント以上に上る。

　ソウル宣言において、閣僚たちは、新たなインターネット技術として**センサーネットワーク**を強調し、更なる影響評価を求めた。ソウル宣言以降の取組によれば、センサーとセンサーネットワークは、多くのスマートアプリケーション、特に環境課題（下記及び第3章のグリーン成長に係るセクションを参照）に対処するときの重要な要素であるとしている。

　これらは、資源のより効率的な利用に大きく貢献し、スマート電力グリッド、スマートビルディング、スマート産業用プロセス制御を通じ、いくつかの分野における温室効果ガスや他の汚染原因の削減に大きく貢献する。研究では、精密農業と同様、スマートグリッド、スマートビルディング、スマート産業応用は全体的に強い正の効果があると明確に評価する一方、スマート輸送の結果についてはリバウンド効果により複雑である。特に、高度道路交通システム（ITS）は、輸送をより効率的、迅速かつ安価にするが、同時に全体の輸送需要を押し上げ、エネルギー需要を増加させる。また、行われた調査では、ス

第1章　ソウル宣言：進捗の概観と将来の取組の提言

マートアプリケーションの正の環境的影響を強化するため政府が果たさなければならない極めて重要な役割を強調した。分析では特に、効率性の向上には環境費用を内部化するための需要サイドの管理が同時に行われるべきであることが示された。当該取組はまた、オープンな標準の策定と共に、センサー技術の利用を宣伝し推進する政府プログラムは、気候変動を緩和するため当該技術の潜在能力を引き出すことに役立つことを強調した。

　ソウル宣言はまた、機械やモノを繋げるネットワークが広がることを予想していた。機器間（M2M）ネットワークは、有線・無線ネットワークを使うことで能動的に通信する（スマート）デバイスを必要とする。スマートデバイスは、伝統的な意味ではコンピュータではないが、何らかの形でインターネットを利用している。世界的には、2012年にモバイルネットワークに接続されるデバイスは約50億台になる一方、10年後には、500億台に増えるかもしれないと予測されている。また、分析によれば、機器間（M2M）ベースのアプリケーションの展開が、特にスマートグリッドやスマート輸送（電気自動車も含む）等のスマートアプリケーションを通じ、イノベーションと成長に貢献する可能性があることが示されている。

　政策の点では、政府は、ソウル宣言以降、特に経済をグリーン化することに係る分野等スマートICTに係る様々な分野で取り組んできた。ソウル宣言の主な結果の一つは、「情報技術と環境に関するOECD理事会勧告」（OECD, 2010b）であった。当該勧告は、いかに政府がICTを使って国内の環境パフォーマンス[8]を強化できるのかに係る10のチェックリストを提示している。この勧告は2010年に採択されたが、そのためまだ評価されていない。しかし、政府が経済のグリーン化におけるスマートアプリケーションの正の役割を認識しつつあるという様々な兆候がある。この点、スマートグリッドやスマートメーターを展開するため、多くの取組が実施されてきた。例えば米国などのいくつかの国は、2009年の経済危機の際には、スマートグリッドへのかなりの投資により対応した。加えて、いくつかのOECD加盟国は、電気自動車やスマートルーティング、高度道路交通システムも推進するスマート輸送プログラムを

立ち上げた。

更なる取組のための重要分野

　経済が「よりスマート」になっていく際、よりよく理解すべき多くの課題が出てきている。これらの課題には、以下で議論するが、スマートメーターなどの新しいスマートデバイスの登場、ビッグデータ（ビッグデータに絡む、プライバシー、データへのオープンアクセスなども含む）、セキュリティ、競争、雇用、周波数が含まれる。

　スマートICTアプリケーションの展開が進展することは、**ビッグデータの流れ**の生成につながる。ビッグデータは、たとえエネルギー産業など多くの産業がまだビッグデータを活用していなくても、新産業、新工程、新製品を生み出す主要な源になる可能性を持つ。これらのデータの持つかなりの量（volume）、速さ（velocity）、種類（variety）と、データ分析によりビッグデータを経済において活用する可能性は、データ駆動型（data-driven）社会経済モデル（一般的には「ビッグデータ」と呼ばれる）への移行の兆しとなる。どのデータが無形資産として大きな比較優位を作り出し、イノベーション、持続可能な成長、発展を推進するのか、我々の理解を進める必要がある。

　あらゆる場所でより多くのデータが生成され、いわゆる「識別された、あるいは識別可能な個人に関する情報」（つまり、個人データ）をますます利用できるようになり、データ取得源の増大と、データが関連付けられ処理されることの容易化は、プライバシー保護が基本としている枠組に課題を投げかけている。これらの課題は以下でさらに議論される。

　現実世界の設備、機械、モノの相互依存がインターネット上で増大することにより、インターネットは社会にとって必要不可欠なインフラとなる。そして、多くのスマートアプリケーションが重要な情報インフラとなりつつある。これは、レジリエンスとセキュリティの面で既存の枠組への挑戦となる。サイバーセキュリティ政策に絡む課題は、次節で議論される。

　モバイルネットワークを利用する際、機器間（M2M）通信の競争に対する

非常に大きな障壁が存在する。SIMカードが端末ごとに固定されている場合、利用者は、モバイル通信事業者をその端末の寿命が尽きるまで変えることができない。これは競争に負の影響を与え、逆に、トラフィック、特にローミングの間の費用をより高いものにしかねない。それゆえ、例えば車両製造者、家電メーカー、エネルギー会社などの大規模な機器間（M2M）通信デプロイヤーが番号資源にアクセスできる政策を分析する取組を行うことができる。

　繋がった世界は、無線が接続で最も柔軟性のある形であるため、周波数政策に大きな影響を与える。しかし、接続される端末の寿命サイクルは、これまでのICT対応アプリケーションよりもずっと長い。1年から10年といった寿命サイクルではなく、接続される機械の想定寿命サイクルは30年までありうる。周波数政策にとって接続される装置の寿命サイクルは重要であるため、このことは、周波数政策に係るダイナミクスを変えるだろう。

　スマートアプリケーションの展開は、労働生産性の増加に貢献することを約束するが、以前は人間の労働力が必要だった工程が自動化されていく場合は、雇用に圧力がかかるかもしれない。例えば、スマートメーターは、人によるメーターの読み取りを不要にし、運転手が不要な乗り物によるスマート輸送システムは、漸次タクシーやバスの運転手に取って代わるかもしれない。今後の取組として、スマートアプリケーションの労働市場への直接・間接の影響をより良く理解するために必要な証拠ベースを拡大することに焦点を当てることができる（Brynjolfsson and McAfee, 2011を参照）。

第2節　インターネット経済のための基本的枠組

　インターネット経済がうまく機能し、その潜在的利益が十分に実現することを確保するためには、様々な基本的枠組が必要になる。次のセクションは、1）サイバーセキュリティ、2）プライバシー、3）消費者保護と強化、4）オープン性といった基本的枠組に焦点を当てる。最初の3つは、オンライン上の信頼

にとって必要不可欠である。ここでいうオープン性とは、マルチステークホルダーの協力、許可を必要としないアクセス、情報の自由な流通、表現の自由を指す。全体として、これらの基本的枠組は、透明性、文化的多様性、個人の自由の保護、インターネット経済におけるイノベーションと繁栄を可能にするためには非常に重要な要素である。オンライン上の児童の保護は、もう一つの基本的枠組であり、セキュリティ、プライバシー、消費者保護と関連する（コラム 1.1）。例えば競争や知的財産権の保護などの他の基本的枠組は、通信インフラやデジタルコンテンツのところで個々に議論される。

コラム 1.1　オンライン上の児童の保護

　インターネットは、我々の経済や社会のあらゆる局面に広がっているため、児童の生活においても、日常的となっている。インターネットは、児童の教育や成長に大きな利益をもたらす一方、オンライン上のリスク、例えば、不適切なコンテンツへのアクセス、他者との口汚いやりとり、強引なマーケティングやプライバシーリスクに児童を晒している。2008年6月の「インターネット経済の将来に係るソウル閣僚会合」において、閣僚たちは、個人、特に未成年や他の弱者グループを保護できるような信頼のおけるインターネットベースの環境の確保の重要性を認識した。

　ソウル宣言のフォローアップとして、この課題をさらに詳細に調査するため、OECDは、2009年にAPECと共同シンポジウムを開催した。それ以降、オンライン上の児童の保護のためにどのような政策が措置されたのか、その政策の共通点と相違点、更なる政策策定に向けた証拠ベースをいかに改善するかを分析するための研究が行われている。2011年、OECDは、「オンライン上の児童の保護：オンライン上の児童が直面するリスクと児童を保護する政策」(OECD, 2011c)を発表した。この報告書の知見に基づき、OECD理事会は2012年に、より良い証拠ベースの政策策定とすべての利害関係者間での対応協力強化を通じて国家レベルの政策枠組を改善するための勧告を採択した（OECD, 2012d）。

第1章　ソウル宣言：進捗の概観と将来の取組の提言

2.1　サイバーセキュリティ

　OECDは、過去20年以上、情報技術（IT）、経済的・社会的発展に寄与するインターネットの基本的要件としての情報システムのセキュリティに取り組んできた。しかし、ソウル宣言以降、リスクは著しく増大している。サイバー脅威の急な増大に加え、ITとインターネットはなくてはならないものとなっており、我々の経済と社会の発展のためだけではなく、経済や社会の基本的機能のためにも不可欠である。現在は、ソウル宣言以前よりリスク、課題はより大きなものとなっている。サイバーセキュリティの国際的な側面は、インターネットのグローバルな本質、国境を越えた相互依存の増大により、政策策定者の大きな関心を呼んでいる。

市場と政策

　ソウル宣言以降取り組まれてきた課題には、**ボットネット**に係る取組も含まれる。ボットネットとは、悪意ある者に遠隔で操られ不正利用されたコンピュータのネットワークのことである。ボットネットは、オンライン環境におけるセキュリティと信頼への脅威となる。OECDは、「スパム」のデータに基づき、ボットネット減少に向けたインターネットサービスプロバイダ（ISP）の役割についての実証研究を行った。この研究により、OECD加盟国、ロシア連邦、そして5つのキーパートナー国（ブラジル、中国、インド、インドネシア、南アフリカ）のアクセス市場において最も大きなシェアを持つ200のISPが世界中で感染した全機械の60パーセント以上を匿っていたこと、さらに、わずか50のISPのネットワークが、世界中で感染した機械の約半分を占めるということが判明した（OECD, 2010c）。ISPは物理的ネットワークの所有者として、また、消費者と対面する位置付けから、ボットネットに対しては積極的に対処できる立場にある。

　ソウル宣言において扱われた他の課題としては、**デジタルアイデンティティ管理**（IdM）がある。ソウル宣言以降の取組によれば、デジタルアイデンティ

ティの保護を確保するには、すべての政策、法律、技術的側面に対する全体的なアプローチと、すべての関係者の連携が必要であることを示している。IdMのための効果的な政策を策定する際の課題は、一つには、有用性と相互運用性の必要性と共に、プライバシー及びセキュリティとのバランスがある。もう一つの課題は、時々衝突する政府、企業、個人の経済的・社会的要望に対応することである。政府はオンライン上の互いのやりとりの保障と個人の保護に不可欠な役割を果たす。

　政策の点では、多くの国の政府がサイバーセキュリティの課題を優先する転換点のようなものがあった。新時代の国家サイバーセキュリティ戦略は、より全体的な観点から課題にアプローチし、主権の考慮と共に、経済的・社会的要素を包含している。これらの戦略は、経済的・社会的繁栄を推進し、サイバー空間に頼る社会をサイバー脅威から保護することを狙いとしている。サイバーセキュリティ政策策定の主要な課題は、イノベーションと新たな成長の源泉のプラットフォームとしてのインターネットのオープン性を保全しつつ、これらの二つの目的を追求することである。ほとんどの戦略は、国際協力の強化を大いに強調している（OECD, 2012e）。また、多くの国は、特にボットネット対策として、コンピュータが悪意あるソフトウェアにより不正に利用されていると特定された際、ISPからエンドユーザに通知がなされ、問題を軽減するために行動することが奨励されるという対応策を採用した。

　多くの政府はまた、デジタルアイデンティティ管理について、国家戦略や政策を策定している。主な目的は電子政府を実現すること、公共・民間のeサービスの分野におけるイノベーションを促進すること、サイバーセキュリティを強化することである。主な対象は、行政であるが、民間部門への波及が見込まれる。これらの戦略は、一般的には革命的な（revolutionary）アプローチではなく既存のオフラインのアイデンティティ規制や実務をもとに段階的（evolutionary）アプローチを取り、登録政策、相互運用性やセキュリティ、プライバシーなどの政策課題に触れている。2011年にOECDは、「インターネット経済におけるイノベーションと信頼を可能にするためのデジタルアイデン

ティティ管理に係るガイダンス」を策定した（OECD, 2011dを参照）。当該ガイダンスは、セキュリティ、プライバシー、オンライン上の信頼を強化しつつ、政府の政策という観点からデジタルアイデンティティの基本要素を紹介し、政府の政策策定者に対し、公共・民間両部門を通じてイノベーションを支援する戦略に係る助言と方向性を示している。

更なる取組のための重要分野

　1992年以降、情報システムのセキュリティに係るOECDの取組は、すべての参加者が経済的・社会的繁栄のためにセキュリティの課題に取り組むことに役立つような、ハイレベルな政策枠組を基本としてきた。1992年のセキュリティガイドラインは、ネットワーク化された相互接続が一般的になったことを考慮して2002年に改訂された（OECD, 2002を参照）。現在、ソウル宣言における既存のOECDのセキュリティに係るルールの検証の求めに沿う形で、ガイドラインは再検討されている。これらの見直しは、現在そして予期される課題を考慮することや、政府や他の参加者による実施を円滑にするためのガイダンスを示すことが期待されている。

　当該レビューは、OECD加盟国・非加盟国問わず、すべての利害関係者が関与できるよう、広くオープンで包摂的な照会手続により行われグローバルな対話を行う貴重な機会を提供する。対話により、1）インターネット経済の成長のためにはサイバーセキュリティが重要性であるということの共通理解を促進し、2）改訂ガイドラインを異なる政治的・社会経済的環境でも活用可能なものとするよう支援し、インターネットアクセスに関して異なる発展段階の各国に対するガイドラインの関連性を改善し、3）改訂ガイドラインができるだけ広く正の影響を与えることを確保することができる。

2.2　プライバシー

　ソウル宣言において、閣僚たちは、インターネット経済の発展のために、プライバシーとオンライン上の個人データを保護することの重要性を明確に認め

た。閣僚たちはまた、「変化する技術、市場、利用者の行動と重要になってきているデジタルアイデンティティ」の観点から、「プライバシー保護及び個人データの国際流通についてのガイドライン」（OECD, 1980）を含むOECDルールの適用を検証することを促した。この宣言は、1980年ガイドラインの正式なレビュー開始のきっかけとなった。以下では、市場と政策とこれまでの進捗を扱う。また、政策策定者に、ソウル宣言以降に生じた更なる取組の主題となりうる新しい課題を提示する。

市場と政策

過去30年以上、個人データは、我々の経済、社会、日々の生活においてますます重要な役割を果たしてきた。特にICTにおけるイノベーションは、ビジネスや行政、個人の生活に影響を与えてきた。新技術と責任あるデータ利用は、非常に大きな社会的・経済的便益を生み出している。収集され、利用され、蓄積された個人データの量は莫大なものとなり、さらに増え続けている。現代の通信ネットワークはグローバルなアクセシビリティと継続的かつマルチポイントなデータ流通を支えている。個人データの利用可能性の幅は、個人の動き、興味、活動を包括的に洞察できる幅広い分析の結果、大きく広がってきた。

同時に、大量の個人データの存在とデータが消えずに残るという個人データの存続性は、個人のプライバシーへのリスクを増加させた。個人データは、収集時に想定していなかった方法で利用されるようになってきている。ほとんどすべての人間の活動が「デジタルデータの痕跡」の形で残されている。これは、個々人の行動をますます監視しやすくなってきていることを意味する。個人データのセキュリティ違反はよくあることである。これらのリスクの増大は、個人のプライバシーを保護するためより効果的なセーフガードの必要性を示唆している。

近年、新しいプライバシーリスクの増大に対処するため、特に国境を越えたデータ流通の面で、いくつかの取組が出てきている。例としては、欧州連合の拘束的企業準則（BCR）、アイルランドの説明責任プロジェクト「The

Galway Accountability Project on Commonly Accepted Elements of Privacy Accountability」（訳注：同プロジェクトは、アイルランドのデータ保護コミッショナーオフィスにより進められている取組で、OECDも共同スポンサーである）、そして、APECの越境プライバシールール（CBPR）が挙げられる。OECDでは、プライバシー執行機関の国境を越えた協力は優先的に議論され、その結果、プライバシー保護法の執行に係る越境協力に関する2007年理事会勧告が採択された。

現在、世界中のプライバシーの枠組は流動的になっている。国際レベル（OECD、欧州連合、欧州議会）の主な枠組のうち3つは同時期に見直され、4つ目（APEC）は、新しい国境を越えた取り決めを実施しようとしている。同様に、国内のプライバシー枠組に係る取組も、オーストラリアからブラジル、中国、そして米国まで世界中で検討が行われている。

ソウル宣言に従い、OECDはプライバシーガイドラインを見直してきた。見直しの準備は、1980年のガイドラインの30周年ということで、2010年に始まった。この過程の中で、OECDは、3つの主題のイベントを開催した。すなわち、1）1980年ガイドラインの影響、2）増大する個人の役割、3）個人データとプライバシーの経済的側面についてそれぞれ取り組むというものであった。OECDはまた、2つの報告書――*The Evolving Privacy Landscape: 30 years after the OECD Privacy Guidelines*（OECD, 2011e）と*Implementation of the OECD Recommendation on Privacy Law Enforcement Co-operation*（OECD, 2011f）――を作成した。

「インターネット政策策定原則に関するコミュニケ」（OECD, 2011g）と上述の準備的取組に基づき、OECDは、見直しのためのロードマップとして作業要綱を策定した。当該要綱は、現在の課題とアプローチに関する共有された視点を明記するとともに、更なる取組への論理的根拠を提供するものであった。環境の変化を強調することに加え、要綱はOECD加盟国がプライバシー保護の有効性を向上させるために必要不可欠と考えた要素を特定していた。

プライバシー専門家のマルチステークホルダーグループ（「専門家グループ」）

が見直しプロセスのために組織された。このグループは政府、プライバシー執行当局、学者、企業、市民社会、インターネット技術コミュニティからの専門家が含まれていた。また、参加者として、APECで活動している専門家と共に、欧州議会や欧州連合の代表も含まれていた。

更なる取組のための重要分野

インターネットベースのアプリケーション数の増加は、個人データ、つまり「識別された又は識別可能な個人に関する情報」を伴う。そのため、このようなアプリケーションは、個人データの処理に関連して当該個人を保護する政策枠組に従う。しかし、ビッグデータ分析の利用はこれらの基本原則の適用との関係を整理することが必要になってきている。

例えば、1980年の「プライバシーガイドラインの枠組」では、識別された又は識別可能な個人に関連しないデータはガイドラインの対象外である。しかし、データ分析により、個人データか非個人データかの境界は曖昧になりつつある。また、基本原則の適用、例えば目的明確化原則[9]などは整理が必要となっている。ビッグデータ分析は個人データの再利用を伴うことが多いが、これはデータ収集時に想定されていなかった用途である。また、ビッグデータ分析は、暗黙的に期間を延長して情報を保全することとなる。そのため、利用可能性の制限と情報の収集・保存の制限を前提としている既存のプライバシー枠組と緊張関係が生まれる。更なる取組としては、より深くこれらの課題を分析することや、これらに対処する実現可能な道の探究が考えられる。

2.3 消費者保護と強化

ソウル宣言は、インターネット経済において消費者は重要な利害関係者であると認めている。インターネットは、消費者が商品情報に簡単にアクセスでき、幅広い供給者から、様々な商品やサービスを購入することができる場を提供する。インターネットの便益としては、高い透明性と、それによる競争の強化と低廉な価格がある。消費者はまた、世界中の供給者から商品を買うことができ

第1章　ソウル宣言：進捗の概観と将来の取組の提言

る。これらの便益を踏まえ、ソウル宣言は、インターネットが企業・消費者間（B2C）電子商取引のために安全で信頼できる環境であることを確保するため、政府は重要な役割を持つことを強調した。

ソウル宣言に従い、OECD消費者政策委員会は、「OECD電子商取引に関する消費者保護ガイドライン」（OECD, 1999）のレビューを開始し、1）オンラインとモバイル決済（OECD, 2012g）、2）インターネットとその他のICTチャネルを経由したデジタルコンテンツの購入（OECD, 2013b, 2013c）、3）参加型電子商取引における消費者保護と強化に係る政策研究と分析を発展させてきた。これらの分野における市場と政策は、以下で議論されるが、プライバシーと消費者強化の課題については、第4章においてより詳細に扱われる。

市場と政策

ソウル宣言以降、B2Cの電子商取引市場は、全世界で少しずつ成長してきた。OECD地域では、電子商取引を経由して商品を購入する消費者の平均的な割合は、2007年の個人の約25パーセントから、2011年には32パーセントまで増加した（図1.4）。アジア太平洋地域は、2013年までに最も大きなB2C電子商取引市場になると予測されている（2012年の全売上シェアの31.1パーセントに対し2013年は34パーセント）。一方、北米は2012年の全売上シェアの33.4パーセントに対し2013年は31.6パーセント、ヨーロッパは2012年の全売上シェアの30.2パーセントに対し2013年は29パーセントである（Emarketer, 2012を参照）。米国では、米国国勢調査局によれば、電子商取引の売上（小売りと特定サービスを含む）は、2009年と2010年の間に10.3パーセント増加した。これは、2009年の3,850億米ドルから、2010年の4,240億米ドルまでの増加を意味する（US Census Bureau, 2012）。2008年から2011年の間に、ヨーロッパのオンライン小売売上の価額はほぼ2倍となり、2008年の1,180億ユーロから、2011年の2,010億ユーロまで増加している。中国やブラジルなどのいくつかの発展途上国もまた重要な経済的な力となってきている。例えば、中国では、オンライン売上が、2008年の1,280億元（約160億ユーロ）から、2011年の7,740億元（約

940億ユーロ）に増加した。年80パーセント以上の平均成長率である。

　これは、オンライン買物客が、オンラインやモバイルプラットフォームを経由し、より幅広い商品にアクセスできるようになってきていることが大きい。特に電子的なフォーマットで配達される商品やサービスのための購入チャネルの幅もまた増加した。購入チャネルには、伝統的な電子商店、IPテレビ、ソーシャルメディア（例えばブログやソーシャルネットワーキングサイト、その他のコンテンツ共有サイト）、クラウドコンピューティングプラットフォームが含まれる。消費者によるモバイル端末、例えばスマートフォン、タブレット、電子リーダー等の利用がますます増えることにより、成長の加速が予測されている。欧州連合（EU）で実施された研究では、オンライン上で販売されている商品[10]は、店頭で販売されているものよりも一般的に安い価格で提供され、25億ユーロの消費者利益の向上が見込まれる結果となった（Civic Consulting, 2011）。

　増加している**参加型ウェブ**は、消費者にとって利用可能な情報を増やし、オンライン上の商品を調べて比較する能力を向上させた。例えば商品や価格の比較プラットフォームなどの検索エンジンの利用は、伝統的なオンラインプラットフォームやソーシャルメディアにおいて消費者が投稿する商品評価やレビューと同様、消費者のために役立ってきた。企業や消費者は、ソーシャルメディアを友人や家族、他の消費者の推薦に基づく電子商取引のための主要プラットフォームとして認識するようになってきた。このことを念頭に置きつつ、企業は自分たちの広告や販売戦略を再構築してきた。

　ソウル宣言以降の革新的で利用しやすい**オンラインとモバイル決済システム**の発展もまた、成長を推進する手助けをしてきた。特にグローバルなモバイル決済の価額は、いまだに比較的低い（2010年に620億ユーロ）ものの、近い将来急速に増加し、2013年までには2,230億ユーロまで増加することが見込まれている。研究によれば、米国では、（食料雑貨やガスなどの）中間価格帯の商品を購入するためにスマートフォンを利用する消費者が引き続き増加するため（EMarketer, 2012）、モバイル決済のための全取引価額は、2012年に6億4,000

第1章　ソウル宣言：進捗の概観と将来の取組の提言

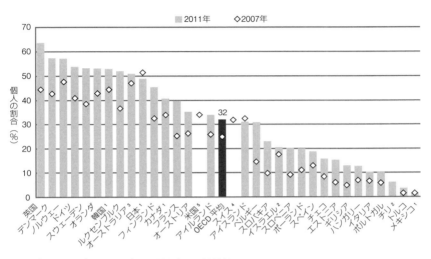

図1.4　インターネットでモノやサービスを注文又は購入した個人、2011年又はデータが利用可能な最近の年

1. 2010年。2. 2009年。3. 2008年。4. 2005年。5. 2003年。
注：欧州連合共同体調査（EU Community Survey）からのデータは、EU各国にアイスランド、ノルウェー、トルコを加えた国を対象としている。データは、16歳から74歳までの年齢の個人を参照している（ただし、カナダは16歳以上、イスラエルは20歳から74歳、日本は6歳以上、スイスは14歳以上）。欧州連合統計局（Eurostat）が対象としている国のデータについては、過去3か月の間に業務としてではなくインターネットでモノやサービスを購入又は注文した個人を参照している。OECD加盟国の残りの国については、過去12か月の間にインターネットで注文した個人を参照している。
イスラエルのデータに関する情報：http://dx.doi.org/10.1787/888932315602.
出典：OECD（2012h）, *OECD Internet Economy Outlook 2012*, OECD Publishing, *http://dx.doi.org/10.1787/9789264086463-en*.

万米ドルになり、そして、2016年には、およそ620億米ドルまで達するとしている。これらの新しい決済システムに加え、企業は（特にデジタルコンテンツの購入において）多くのロイヤリティと報酬プログラムを開発しており、それらは新しい消費者需要を喚起することに役立ってきた。例えば、いくつかの企業は、消費者が無料でサービス——商品送料無料、映画やテレビ番組の無制限のストリーミングサービス——を利用できる年間契約料を通じて商品を購入できるようにしている。

　政策の観点では、多くのOECD加盟国や非加盟国は、B2C電子商取引関連の

課題に対応するため、一般的な消費者保護ルールを適用している（例えば、契約や遠隔地販売ルール）。一方、他の国では、より特別な電子商取引やモバイル取引に係る規制を策定した。いくつかの事例では、これらの規制が、例えば詐欺的・欺瞞的広告、電気通信、プライバシー、著作権に係る他の規制と重複している。近年では、複数の国で、発展するインターネット経済に既存の枠組を適合させたり、見直しをしている。例えば、英国政府は、2011年9月、重複している消費者保護と著作権の法律や規制を明確化し、より強い消費者保護を与えるという観点から、デジタルコンテンツの分野も含め、新しい消費者権利章典を策定すると発表した。カナダでは、「競争法（the Competition Act）」が2010年12月に改正され、電子市場における詐欺的・欺瞞的な表示と詐欺的なマーケティング行為に対応するための特別規定が含まれた。これらの改正案は、まだ発効していない。モバイル決済が電子商取引の発展に極めて重要な役割を果たしつつあることを考慮し、カナダ[11]やメキシコ[12]などの複数の国では、モバイル決済の法的不確実性を減らすための取組を行っている。

国際レベルでは、消費者保護及び執行に関する国際ネットワーク（ICPEN）が、この分野における執行努力の強化を求めている。モバイル決済に係るICPENの報告書は現在で最終版となったが、モバイル決済は、ほとんどの管轄で民事法の適用がなされ、大部分の消費者保護法執行機関の権限外にあることを指摘している。それゆえ、他の政府・非政府組織との協力が、この分野の民事事件における消費者支援のために極めて重要であるとみなされている。

政府と複数の利害関係者により求められているもう一つの進展は、商取引において消費者が自分の個人データへアクセスすることを促進するための必要性に係るものである。このような仕組みは、消費者が価格を比較したり、取引履歴の概要を入手したり、自身のデータの価値を見ることができることにより、十分な情報に基づいた決定をすることを支援する。英国では、2011年、政府と産業界が共同して、消費者に電子的なフォーマットで自分の個人データによりアクセスできるよう支援するため、自主プログラムの「マイデータ（Midata）」を立ち上げた（BIS, 2013）。

第1章 ソウル宣言:進捗の概観と将来の取組の提言

更なる取組のための重要分野

　上述のダイナミックな進展にかかわらず、企業・消費者間（B2C）電子商取引は、国内レベルでも国際レベルでも、まだ十分に活用されているわけではない。いまだ伝統的な小売の小さなシェアを占めるのみであり、B2Bの電子商取引と比較して相対的に低調である。電子商取引の信頼は、依然として企業と消費者が経験する多くの問題により影響を受けている。これには、1）言語の問題、企業が効果的な電子商取引プラットフォームを立ち上げるために必要な時間、配達や決済システムの相互運用性の欠如などの実務上の障壁、2）複雑なVATシステム、電子商取引の課題（消費者保護、プライバシー、知的財産、電気通信、競争ルールを含む）に対応する枠組の重複などの規制上の障壁又は規制のギャップである。このような困難は、国境を越えた取引においてはさらに加重されると理解されている。

　不十分な紛争解決や救済メカニズムと同様、配達の課題（長くかかる配達時間や不達）、不十分な情報開示、決済に係るセキュリティへの懸念や個人データの不正利用（例えばモバイルアプリケーション「apps」において）は、OECD地域のオンライン買物客から国境を越えた電子商取引か否かを問わず通報されている主な問題である。しかし、これらの課題のいくつか（例えば配達）は、地域によって、また、地域の中でも異なりうる。EUの消費者市場研究によれば、回答者の35パーセントが他のEU加盟国からのオンラインショッピングの長くかかる配達時間について懸念を示した。具体的には、例えばポーランド（49パーセント）、ルーマニア（46パーセント）、ブルガリア（41パーセント）、そして英国（40パーセント）などのEU加盟国の消費者にとって大きな懸念であるように見える。一方、他のEU加盟国、ハンガリーやマルタ、キプロス[13]などでは懸念はそれほど重大ではない（Civic Consulting, 2011）。米国では、長くかかる配達時間は一部オンライン買物客にとっては依然として重大な問題である一方、プレミアム配送サービスやアマゾンの同日配達に向けた取組のような、より新しいイノベーションによって、懸念は軽減されている場合

が多い。懸念が増大しているもう一つの分野は、消費者が電子商取引で購入した安全でない製品にさらされることに関連するものである。このような商品は、多くの場合、本格的なウェブサイト（オークションプラットフォームを含む）で購入可能な偽造品である（OECD, 2008bを参照）。これに対する消費者保護は、特にオンライン環境において偽造品を見つける能力に限界がある消費者保護市場監視当局にとっては課題である。

2.4 オープン性

　ソウル宣言においては、閣僚たちは、グローバルな商品市場や通信を支える世界的に認められたコンセンサス志向の技術標準から生まれた、オープンで分散的かつダイナミックなインターネットを維持することの重要性を強調した。インターネットのオープン性を保全すること、インターネット政策策定にマルチステークホルダーアプローチを採用することは、インターネット経済におけるイノベーションや経済成長を刺激し続けるための主要要素として強調された。

　オープン性はまた、多くの国民がブログ、ソーシャルネットワーク、動画共有サイト等を含むインターネットを利用して政治的意見の表明や、日々の社会的、政治的、経済的関心事の情報にアクセスしていることを踏まえると、透明性、多様性、表現の自由、個人の自由の保護を確保するために極めて重要である。国民の伝達能力の著しい向上により、インターネットが、表現の自由、結社の自由、情報の自由な流通、伝達量の増加、経済成長を促進するためのプラットフォームであることが証明された。インターネットと情報技術に関しては、情報の自由な流通とは表現の自由の権利を指す。これは、より広くは、表現の自由、結社の自由、すべてのメディアを通し国境にかかわらず情報にアクセスすることを保護し推進するという責任に繋がる。

市場と政策

　ソウル宣言以降、オープン性に関連して次の課題に取り組んできた。1）政府のデータへのオープンアクセス（しばしば「オープンデータ」といわれる）

や公共部門の情報（デジタルコンテンツに係る上述のセクションでの議論を参照）、2）ブロードバンドネットワークへのオープンアクセス、これは固定とモバイル両方のネットワークへのアクセスを含む。ブロードバンドネットワークへのオープンアクセスに係る取組は、アクセスの義務付けなどのオープンアクセス政策が競争の進展、新規参入者による投資にとって極めて重要である。例えば、興味深い事例として、モバイルネットワークの事例がある。モバイルネットワーク事業者は、自主的合意、又はある種の義務付けの制度を通じ、国内競争のレベルを向上させるために仮想移動体通信事業者に（ネットワークを）提供することが奨励されている。

インターネット経済において継続的成長とイノベーションをいかにうまく確保するかを探求するため、OECDは2011年6月に「インターネット経済：イノベーションと成長の生成」というハイレベル会合を開催した。この会合の主要な成果は、インターネット政策策定原則に関するコミュニケであった。OECD理事会は、2011年12月、この原則を（勧告として）採択した。インターネット政策策定原則に関する勧告は、特に第二原則で、政策策定者に対し、イノベーション、創造性、経済成長を解き放つため、「オープンで分散しており相互に接続されるインターネットの性質」を推進することを促している。当該勧告は、国際協力を強化しつつ、インターネットの発展と管理の柔軟なマルチステークホルダーモデルを支持している。

更なる取組のための重要分野

インターネット政策策定原則に関する2011年理事会勧告は最近のものであるが、その本質的な指導的原則は今ではしっかりと確立されており、いくつかのOECDパートナー国でも認知されつつある。インターネット仲介者の進化する役割、自主規制メカニズムの利用、「歯止め」となる規制政策の策定など様々な場面でこれらの原則を適用するための更なる取組が必要となるだろう。ソウル宣言のフォローアップとして始まった取組を活用すれば、インターネットのオープン性向上を確保する政策から得られるパートナー国の利益を強

調することもできる。加えて、上述のように、イノベーションと新たな成長の源泉のためのプラットフォームとしてのインターネットのオープン性を守る一方、いかにサイバーセキュリティ政策の策定が経済的・社会的繁栄を推進するか、いかにサイバー空間に頼る社会をサイバー脅威から保護するかについてより深く検討することもできる。2002年セキュリティガイドラインの改訂は、この目的を達成するためのガイダンスを提供することを目的としている（訳注：2014年9月現在、2002年セキュリティガイドラインは改訂作業中である）。

第3節　インターネット経済のための社会経済的目標

ソウル宣言では、閣僚たちはひとたび正しい基本的枠組が設定されればインターネット経済は発展し、イノベーションとグリーン成長に寄与すると考えた。次のセクションでは、インターネット経済が達成を支援できる2つの社会経済的目標——持続可能性と開発——を強調する。イノベーションと創造性を推進するためのインターネットの役割については、デジタルコンテンツの面から第3章で議論される（上述のデジタルコンテンツに係るセクションも参照）。

3.1　グリーン成長

ソウル宣言は、ICTとインターネットの環境への影響に係る研究と適切なICT関連政策の実施が、エネルギー、輸送、建築、農業などの分野においてグローバルな環境的課題に対処する上で必要不可欠であることを強調した。スマートアプリケーションは本質的に環境への利益をもたらすが（「データ駆動型インターネット経済のためのスマートアプリケーション」を参照）、ICT自体がグローバルな二酸化炭素排出量の推計値の2パーセントから3パーセントに責任を負っており、より環境にやさしいものとなることが求められている。ここでは、環境課題に対処するスマートアプリケーションや環境フットプリントが小さいICTを含む「グリーンICT」における市場と政策を議論する。また、

グリーン雇用を創出するためのグリーンICTの役割についても議論し、更なる取組が必要となるであろう分野を強調する。これらの課題については、第3章においてより深く議論される。

市場と政策

　ソウル宣言以降、公的部門と民間部門はグリーンICTに大きな投資をしてきた。多くのOECD加盟国政府は、特に財政危機や経済危機を、経済対策を通じて更なるグリーンICTを展開する機会と捉え、**グリーン成長**に新しい道を敷いてきた。さらに、民間部門はグリーンICTに引き続き投資し、ベンチャーキャピタルはICTクリーン技術に力強く流れ込んできている（図1.5を参照）。

　政策の点では、政府は数多くの重要なグリーンICT政策やプログラムを実施してきた。各国は、グリーン成長を刺激する際にICTイノベーションが決定的に重要な役割を果たすという意識を高めてきた。多くの国は、様々な部門に広がる低炭素経済のための全体的な戦略を採択している。この流れで、例えばスマートグリッドやスマートメーターなどの**スマートアプリケーション**を展開するために多くの政策が策定された。前者（スマートグリッド）は、より分散的なエネルギー生成と配分を可能とし、後者（スマートメーター）は、企業と特に消費者がエネルギー消費をより身近に監視でき、自分たちのエネルギー利用を調整することができる（上述の「データ駆動型のインターネット経済のためのスマートアプリケーション」に係るセクションを参照）。

　いくつかの国は、特に公共部門において政府によるエネルギー消費を減らすため、**グリーニングICT**にも注目している。例としては、ICT調達プログラムやクラウドコンピューティングの利用を通じてデータセンターの数を減らすプログラムがある。さらに、各国は、民間部門のエネルギー効率の改善を支援してきた。エネルギー効率に焦点を当てることに加え、廃棄物管理やより効率的な電気電子機器廃棄物（e-waste）管理システムに注力している。

　政府が注目する主要分野の一つは、進化する「グリーン」や「スマート」経済におけるICTスキルの開発と雇用である。これらは、雇用を創出し、グリ

図1.5 ICT集約型クリーン技術に対するベンチャーキャピタル投資、1999-2010年

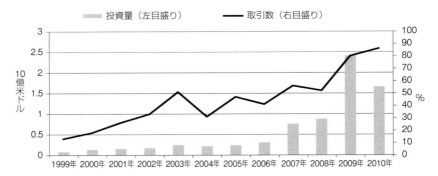

注：投資には、次のクリーン技術に注目する企業に対するシード、ファーストラウンド、フォローオン、プライベートエクイティ、メザニン投資が含まれる。1）電気とハイブリッド、2）電子織物、3）電子機器、4）フロー電池、5）リチウムイオン、6）電力モニタリングとメーター、7）センサー、8）センサーとコントロール、9）スマートグリッド、10）スマート灌漑、11）スマート電気システム、12）スマートメーターとコントロール、13）ソフトウェア、14）ソフトウェアシステム、15）トラフィックモニタリングソフトウェア、16）ウルトラキャパシタ（訳注：蓄電池の一種）。
出典：Cleantech Market Insight Database（2011）, *www.cleantech.com*（2011年9月アクセス）.

ーン成長への移行を加速化する**二重の配当**を引き出す可能性がある。

　ほとんどのOECD加盟国において失業はいまだ高止まりしているため、経済危機に対処している多くの政府の経済対策は、「グリーン雇用」創出を促進することを強く約束することで、雇用促進を明確に狙ったものである。

　これらの雇用の多くでICT関連スキルが必要となる。例えば、研究開発、製造、設置、維持、「スマート」電力グリッドや風力エネルギータービンなどのグリーン技術の利用等である。

　国際レベルにおいては、「ICT・環境・気候変動に係るOECDハイレベル会合」が2009年5月に開催され、グリーンICTに係るグローバルな政策ガイドラインを策定する重要性が強調された。これが、「ICTと環境に関するOECD理事会勧告」（OECD, 2010b）の採択に繋がった。この勧告は、ICTの商品とサービスの環境への負の影響を制限し、経済の他の部門の効率性を高めることを狙いとしている。当該勧告は、「OECDグリーン成長に係る宣言[14]」後に始ま

った「OECDグリーン成長戦略」に最初に寄与したものの一つであった。

更なる取組のための重要分野

　重要な目標として、1）ICTの直接の負の効果を減じること、2）ICTの正の効果をレバレッジすることが考えられる。一つ目の目標のためには、モバイルや手で持ち運びできる端末の増加、クラウドコンピューティングの成長の環境への影響を分析することが考えられる。コンピューティングの力からクラウドへの動きは、「より薄くて小さい」端末を可能にし、エネルギー消費を大きく減らすことができる。しかし、端末の数の増加は、端末の製造、使用だけではなく廃棄の場面においても、材料やエネルギーに関する課題を提示する。

　二つ目の目標のためには、例えばスマートグリッド、スマートビルディング、スマート輸送などの様々な分野でICTの正の効果を検証するための取組がなされてきた。しかし、これは多くの新技術がいまだ勃興期の状態であったため、これらのICTとこれらが生み出すビッグデータの最も有効かつ効率的な利用方法を検証する取組が継続してなされるべきである（「データ駆動型インターネット経済のためのスマートアプリケーション」のセクションを参照）。加えて、これらのスマート技術分野は、以前はそれぞれ独立していたものの、今後はますますインターネットを通じて相互に関連することになる。したがって、この繋がりを分析し、どのように政策策定者がこれらの分野の融合を扱うべきか、正の効果を最大化するためにはICTをいかにうまく活用するかについて全体像を提供すべきである。

3.2　開発のためのグローバルな参加

　ソウル宣言では、閣僚たちは、「特に発展途上国の人々のためにインターネットと関連ICTへのアクセスの拡大を支援する」という決定をした。そして、閣僚たちは、「インターネット経済がうまく成長するためには競争環境が重要であり、この競争環境が、特に最も制限された経済手段しか持たない人々や地域のために発展をもたらす機会であることを認め」た。開発のためのインター

ネットとICTの分野におけるレビューは、1）インターネット経済へのアクセスの増加、2）新興国や発展途上国におけるスキル開発、3）アプリケーションとその利用の推進、4）インターネット関連のイノベーション（クラウドコンピューティングの事例）に焦点を当てている。これらの課題の詳細は第5章で議論される。

市場と政策

インターネット経済への増加するアクセスの分野においては、海底光ファイバシステムの展開によって、国際的な相互接続に重要な進展があった。特に、サブサハラアフリカへの接続と太平洋を越えた東南アジアとの相互接続に伴う容量増大が挙げられる。更なる進捗としては、南アメリカへの接続の改善が考えられる。国内の接続については、モバイルネットワークが新興国及び発展途上国に住む大多数の人々を接続する最も有望な方法であるように思われる。国際電気通信連合（ITU）世界電気通信／ICT指標データベースよれば、2010年において世界の約90パーセントがモバイル信号によってカバーされていた。過去数年、発展途上国及び新興国における携帯電話とスマートフォンの数は急速に増加し、更なるトラフィックの増加をもたらすことが見込まれる。全体として、途上国において契約数、特にモバイル契約数が伸びていることは、人々及び組織がしばしば希少となる資源を使ってインターネットにアクセスしたいと考えていること、また、インターネットに接続されているということに重要な付加価値があると考えている証左である。

アプリケーションについては、ここ数年、農業、医療、教育そしてモバイルバンキングなどの分野において非常に多くのアプリケーションが開発されてきた。証拠によれば、利用者がこれらのアプリケーションにより便益を得たことが示されている。これは、利用者が、特に不利な立場に置かれたグループでは過去持っていなかったような、より質の高い情報やサービスにアクセスできるようになったことが大きな理由である。高齢化の課題を抱える先進国も医療関連などのアプリケーションを開発する必要があるが、先進国を追い越すことで

第1章　ソウル宣言：進捗の概観と将来の取組の提言

サービスが向上し、より多くの利益を得る機会がある。不利な立場に置かれたグループのための利益は、おそらく最も重要なものの一つであろう。しかし、それに資するアプリケーションの規模とプロジェクトの持続可能性[15]となると、成功しているかはそれほど明らかではない。これは規模拡大を許すほどの財政的持続可能性がある取組がほとんどないという事実による。これらの取組は第5章でより詳細に触れられる。

革新的な概念という点で、クラウドコンピューティングはソウル宣言以降、重要となっており、現在は様々なクラウドサービスが新興国や発展途上国で使われている。しかし、これらの地域では時として相互接続性が貧弱のためにクラウドベースのアプリケーションの範囲がいまだに制限されているため、進展の余地がある。開発におけるクラウドコンピューティングの最大の利点は、個人、ビジネス、政府が、新興国や発展途上国では利用できないような、非常に進んだ広い範囲の計算資源にアクセスできることである。加えて、クラウドコンピューティングは、真に必要な量のみを購入することができ、自前のインフラ設備を構築する費用を回避することができる。モバイルネットワークの展開が固定ネットワークの展開よりも進んでいる新興国や発展途上国にとって、モバイル端末のために設計された（クラウドの）プラットフォームは特に興味深いものとなろう。

最後に、インターネット経済が真の力を発揮するためには、人々が必要な**スキル**をもって、経済的な目的や社会生活のためにICTとインターネットを利用する方法を知る必要がある。特定のインターネットやICTベースのアプリケーションの利用についての訓練については、例えば他者を訓練するために利用者を訓練するなど、一定の進捗があったところである。

更なる取組のための重要分野

2012年のOECD閣僚理事会（MCM）の主要なメッセージの一つは、開発に対する再強調であった。インターネット経済の分野においては、OECDはAPEC、インターネットガバナンスフォーラム（IGF）、開発のためのインター

ネットとICTに係るワークショップへの参加を通して課題に取り組んできた。

開発のためのグローバルな参加における取組への要望はますます大きくなっており、いくつかの分野で取組を行うことができる。**通信インフラ**に関しては、海底光ファイバケーブルを展開することで進捗があったが、「接続された」ということは第一段階にすぎない。インターネット経済が真に根付くためには、信頼でき競争的なサービス提供が市場において利用できなければならない。将来的な取組としては、競争と信頼のバランスに注目する必要がある。モバイルネットワークの展開という点では、発展途上国におけるモバイルブロードバンドの料金を検証することや、モバイルネットワークの更なる展開に資するために、特に遠隔地や僻地と接続するために、利用可能な周波数を十分に確保することに焦点を当てることができる。アプリケーションについては、しっかりとした運営や財政構造がなくても問題がない革新的なモバイルアプリケーションについて検証することができる。さらに、小さなアプリケーションが事業拡大し、財政的に持続可能となることを確保するため、より進んだ取組が必要となる。

クラウドコンピューティングは、スキルとICTのために必要な国内資源がない新興国及び発展途上国に大きな利益をもたらしうる。しかし、クラウド資源へのアクセスは、プライバシーやセキュリティを確保するための政策枠組と同様、国内インフラの構築が必要である。標準化も、新興国や発展途上国におけるクラウドサービスの更なる展開のために鍵となる。最後に、ICTスキルも開発されなければならない。限られた資源を所与とすれば、スキルへの様々な種類の投資の重要性とその費用を検証する必要がある。一つの技術が特定の訓練をどの程度省くことができるのかについても更なる分析が必要である。

結　論

ソウル宣言の実施のレビューにより、すべての主要な政策分野で進捗があ

第1章　ソウル宣言：進捗の概観と将来の取組の提言

ったことが明らかとなった。これらの分野には、1）高速インフラを通じたインターネットへのアクセスを促進すること、2）デジタルコンテンツの制作と流通を可能にすること、3）特に環境パフォーマンス（グリーンICT）のため、スマートICTアプリケーションの利用を奨励すること、4）消費者保護と強化を促進すること、5）プライバシーとセキュリティ、6）インターネット経済のオープン性、そして、7）発展のためにインターネット経済へのグローバルな参加を確保することが含まれる。

上述にもかかわらず、更なる取組の余地もある。これには、以下が含まれる。

- ブロードバンドのサービスエリア拡大と光ファイバとモバイルネットワークを含む高速ネットワークの展開
- デジタルコンテンツと著作権の経済学のより良い理解
- 無形資産及び知識資産としてのデータの社会・経済的役割の検証
- 経済的・社会的観点からのサイバーセキュリティ政策策定における共通理解の増進
- OECD加盟国を超えたオープンなインターネット経済の利益の伝達
- 「ビッグデータ」によって提示されたプライバシーに係る課題への対処
- 効果的な国境を越えた消費者保護に対する規制障壁への取組

加えて、インターネットのエコシステムが継続的に進展している中、発展するインターネット経済とインターネット経済による経済成長と福祉への寄与を注視し、分析し、計測し続けるため、専門家の取組が必要である。

このレビューにより、インターネット経済は、経済全体を押し上げ、イノベーション、競争、利用者の参加を促進し、全体として社会の繁栄に効率的に貢献する潜在性を持ったものとして、新たな成長の源泉となるところまで到達したことが明らかになった。

注釈
1. インターネット経済の3つの主要構成要素は、OECD情報・コンピュータ・通信政策委員会（ICCP）で取り扱ってきた時系列順で掲載されている。
2. グリーンICTはデジタルコンテンツと共に第2のテーマの中で扱われる。しかし、グリーンICTはまた、スマートグリッドなどのスマートアプリケーションを扱うため、グリーンICTは「スマートアプリケーション」でも議論される。
3. インターネット経済の3つの主要構成要素は、OECD情報・コンピュータ・通信政策委員会（ICCP）で取り扱ってきた時系列順で掲載されている。
4. オンラインコンテンツとは、インターネット上や他のデジタルネットワーク上で送信されるデジタルコンテンツのことを指す。
5. 「参加型ウェブ」の概念は、「コミュニケーションや自己表現のためにインターネットを利用する者の参加ややりとりが増加している」ことを指す。「この概念は、利用者がインターネットコンテンツを開発、評価、合作、配布することやインターネットアプリケーションを開発しカスタマイズすることができるような新技術に基づくインテリジェントウェブサービスによってますます影響を受けるインターネットを表す」（OECD, 2007）。
6. ローカルコンテンツの定義：「あるコミュニティでローカルに生成され、所有され、受容された、当該コミュニティの状況に関連する知識と経験の表現及びコミュニケーション」（UNESCO, 2001）
7. *Protecting and Empowering Consumers in the Purchase of Digital Content Products*（OECD, 2013c）と *Empowering and Protecting Consumers in the Internet Economy*（OECD, 2013d）の報告書も参照。
8. スマートICTアプリケーションの展開が関連するのは、例えばグリーン技術とサービスにおける研究とイノベーションを支援するとともに、生産、利用、寿命の段階における天然資源と材料の持続可能な管理のためにライフサイクルの観点を導入するときである。
9. 目的明確化の原則は、「個人データの収集目的は、データが収集された時点よりも前に特定し、当該利用目的の達成に必要な範囲内における事後的な利用その他の目的での利用は、その利用目的に矛盾しない方法で行い、利用目的を変更するにあたっては毎回その利用目的を特定すべきである」と述べている（訳注：訳はJIPDEC『OECDプライバシーガイドライン：30年の進化と未来』を使用）。
10. 当該研究は航空チケットやコンテンツ、音楽のダウンロードを含む多くの商品については触れていない。
11. カナダでは、新しい課題に十分に対応するために、どのように既存のルールが対応すべきか、また、どのように新しいルールを策定するべきかを決めるべく、決

済の枠組について大きな見直しが行われているところである。2011年12月、財務省に対して勧告がなされた。
12. メキシコでは、2011年に同国で初めて実施された新しいモバイル決済スキームに対応するため、新しい規制枠組がメキシコ中央銀行と財務省により策定されている。これには国家銀行証券委員会も参画している。
13. キプロスの扱いについては、トルコと欧州連合（European Union, EU）に加盟するOECD加盟国及びEUが提供する以下の情報に注意する必要がある。
    ・トルコによる注記：この文書中の「キプロス」についての情報は、キプロス島の南部に関するものである。トルコ系及びギリシャ系のキプロス島住民を代表する単一の政府は存在しない。トルコは、北キプロス・トルコ共和国を承認している。国際連合（United Nations）において永続的かつ公正な解決が見出されるまで、トルコは「キプロス問題」についてその立場を保持する。
    ・EUに加盟するOECD加盟国及びEUによる注記：キプロス共和国は、トルコ以外のすべての国際連合加盟国に承認されている。この文書中の情報は、キプロス共和国の実質的な統治下にある地域に関するものである。
14. OECD「グリーン成長に係る宣言」は、環境的課題に対応するためのICTの役割について具体的に言及している。「国々が持続可能な低炭素経済に向けて動きを進めるため、例えば、……エネルギー効率を高めるため**グリーンICTのアプリケーション**の分野において、国際協力が決定的に重要である」（パラ2）、そして「我々は、**グリーンICTの活動を強化する**ことを含め、クリーン技術を発展させる協力のために、特別な努力が国際レベルでなされる必要があると認識している」（パラ8）（OECD, 2009）。
15. 例外には、モバイルバンキングのアプリケーション「M-PESA」、モバイル医療のアプリケーション「Socialtxt」と「HMRI 104 Advice」が含まれる。

参考文献・資料

BEREC（Body of European Regulators for Electronic Communications）(2006), "Next Generation Access – Collection of factual information and new issues of NGA rollout", available at: *http://erg.eu.int/doc/berec/bor_11_06.pdf*.

BIS［United Kingdom Department for Business, Innovation & Skills］(2013), Midata Consumer Data Principles, *www.bis.gov.uk/policies/consumer-issues/consumerempowerment/personal-data/midata-consumer-data-principles*, last accessed: 14 January 2013.

Brynjolfsson and McAfee (2011), *Race Against the Machine: How the Digital Revolution is Accelerating Innovation, Driving Productivity, and Irreversibly*

Transforming Employment and the Economy, Digital Frontier Press.

Civic Consulting (2011), *Consumer Market Study On The Functioning Of E-Commerce And Internet Marketing And Selling Techniques In The Retail Of Goods*, Final Report Part 1: Synthesis Report, prepared for the Executive Agency for Health and Consumers on behalf of the European Commission, September, available at: *http://ec.europa.eu/consumers/consumer_research/market_studies/docs/study_ecommerce_goods_en.pdf*.

Cleantech Market Insight Database (2011), *www.cleantech.com*, accessed in September 2011

EMarketer (2012), *Asia-Pacific to Grab Greatest Share of Ecommerce Sales*, 17 August, *www.public.site1.mirror2.phi.emarketer.com/Article.aspx?R=1009274*.

OECD (1980), "Guidelines on the Protection of Privacy and Transborder Flows or Personal Data", 23 September, OECD, Paris, C (80) 58/FINAL, *www.oecd.org/internet/ieconomy/oecdguidelinesontheprotectionofprivacyandtransborderflowsofpersonaldata.htm*.

OECD (1999), "Recommendation of the Council concerning Guidelines for Consumer Protection in the Context of Electronic Commerce", OECD, Paris, C (99) 184/FINAL, *www.oecd.org/dataoecd/18/13/34023235.pdf*.

OECD (2002), "Recommendation of the Council Concerning Guidelines for the Security of Information Systems and Networks: Towards a Culture of Security", 29 July, OECD, Paris, C (2002) 131/FINAL, *www.oecd.org/dataoecd/59/2/1946962.doc*.

OECD (2008a), "Recommendation of the Council for Enhanced Access and More Effective Use of Public Sector Information", 30 April, OECD, Paris C (2008) 36, *http://www.oecd.org/env/44077822.pdf*.

OECD (2008b), *The Economic Impact of Counterfeiting and Piracy*, OECD Publishing, *http://dx.doi.org/10.1787/9789264045521-en*.

OECD (2007), *Participative Web and User-Created Content: Web 2.0, Wikis and Social Networking*, OECD Publishing, *http://dx.doi.org/10.1787/9789264037472-en*.

OECD (2009), *Declaration on Green Growth*, 25 June, [C/MIN (2009) 5/ADD1/FINAL].

OECD (2010a), *News in the Internet Age: New Trends in News Publishing*, OECD Publishing, *http://dx.doi.org/10.1787/9789264088702-en*.

OECD (2010b), "Recommendation of the Council on Information Technologies and the Environment", 8 April, OECD, Paris C（2010）61, *http://webnet.oecd.org/oecdacts/Instruments/ShowInstrumentView.aspx?InstrumentID=259&InstrumentPID=259&Lang=en.*

OECD（2010c）, "The Role of Internet Service Providers in Botnet Mitigation: An Empirical Analysis Based on Spam Data", *OECD Science, Technology and Industry Working Papers*, No. 2010/05, OECD Publishing, *http://dx.doi.org/10.1787/5km4k7m9n3vj-en.*

OECD（2011a）, "Recommendation of the Council Recommendation on Principles for Internet Policy Making", 13 December, OECD, Paris, *www.oecd.org/sti/ieconomy/49258588.pdf.*

OECD（2011b）, "Virtual Worlds: Immersive Online Platforms for Collaboration, Creativity and Learning", *OECD Digital Economy Papers*, No. 184, OECD Publishing, *http://dx.doi.org/10.1787/5kg9qgnpjmjg-en.*

OECD（2011c）, "The Protection of Children Online: Risks Faced by Children Online and Policies to Protect Them", *OECD Digital Economy Papers*, No. 179, OECD Publishing, *http://dx.doi.org/10.1787/5kgcjf71pl28-en.*

OECD（2011d）, "Digital Identity Management for Natural Persons: Enabling Innovation and Trust in the Internet Economy - Guidance for Government Policy Makers", *OECD Digital Economy Papers*, No. 186, OECD Publishing, *http://dx.doi.org/10.1787/5kg1zqsm3pns-en.*

OECD（2011e）, "The Evolving Privacy Landscape: 30 Years After the OECD Privacy Guidelines", *OECD Digital Economy Papers*, No. 176, OECD Publishing, *http://dx.doi.org/10.1787/5kgf09z90c31-en.*

OECD（2011f）, "Report on the Implementation of the OECD Recommendation on Crossborder Co-operation in the Enforcement of Laws Protecting Privacy", *OECD Digital Economy Papers*, No. 178, OECD Publishing, *http://dx.doi.org/10.1787/5kgdpm9wg9xs-en.*

OECD（2011g）, *Communiqué on Principles for Internet Policy Making*, 28-29 June, OECD, Paris, available at: *www.oecd.org/dataoecd/40/21/48289796.pdf.*

OECD（2012a）, "Laying the Foundation for the Internet Economy: Access to the Internet via a High-Speed Infrastructure", *OECD Digital Economy Papers*, No. 201, OECD Publishing, *http://dx.doi.org/10.1787/5k95z9cvmnr6-en.*

OECD（2012b）, *Recommendation of the Council on International Mobile Roaming Services*, 16 February, OECD, Paris C（2012）7, *http://acts.oecd.org/Instruments/ShowInstrumentView.aspx?InstrumentID=271&Lang=en&Book=False.*

OECD (2012c), "The Development and Diffusion of Digital Content", *OECD Digital Economy Papers*, No. 213, OECD Publishing, available at *http://dx.doi.org/10.1787/5k8x6kv51z0n-en*.

OECD (2012d), Recommendation of the Council on the Protection of Children Online, 16 February, OECD, Paris C (2011) 155, *http://acts.oecd.org/Instruments/ShowInstrumentView.aspx?InstrumentID=272&Lang=en&Book=False*.

OECD (2012e), "Cybersecurity Policy Making at a Turning Point: Analysing a New Generation of National Cybersecurity Strategies for the Internet Economy", *OECD Digital Economy Papers*, No. 211, OECD Publishing, *http://dx.doi.org/10.1787/5k8zq92vdgtl-en*.

OECD (2012f), "Proactive Policy Measures by Internet Service Providers against Botnets", *OECD Digital Economy Papers*, No. 199, OECD Publishing, *http://dx.doi.org/10.1787/5k98tq42t18w-en*.

OECD (2012g), "Report on Consumer Protection in Online and Mobile Payments", *OECD Digital Economy Papers*, No. 204, OECD Publishing, *http://dx.doi.org/10.1787/5k9490gwp7f3-en*.

OECD (2012h), *OECD Internet Economy Outlook 2012*, OECD Publishing, *http://dx.doi.org/10.1787/9789264086463-en*.

OECD (2013a), "Exploring Data-Driven Innovation as a New Source of Growth: Mapping the Policy Issues Raised by 'Big Data'", *OECD Digital Economy Papers*, No. 222, OECD Publishing, *http://dx.doi.org/10.1787/5k47zw3fcp43-en*.

OECD (2013b), "Protecting and Empowering Consumers in the Purchase of Digital Content Products", *OECD Digital Economy Papers*, No. 219, OECD Publishing, *http://dx.doi.org/10.1787/5k49czlc7wd3-en*.

OECD (2013c), "Empowering and Protecting Consumers in the Internet Economy", *OECD Digital Economy Papers*, No. 216, OECD Publishing, *http://dx.doi.org/10.1787/5k4c6tbcvvq2-en*.

PWC (2011), "Global entertainment and media outlook 2011-2015", *www.pwc.com*.

UNESCO [United Nations Educational, Scientific and Cultural Organization] (2001), "Public Service Applications of the Internet in Developing Countries, Promotion of Infrastructure and Use of the Internet in Developing Countries", UNESCO, Paris.

US Census Bureau (2012), *E-Stats*, 10 May, available at: *www.census.gov/econ/estats/2010/2010reportfinal.pdf*.

第2章

高速インフラを経由した
インターネットへのアクセス

　本章では、高速インフラを経由したインターネットへのアクセスと利用の発展を見る。ここでは、ソウル宣言で提起された多くの課題に取り組み、この分野における政策提言や更なる取組への提案を行う。特に、ネットワークへのアクセスの拡大と実際に可能な最大限の国内サービスエリアを達成することについての進捗の概観、投資と競争のための市場友好的な環境の創出、融合から得られる利益、IPv6の採用の奨励、より効率的な周波数の利用の奨励、計測と統計的な手法の改善について扱う。

はじめに

　インターネットへのアクセスと利用を可能にする高速ネットワークは、インターネット経済のためのプラットフォームを提供する。インターネットの黎明期以降、通信バックボーンとアクセス網を経由するデータの量は、劇的に増加した。データトラフィックは、より多くの個人や企業が（自分たちから）離れたところにあるサーバを利用することにより、増加し続けるだろう（例えば、クラウドコンピューティングの継続的な発展を参照）。加えて、スマートモバイル端末やアプリケーションの早い普及は、伝統的な放送チャネルよりもむしろインターネットを通じた映像コンテンツへのアクセスへとシフトするため、トラフィックの増加を促進する。最後に、利用者の数とインターネットに接続された端末の数（これには機器間（M2M）通信の利用の増加も含まれる）は、今後も増加するだろう。

　図2.1は、高速インフラに関するソウル宣言でなされた約束の概観を示す。

　本章では、図2.1で示された構造に従い、当該宣言においてなされた合意の観点から進捗を見ていく。

第1節　ネットワークへのアクセスの更なる増加と最大限の国内サービスエリア

　ここ3年、政策策定者はソウル宣言で設定された目標を達成すべく努力してきた。多くの様々な要素がインターネットへのアクセス増加に導いた。そのいくつかはソウル閣僚級会合後に導入又は強化された政策によるものである。次のセクションでは、増加するインフラネットワークとインターネットアクセスの観点からの進展について検討する。これらの発展に寄与してきた国際・国内

第 2 章　高速インフラを経由したインターネットへのアクセス

図2.1　通信インフラとサービスの観点におけるソウル宣言の目的

1. ネットワークへのアクセスの拡大と最も広い国内サービスエリアを達成すること	・「ユビキタスなICTネットワークとサービスへのアクセスを推進する」 ・「インターネットアクセスと利用を世界的に拡大する」 ・「ブロードバンドネットワークとサービスが、実際に可能な最大限の国内サービスエリアと利用を達成するために発展することを確保する」
2. 投資と競争のための市場友好的な環境の創出	・「競争のための公平な競争条件を保証する規制環境の構築」 ・「大容量の情報通信インフラの開発における投資と競争を刺激」
3. 融合から利益を得る	・「インフラ投資、より高いレベルの接続性、……を促す融合のために、市場友好的な環境をつくる」 ・「サービスの品質とコストに係る明確で正確な情報と共に、接続性、インターネットアプリケーションへのアクセスと利用、端末装置とコンテンツの利用に関し選択肢を与えることで、融合が消費者と企業に利益をもたらすことを確保」
4. IPv6の採用の奨励	・「現在進行しているIPv4の枯渇の観点から、特に大きな民間部門のIPv4アドレス利用者と共に政府による適時の導入を通じ、新しいインターネットプロトコル（IPv6）の採用を奨励」
5. より効率的な周波数の利用の奨励	・「インターネットへのアクセスを円滑化するためにより効率的な電波周波数の利用を奨励」
6. 計測方法と統計システムの改善	・「インターネットの利用の進展……について信頼できる計測を実現するため、市民、企業、組織によるインターネットと関連ICTネットワークへの変化するアクセスと利用を計測する統計システムを改善」

出典：OECD（2008h），"The Seoul Declaration for the Future of the Internet Economy", *OECD Digital Economy Papers*, No. 147, OECD Publishing, *http://dx.doi.org/10.1787/230445718605*.

レベルの政策を紹介する。

1.1　最近の発展の概観

　OECDは、インターネットへのアクセス及びブロードバンドインフラの展開における伸びを測定するいくつかの指標を報告するための比較データを集めている。これらの指標は、様々な観点からインフラの展開をマッピングする。これから、インターネットへの固定・無線アクセスの両方の普及率、サービスエ

リア、利用指標を検討する。

ブロードバンド**普及率**のために一般的に利用される計測方法はブロードバンド契約数である。ブロードバンド契約数のデータは、ネットワーク事業者により利用者に供給される接続の数の指標を提供する（OECD, 2008a）。契約数データは、時宜を得た形で利用可能であるという利点を持ち、各国で使用中のブロードバンド回線の数の正確な状況を示す。

図2.2は、OECD地域における固定ブロードバンドの契約数の発展を示したものである。ソウル閣僚級会合以降、契約数はかなり増加してきた。2010年の第2四半期の終わりには、固定ブロードバンド契約数は17.4パーセント増加し、100人当たり平均24.4契約数に達した。この伸び率は、2008年の契約数のレベルが比較的高く、市場がこの時点で飽和点に近くなっていたと想定されていたことから注目に値する。

図2.2　100人当たりの固定ブロードバンド契約数（OECD地域）

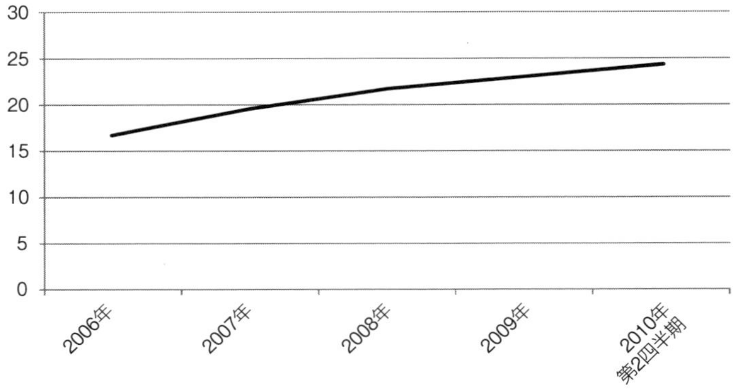

出典：OECD Broadband Portal, 2011, *www.oecd.org/sti/broadband/oecdbroadbandportal.htm*.

ブロードバンド展開の進捗の基礎にあるのは、ローカルループにおける光ファイバの展開率の増加と共に、品質、特に回線容量の増大があった。2008年末以降、FTTH／FTTBの光ファイバ契約数が33.1パーセント増加した。つ

まり、100人当たり2.13契約数が2.81契約数となった（図2.3を参照）。これらの数字は、2つの例外を除き、FTTH／FTTBネットワークの普及がいまだ初期の段階にあるということを示唆している（OECD, 2011a）。2つの例外とは、これらの普及が非常に進んでいるという点で、韓国と日本を指す。この2か国では光ファイバネットワークが広く展開されている（それぞれ100人当たり17.92と14.55契約数となっている）。また、北欧諸国においては、大きな進展が見られる。光ファイバネットワークの利用の増大は、一連の新しい課題を提起し、いかにFTTH／FTTBネットワークを構築しファイナンスするのかについては、OECD加盟国の中でも対応が分かれているように見える（次のセクションも参照）。

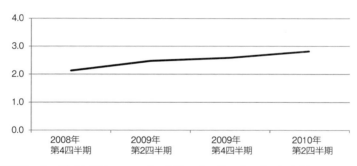

図2.3　100人当たりの光ファイバ契約数（OECD地域）

出典：OECD Broadband Portal, 2011, www.oecd.org/sti/broadband/oecdbroadbandportal.htm.

固定市場の発展に加え、モバイル契約数もまた、非常に速いペースで伸びている（OECD, 2010a）。新しい指標の開発要望のフォローアップとして、モバイルブロードバンドのための指標の定義について合意が得られた。2010年以降、OECDは、モバイルブロードバンドの普及に係るデータを収集してきた。図2.4では、韓国、スウェーデン、日本、ノルウェーが100人当たり70契約数以上という非常に高い契約率を示している。特に韓国では専用モバイルデータ契約数はデータ契約全体の大きな部分を占めており、OECD地域において、デ

ータ契約は大きく増加するだろうと予測されている。

契約数の増加は、モバイルブロードバンドを支える端末の種類と利用できる端末の大きな変化と同様、固定と無線の両方で高速ブロードバンドが利用できることと関連している。

図2.5と図2.6は、デジタル加入者線（DSL）と第三世代（3G）のサービスエリアの発展をそれぞれ示している。OECD地域ではDSLが最も広範なブロードバンドサービスエリアを持っており、ソウル閣僚級会合以前からほとんどのOECD加盟国においてDSLは非常によく利用されており、大部分のOECD加盟国においてはサービスエリアがわずかに増加するのみである（図2.5）。一方、DSL回線のサービスエリアが小さいいくつかの国は、2007年から2009年に高い成長率を達成した。

3Gサービスエリアの数字は、DSLよりも分散しているが、全体として非常に高い（図2.6）。少なくとも18か国が2009年には90パーセントのサービスエリアを達成しており、エストニア、スロバキア、カナダ、オーストリアでは大きく伸びた。

上記の数字が示すのは、供給サイドにおいてはOECD加盟国における普及とサービスエリアという点で有望であるということである。ブロードバンドは、インターネットとインターネット経済のためのサービスとアプリケーションを支援する場を提供する。しかし、供給サイドは重要であるものの、政策策定者は、需要サイドについても注意を払わなければならない。

多くのサンプル調査（計測方法のより詳細な内容についてはOECD, 2008a, p.14を参照）はインターネットアクセスの発展に係るデータの重要な情報源となってきた。ブロードバンドインフラの発展と多くの国における速度の向上は、世帯によるインターネットの普及と利用を促した。世帯調査からのデータ（図2.7）は、OECD加盟国においてブロードバンド接続を経由してインターネットにアクセスした世帯の数がいかに増加してきたかということを示している。2007年（ソウル閣僚級会合の前）には、OECD加盟国の半数で世帯普及率が50パーセント以上であった。それ以降、普及率が低かったOECD加盟国

第2章　高速インフラを経由したインターネットへのアクセス

図2.4　100人当たりの技術別ワイヤレスブロードバンド契約数（OECD地域）、2010年6月

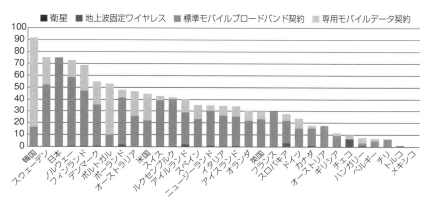

注：標準モバイルブロードバンド契約については、細分化できない場合、専用モバイルデータ契約を含みうる。
出典：OECD Broadband Portal, 2011, www.oecd.org/sti/broadband/oecdbroadbandportal.htm.

図2.5　デジタル加入者線（DSL）のサービスエリア

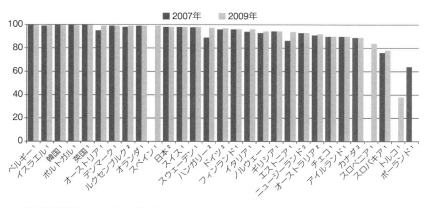

1. 加入者回線の割合としてのサービスエリア。
2. 人口の割合としてのサービスエリア。
出典：OECD Broadband Portal, 2011, www.oecd.org/sti/broadband/oecdbroadbandportal.htm.

は、多くの場合、大きな伸びを経験している。19か国において、ブロードバンドアクセスを持った世帯の数が、2007年から2010年の間で25パーセント以

図2.6 第三世代（3G）モバイルネットワークサービスエリア
人口の割合（%）

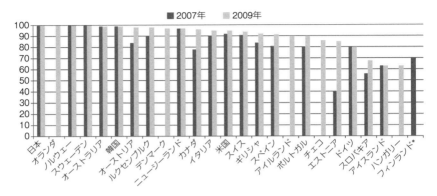

出典：OECD（2011g）, *OECD Telecommunications and Internet Statistics*（database）, *http://dx.doi.org/10.1787/data-00170-en*.

表2.1 特定のネットワーク事業者の最近のモバイルトラフィックの実績（OECD加盟国）

事業者	実績
AT & T	モバイルトラフィックは過去3年間で5,000パーセント以上伸びた。
Orange	4つの欧州の国（フランス、英国、スペイン、ポーランド）におけるモバイルデータトラフィックの合計は2008年に5倍に伸びた。
O2	モバイルデータトラフィックは、2008年に比べ、2009年には18倍に伸びた。
TeliaSonera	北欧とバルト諸国の事業におけるモバイルデータトラフィックは、2008年に500パーセント伸びた。
Telstra	無線ネットワークのトラフィックは8か月ごとに2倍になっている。
T-Mobile（米国）	モバイルデータトラフィックは、2009年第2四半期から第3四半期にかけて45パーセント伸びた。
Vodafone（欧州）	データトラフィックは、過去2年間で300パーセント以上伸びた。

出典：OECD（2010a）, "Mobile Communication Developments in the OECD Area", OECD, Paris, *www.oecd.org/sti/ieconomy/48459973.pdf*.

上増加した。2010年には、OECD加盟国28か国において、世帯の50パーセント以上がブロードバンド接続を経由してインターネットにアクセスした。韓国では、2010年には、韓国の世帯の90パーセント以上がブロードバンド接続を利用していた。アイスランドがこれに続いて86.7パーセントとなっている。

第2章 高速インフラを経由したインターネットへのアクセス

図2.7 ブロードバンドアクセス契約世帯
全世帯に占める割合（％）

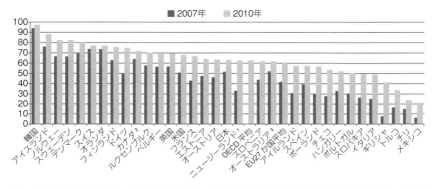

注：カナダ、英国、日本、ニュージーランド、チリは、2010年の代わりに2009年のデータを用いている。オーストラリアは、2010年の代わりに2008年のデータを用いている。ニュージーランド、チリは、2007年の代わりに2006年のデータを用いている。
　　インターネットアクセスは、いかなる端末経由のアクセスも含む（例：デスクトップコンピュータ、携帯型コンピュータ、テレビ、携帯電話等）。
　　一般的に、世帯のICT利用に関する欧州連合共同体調査（EU Community Survey）からのデータは、EU加盟国の他、アイスランド、ノルウェー、トルコを対象とし、参照年の第1四半期のデータである。チェコについては、データは参照年の第4四半期のものである。
1. ニュージーランドのデータは、インターネットアクセスを持つ定住している世帯に基づいている。ホテルなど来訪者用の住居については除外されている。
2. カナダのデータは、2001年とその後の毎年の統計については、領域（北西領域、ユーコン領域そしてヌナバット）を含んでいる。
3. オーストラリアのデータは、個人宅や非個人宅の多段地域サンプルに基づいており、一般市民の人口のみが対象となっている。2005-06年及び2008-09年のデータは、常備国防軍の構成員、通例では国勢調査や推計人口から除外されている海外政府の特定の外交官、オーストラリアの在外者、オーストラリアに駐在する非オーストラリア国防軍（と配偶者）を除き、15歳以上の人々が含まれる。

出典：OECD (2011f), "The Future of the Internet Economy: A Statistical Profile", June, www.oecd.org/sti/ieconomy/48255770.pdf.

　上記の数字が示しているのは、ブロードバンドネットワークとインターネットへのアクセスは2008年のソウル閣僚級会合以降増え続けているということである。固定ブロードバンドの普及とサービスエリアについては、多くの国において比較的数値が高い。しかし、光ファイバネットワークの展開はいまだ初期の段階であり、展開とファイナンスの最も適切な方法については未解決の課題となっている（本章第2節も参照）。モバイルブロードバンドの側面では、OECD地域では3Gのサービスエリアは広く、今後数年でデータトラフィ

ックは大きく伸びることが予想されている（図2.8を参照）。新しい技術としてLTE規格が市場に出てきている。これは、短い遅延でより速い無線データサービスを提供するものであり（OECD, 2010aを参照）、北欧、日本、米国などで展開されつつある。

1.2 アクセス拡大の促進のための政策及びプログラム

1.1では、ソウル閣僚級会合以降のブロードバンドインフラへのアクセスにおける発展について述べた。ここでは、国際レベルと国内レベルの両方において、ソウル宣言の目標を達成することに寄与した政策と取組に焦点を当てる。

国際と国内のブロードバンド計画

ソウル閣僚級会合以降、多くの国が国家ブロードバンド計画を策定した。経済の下降がこれらの計画の策定と実施にはずみを与えた。これは、ブロードバンドが提供しうる生産性と成長への刺激となることがますます認識されるようになってきたからであった。高速ブロードバンドは、「着工準備完了（shovel-ready）」つまり迅速に実施することができるものとみなされた（OECD, 2011a, 2011b）。この期間、多くの国が国家ブロードバンド計画を策定し、実施を始めた。

計画は、多くの異なる目的を持っている。供給サイドでは、目的は、サービスエリア、速度、技術目標を含んでいる。サービスエリアの点では、政府は一定の期間の中で具体的なサービスエリア目標を特定した。これらのいくつかは、最低限の速度水準を確保することとも関連付けている。また、いくつかの例では、目標が特定の技術と関連付けられている。ユビキタスに近いサービスエリア目標が設定されたのは、例えば、オーストラリア（2016年までに93パーセント）、EU加盟国（2013年までに100パーセントの基本ブロードバンドアクセス）（コラム2.1を参照）、イスラエル（ユニバーサルサービスにブロードバンドを含めている）、日本（2015年までに100パーセントの光ファイバ）、そしてトルコである。農村地域や遠隔地においてより広範囲のサービスエリアを達成

することは、多くの計画における中心課題となっている。

> **コラム 2.1** EUにおけるブロードバンド目標と政策：「欧州2020」戦略と欧州のためのデジタルアジェンダ
>
> 　欧州2020戦略は、「欧州連合の社会的包摂と競争を促進する」として、ブロードバンド展開の重要性を強調してきた（EC, 2010b）。欧州2020戦略で設定された目標は、サービスエリアと速度の両方に向けられている。具体的には、1）すべてのヨーロッパ人に対し、2013年までに基礎的なブロードバンドを利用可能とし、2）すべてのヨーロッパ人に2020年までに30Mbps以上のインターネット速度へのアクセスを確保する、3）少なくともヨーロッパの世帯の50パーセントが、100Mbps以上のインターネット接続に加入できることを確保するといったものが含まれる。これらの目標を達成するため、欧州委員会は、ブロードバンドコミュニケーション2010を採択し、次の手法を含む行動枠組を示した。
> - **投資の促進と投資費用の削減**：いくつかの行動が提案されている。すなわち、1）（事業者に対しローカル設備の公開を求める規制と同様に、政策と都市計画ルールの調整を通じて）建設費用の削減、2）公共財政によるブロードバンド展開の支援。
> - **高速ブロードバンドネットワークのためのEUブロードバンドファイナンスツール**：手法には、EU財政枠組や官民パートナーシップ、新しい金融手法（例：保証、エクイティ）を通じた基金、そして、地方のブロードバンド展開を支援するための構造基金・地域開発基金のより効率的な利用が含まれる。
> - **周波数政策プログラム**：欧州委員会の最初の電波周波数政策プログラムは、2010年に欧州議会と欧州理事会に提案されたものである。当該プログラムは、規制原則や政策目標を設定し、具体的な行動を定義している。とりわけ、このプログラムは、周波数の棚卸と周波数の必要性の監視を求め、標準化の進展を求めている。これらの計測手法に加え、EU加盟国は、国家ブロードバンド戦略に合わせて完全に実施可能な計画を設定することが求められている。
>
> 出典：EC（2010a, 2010b, 2010c, 2010d）。

表2.2 キーパートナー国等におけるブロードバンド目標

国	目標
ブラジル	2014年までに家庭、企業、協同組合を含む3,000万の固定ブロードバンド接続と10万のテレセンター
ロシア	2010年までに100人当たり15回線 2015年までに100人当たり35回線
インド	2010年までに2,000万ブロードバンド接続
中国	2014年までに全人口の45パーセントまでブロードバンドのアクセシビリティを向上
南アフリカ	2014年までに5パーセントのブロードバンド普及率（最低速度256kbps）
インドネシア	国家ブロードバンド計画はない

出典：OECD（2011b）, "National Broadband Plans", *OECD Digital Economy Papers*, No. 181, OECD Publishing, http://dx.doi.org/10.1787/5kg9sr5fmqwd-en.

　OECDによって特定された、多くの関係強化国（EE5）（訳注：ブラジル、インド、中国、南アフリカ、インドネシアの5か国を指し、現在OECDでは「キーパートナー国」と呼称している）もまた、国家ブロードバンド計画においてサービスエリア目標を設定している（表2.2を参照）。しかし、これらの目標は、OECD加盟国の目標と比較して、展開やアクセスが成熟していないことを反映し、低水準に設定された。いくつかの計画ではユビキタスアクセスの達成を目標としている。

　多くの国にとって、ブロードバンド計画のサービスエリアの目標は、地方・遠隔地へのアクセスを拡大することに焦点があてられている。例えばオーストラリア、エストニア、そしてアイルランドでは、遠隔地については無線ブロードバンド接続を経由してアクセスすることを目標としている。また、他の国では、サービス提供義務を周波数オークションに関連付けている。例えば、ドイツでは、オークションで800MHz帯の周波数を獲得することに成功した事業者は、2016年までに僻地でのサービスを拡大することを約束しなければならなかった。加えて、当該事業者は、獲得した周波数をより密度が高い地域において利用し始める前に、5,000人以下の僻地をまずはカバーしなければならない。

　速度の観点では、多くの国家ブロードバンド計画が、下りと上りの最低限の速度を定めている。米国では、少なくとも1億世帯のためにダウンロード速

第2章　高速インフラを経由したインターネットへのアクセス

度で100Mbps、アップロード速度で50Mbpsという2010年の目標設定をした。ドイツでは、2014年までに全世帯の75パーセントの世帯のために、50Mbpsのダウンロード速度を目標として設定した。デンマークでは、全世帯と企業が2020年に100Mbps以上のアクセスを持つべきとする目標を設定している。日本やシンガポールなどのいくつかの国は、全国規模の超高速FTTHアクセスインフラを全世帯に提供することを約束している。

　いくつかの国家ブロードバンド計画は、高速ブロードバンドの分野における新しい技術的発展を認めつつ、特定のブロードバンド技術を強調している。例えば、ルクセンブルク、シンガポール、日本は、光ファイバの展開を約束している。オーストラリアは、世帯と企業の93パーセントのためにFTTPネットワークに投資し、残りの7パーセントには次世代無線や衛星サービスを展開することを決定した。

　需要サイドにおける多くの計画の重要な目標は、世帯と企業による（ブロードバンドの）利用を刺激することである。利用のレベルは、デジタルリテラシー、ハードウェア利用可能性（ラップトップ、スマートフォンなど）、インフラの利用可能性とその質などの複数の要素による。需要要素、例えば、オンラインアプリケーションの利用可能性やデジタルコンテンツ、電子政府サービスなども役割を果たす。利用を振興する政策は供給サイドの政策とは大きく異なっている。これまでのところ、多くの国家ブロードバンド計画（例：ハンガリー、英国、ノルウェー）は、いくつかの需要分野における方策に取り組んでいる。デジタルリテラシーに関しては、具体的な方策には、例えば十分なスキルを獲得するための訓練コースやインターネットに接続されていることの便益を強調するコミュニケーション戦略が含まれている。全体として、利用レベルの向上を意図している国家ブロードバンド計画における政策措置は、ネットワーク展開や性能を狙った供給サイドの政策に比べ、「よりやわらかい」ことが多い。加えて、利用レベルを測定することはより困難であることが多い（後述）。

　ブロードバンド計画は、OECD加盟国におけるインターネットへのアクセスを拡大するというソウル宣言の目標に貢献してきたし、これからもさらに貢献

するだろう。これは、大部分の関係強化国においてもおそらく同様である。国家計画は、遠隔地・僻地におけるブロードバンドの展開に主要な役割を果たしている。国家計画はさらに、国々のより高速の目標にも貢献しており、複数の国が、全国的なFTTHブロードバンドアクセスの展開を約束した。加えて、いくつかの国家ブロードバンド計画は、需要サイドにも焦点を当てている（これはブロードバンドの利用を増やすというソウル宣言における目標である）。

しかし一般的に、政府は、例えばスマート電力グリッドを推進することやスマート輸送ネットワークに投資することなどにより需要を大きく喚起する政策を推し進めることにそれほど活動的ではなかった。ブロードバンドサービスエリア、契約者、利用の測定法は重要ではあるが、各国がどのように自身の国家ブロードバンド計画の実施とその影響を進捗管理しているのかについてはそれほど明らかではない。国家ブロードバンド計画のピアレビューは、ブロードバンドネットワーク展開、インターネットアクセスと利用の分野における公共支出の有効性を増加させるため、様々なブロードバンド計画で得られたグッドプラクティスと経験を特定するための非常に役立つツールとなる。

次世代アクセス（NGA）ネットワーク

多くの国が、光ファイバネットワークに焦点を当てて、次世代（NGA）ネットワークの展開の拡大に取り組んでいる。いくつかの国では、これらのネットワークの展開は非常に進んでいる。例としては、日本と韓国、そしてフランス、イタリア、ポルトガル、スロバキア、スウェーデン、米国等のいくつかの国の大都市が挙げられる。しかし、全体的な投資は、いくつかの事例では、政策策定者が望んでいるほど進展は速くない。また、OECD加盟国の都市部の大部分のサービスエリアはいまだに発展段階である（OECD, 2011c）。表2.3では2010年の光ファイバ展開の状況の概要を見ることができる[1]。

FTTH技術への投資は高額となる。1件当たりの光ファイバの費用は人口が密集していない都市部では増加し、地方ではより高額となる。各国は光ファイバネットワークの投資と競争の定義については非常に多様なアプローチを採用

第2章　高速インフラを経由したインターネットへのアクセス

表2.3　光ファイバ（FTTH／FTTB）展開の状況、2010年

	開通家屋[1]	主な網形態[2]	主な網形態（％）	最大の事業者
オーストラリア	40,000	PtMP	100%	Government
オーストリア	63,000	PtP	90%	Municipalities
ベルギー	3,750	na	na	Incumbent
カナダ	280,000	PtMP	na	Incumbent
チリ	20,000	PtMP	na	Incumbent
チェコ	195,000	PtMP	100%	Altnets[3]
デンマーク	795,300	PtP	85%	Utilities
フィンランド	544,000	PtP	100%	Incumbent(s)
フランス[4]	1,383,588	PtMP	55%	Incumbent
ドイツ	560,000	PtP	70%	Utilities
ギリシャ	5,000	PtP		Altnets
ハンガリー	215,000	PtMP	100%	Incumbent
アイスランド	33,000	PtP	80%	Utility
アイルランド	16,900	PtP	95%	Altnets
イタリア	2,245,500	PtP	100%	Altnets
日本	46,000,000	PtMP	80%	Incumbent
韓国	16,000,000	PtMP	100%	Incumbent
ルクセンブルク	56,000	PtP	100%	Incumbent
メキシコ	100,000	PtMP	na	Incumbent
オランダ	662,500	PtP	90%	Incumbent
ニュージーランド	50,000	PtMP	80%	Altnets
ノルウェー	381,700	PtP	100%	Utility
ポーランド	90,265	PtP	95%	Utility
ポルトガル	1,470,000	PtMP	100%	Incumbent
スロバキア	615,000	PtMP	95%	Incumbent
スロベニア	310,000	PtP	100%	Altnets
スペイン	412,500	PtMP	100%	Incumbent
スウェーデン	1,464,500	PtP	90%	Altnet
スイス	212,500	PtP	90%	Incumbent
トルコ	200,000	PtP	na	Altnets
英国	138,000	PtP	na	Altnets
米国	19,676,200	PtMP	na	Incumbent

1. 開通家屋は、事業者がサービスエリアで接続できる潜在的な家屋。ただし、当該家屋がネットワークに接続されているかどうかは不明。典型的には、新しいサービスのアクティベーションには開通家屋ポイント（home passed points）（例：光ファイバ用ペデスタル、ハンドホール、チェンバー、電柱）から家屋までのドロップケーブルのインストレーション又は接続と、家屋における事業者側光回線終端装置（ONT）を含む契約者の家屋設備のインストレーションが必要である。
2. 網形態は、ポイントツーポイント（PtP）又はポイントツーマルチポイント（PtMP）のいずれかがありうる。
3. Altnetsは伝統的な既存事業者以外の代替的なネットワーク事業者である。
4. データはNumericableネットワークを除く。

欧州各国に関する追加的なデータについては、BEREC（2006）を参照。
出典：OECD（2010b）based on IDATE for the FTTH Council Europe, FTTH Council North America, FTTH Council Asia-Pacific, European Communication Committee.

してきた。例えばオーストラリアなどの国では政府が光ファイバネットワークを展開している。一方、オランダは市場志向型のアプローチを好んでいる。今日取られる投資決定は、将来のインフラ環境と競争に重要な影響を与える。現在利用されている二つの主な網形態——PtPとPtMP——は、提供する物理的アクセス条件の競争性が大きく異なっている。物理的アクセスの代替選択肢はPtMPが展開されているときは、より大きく制限されている。したがって、PtMPネットワークにおける技術的制限が原因となり、将来における競争を阻む可能性がある。この点、政策策定者は競争が維持されることを確保するため、可能な解決策を検証する必要がある。

将来のため、政策策定者には二つの主な課題がある。

1. 政策策定者は、光ファイバネットワークを含む高速ネットワークへの投資を奨励し続けることができる。それにより、政策策定者は、現在とられている様々なアプローチの利点と欠点を注意深く評価するべきである。国際レベルにおいて様々なアプローチのベストプラクティスと結果を比較することは、とられるべきアプローチのために非常に価値のある決定支援ツールとなりうる。
2. 政策策定者は、光ファイバネットワークの展開中もその後も、十分な競争が維持されることを確保するべきである。消費者と企業にとって魅力的なサービス提供のみが、そのネットワークの普及と更なるイノベーションを確保する。逆に、ネットワークの普及が拡大すると、ネットワークが投資収益を決定するため、さらにネットワークへの投資が増える。

第2節　投資と競争のための市場友好的な環境の創出

2.1　最近の進展[2]

ソウル閣僚級会合以降、電気通信市場における競争は進展し、世帯や消費者にとって有益なものとなっている。公衆交換電話網（PSTN）加入者回線全体

第2章　高速インフラを経由したインターネットへのアクセス

に占める新規参入者のシェアは上昇し、PSTN回線加入者市場における新規参入者は、補遺2.Aの表2A.2に示すように、2008年以降市場シェアを得ている。加えて、価格も下がり、新技術とサービスが登場している。競争結果は、固定ブロードバンド市場においてより顕著であり、OECD地域では、過去10年間よりも遅いペースではあるが、いまだに伸びている。ローカルループアンバンドリングなどの競争救済手段は、いくつかのブロードバンド市場において非常に成功しており、特に都市部の消費者と企業が利用できるプロバイダの数を増やしている。また、OECD諸国の多くでは、全国的な規模ではないところもあるが、エンドトゥエンドの設備競争を提供するケーブル事業者が少なくとも1社以上ある。

　これまでは民間部門がブロードバンドインフラの主な投資を行ってきた。しかし、政策策定者は、人口がそれほど多くない地域においてブロードバンド利用可能性を確保するために次世代（NGA）ネットワークの展開を政府が支援すべきか検証を行っている。光ファイバ「ローカルループ」ネットワークの展開は、日本と韓国（上記を参照）や他の国（例：ポルトガル、スロバキア、スウェーデン、米国）のいくつかの都市部の例外はあるが、これまでのところ非常に限られている。多くの場合、光ファイバ展開の投資対効果は、巨額な関連投資を避けたい事業者にとっては魅力的ではない。政策策定者は、これらのネットワークの展開のペースが政策目標に合致しないかもしれないことに懸念を持っている。

　無線ネットワークの分野では、スマートフォンが、より高速のモバイルサービスにおける競争を大いに促進した。モバイルブロードバンドサービスは、今後成長が期待されており、事業者の収入に大きく貢献することが期待されている。モバイル事業者は自らのネットワークをアップグレードするための投資を継続することで、伝統的な音声通信において固定ネットワークに対し効果的な競争手段を提供する。モバイルネットワークは光ファイバネットワークサービスを補完する一方、いくつかの（モバイル）サービスは光ファイバブロードバンドサービスと競合しうる。この最近の傾向を見る指標は、伝統的なPSTN回

線を放棄しており、また、それを固定ブロードバンドサービスによって代替していない世帯の数である。また、モバイルブロードバンドの進展も指標となる。多くのOECD加盟国において普及率では固定ブロードバンドをすぐに超えた。モバイルブロードバンドは利用者によってそれ自体が重要である一方、接続性の向上と通信利用の推進という点において固定ネットワークの重要な補完的役割を果たす。

モバイル事業者は、経済危機の間、収入を得ることに成功してきた。多くの大規模事業者は市場シェアを維持し、いくつかの事業者はOECD非加盟国にも進出している。仮想移動体通信事業者（MVNO）は、既存事業者に対して競争圧力を加えている。MVNOの多くが、これまで既存プロバイダによってのみ提供されてきたプリペイド式のスマートフォンなどの新サービスを提供し、新しい市場とセグメントに参入することで競争を促進している。ナンバーポータビリティーは、既存の電話番号を維持してスイッチングコストを下げながら、利用者が選択したプロバイダやサービスを変更できるため、競争にとって依然として重要な手段である。

2.2　競争促進政策
次世代アクセスネットワーク：光ファイバとケーブルネットワーク

次世代ネットワーク展開という点では、各国は非常に多様なアプローチを採用している。光ファイバを利用者の近くまで展開することの課題を念頭に置きつつ、社会的・経済的便益を達成するためいかに投資や競争を刺激するのかといったことも主要な要素として考慮された。

オーストラリア、ニュージーランド、シンガポールは、次世代アクセスネットワークを展開するため公的基金に投資している。EUは、「ブロードバンドネットワークの迅速な展開に関連する国の援助ルールの適用のためのコミュニティガイドライン」を策定した（EC, 2009）。インドも、国内のブロードバンドネットワークのために公に基金を設定するとの規制当局からの提案を検討している。公的基金の利用は、それ自体かなり一般的である一方、これらの国々

第2章　高速インフラを経由したインターネットへのアクセス

はこの投資に関連する市場構造に変化をもたらした。公的基金を使ったネットワークに関して競争を促進するため、小売りと卸売サービスの提供の間である種の垂直分離の形態を採用している国がいくつかある。スウェーデンや英国などの次世代アクセス先進国では、必ずしも公共投資とは関連しないが固定ブロードバンドネットワークのために機能分離を導入した。これは日本でも提案されている。次世代アクセス先進国では、公共投資は、「オープンアクセス」ネットワーク、例えば光ファイバのバックボーンネットワーク等と関連付けられている。これは、チリとインドにおける提案事例である。もう一つの国のグループは、旧来の銅線網のアンバンドリング又は新しい光ファイバインフラの共有を通じて競争を強化することを模索している。最後に、例えばカナダ、韓国、米国等多くの国々は主に設備競争に頼っている（OECD, 2011c）。これらの国々では、公共投資は主に過疎地域におけるネットワークの拡大やアップグレードに利用されている。これには、時々オープンアクセス要件が付加されることがあるがアンバンドリングはほとんど利用されない。

　上述のとおり、光ファイバベースのネットワーク（FTTHを基盤とするか、現在のケーブルテレビネットワークのアップグレードのいずれか）は必ずしも政策策定者が望んでいたような速度やサービスエリアで展開されてきたわけではない。競争という点では、政策策定者は、条件に透明性があり信頼でき、投資への長期的影響が検証されたような明確な規制枠組を設定することが重要である。光ファイバのアップグレードは、次の10年間影響を与えると見込まれているため、現在の決定は将来の競争環境に大きな影響を与えるかもしれない。仮に政策策定者が次世代ネットワークの展開を支援する決定を行った場合、関連するプレイヤーに規制の確実性を保証する一方、民間投資に干渉せず、回避できるなら競争を歪めず、適切なインセンティブを付与するために注意を払う必要がある。全体として、公共投資に頼る際は、4つの主要な規制目標間でバランスを取る必要がある。つまり、接続性の向上、競争の推進、イノベーションと成長の刺激、社会的便益の向上である（OECD, 2011c, p.8）。

　高速ブロードバンド市場における重要な競争源であり、また、光ファイバネ

ットワークの代替となるのは、各国の広いサービスエリアを持つケーブルネットワークである。ソウル閣僚級会合以降、複数の国のケーブルネットワークに対し、かなりの投資がなされてきた。DOCSIS 3.0（Data Over Cable Service Interface Specification）ケーブル規格は、この発展を推進した。ケーブル市場の競争という点では、ローカルループアンバンドリングが少数の国で採用されたが、多くは技術的課題により、効果的に実施されてきていない。いくつかの国（例：カナダ）は、事業者にビットストリーム義務（訳注：卸売サービス義務）を課すことによって市場を規制してきた。これらの卸段階の救済はサービスイノベーション、新規参入者の独立性という観点から、おそらくより劣った解決法となる。しかし、ケーブルネットワークの構造上、完全なアンバンドリングができるような技術的・経済的に実際的な解決法が存在するのかは不明確である。

モバイル通信市場料金とローミング

競争の課題は多くのモバイル市場にあり、これらは、特に貿易や旅行などの分野においてインターネット経済を支えるモバイルサービスをより多く利用することに対する障壁となりうる。

例えばモバイルからモバイルへ、モバイルから固定への通話の小売サービスを提供する際、モバイル着信接続料[3]は、「発信者支払」システムを採用している国にとって、利用者が支払う価格の大部分を占めている。例えば、発展途上国にいる利用者からOECD加盟国の利用者の携帯電話に国際電話をかけた際の高い着信費用が挙げられる。

これらの**着信接続料**は競争への障壁となりうるし、仮に実際の費用よりもかなり高い料金設定がなされている場合、低廉な通話料への障壁となりうる。高いモバイル着信接続料（MTR）は、事業者が競争相手から独立して活動することを妨げ、携帯料金定額プランを妨げ、携帯電話の利用を減らすかもしれない。加えて、高額な着信接続料は、固定発モバイル着において、固定発信者側がモバイル網着信におけるモバイル着信接続料を負担することになり、このこ

第2章 高速インフラを経由したインターネットへのアクセス

とは固定からモバイル通信市場への収入の移転を意味することから、固定とモバイルの通信市場における市場の歪みを引き起こす（OECD, 2011c）。モバイル通信市場の競争条件を改善するため、発信者支払の料金構造を持つ国の規制機関は、長期増分費用に向けて、着信接続料の減額のために介入し続けてきた。

国際モバイルローミングサービスの高額な料金は、すべての利害関係者にとって更なる懸念となっている。ソウル宣言以降、政策策定者と規制機関はより密接に高額な国際ローミング料金に取り組み始めた。2009年と2010年に、OECDはこの課題に関して3つの報告書を用意し、一連の選択肢を提案した。提案には、特に、代替手段の意識啓発による消費者の強化、料金の更なる透明性の確保、国際協力の促進が含まれる。また、消費者によって支払われる価格が低廉化しない場合に卸と小売の料金規制を行う可能性も含まれている（OECD, 2010b, 2010c, 2011eも参照）。

多くの規制当局と国際機関は、モバイルローミング市場における不十分な競争という課題に取り組んできた。2007年、EUでは、欧州ローミング規制を公表したが、その後、同規制は修正され、拡張された。同規制は、卸と小売の料金規制を執行し、透明性と消費者の強化を向上させるための手段も含んでいた。複数の地域における他の団体——APEC TELやAPT（アジア）、IIRSA／CITEL（ラテンアメリカ）、AREGNET（アラブ諸国）など——もまた、議論に参画している。加えて、オーストラリア政府とニュージーランド政府は、モバイルローミング市場における競争の欠如を検討するという観点から、二国間のローミングサービスの評価を始めた（OECD, 2011c）。しかし、モバイル音声とデータサービスの料金はいまだに高いままであり、国際モバイルローミングの料金を下げる更なる行動が求められている。

第3節　融合から得られる利益

3.1　最近の進展

　ソウル閣僚級会合以降、バンドルされたサービス提供（訳注：異なる種類のサービスを抱き合わせて販売すること。日本ではセット販売とも呼ばれる。）が増えることに伴い、通信市場の融合が一層進展している。多くのDSLプロバイダは、VoIPやIPTVサービスを提供している。これらは、伝統的な公衆交換電話網（PSTN）サービスや他のテレビ放送プラットフォームの市場における位置付けに挑戦している。ケーブル事業者は、高速ブロードバンドと音声サービスを含めたデータサービスを提供している。融合は、いくつかの技術プラットフォームが同様のサービスを提供していることで、プラットフォーム間競争とサービス間競争をかなり推し進めた。例えば、スカイプや他の無料のVoIPサービスの登場は、伝統的な固定・モバイル音声市場に対して競争と新たなサービスを持ち込んだ（OECD, 2011c）。

　融合が進むにつれ、バンドルされたサービス（ダブル、トリプル、クワドラプルプレイ）（訳注：それぞれ、2種類、3種類、4種類のサービスを抱き合わせたものをいう。）の数が増え続けている。2010年には、ブロードバンドサービスは色々な形態のバンドルで販売されたものが大半であった。つまり、消費者はバンドルされたサービスと単独サービスの間の選択の機会があった（OECD, 2010b）。トリプルプレイサービスは今では多くの国で利用可能である。もっとも、これらのサービスは地域の事業者によるネットワークのアップグレードに依存するため、遠隔地では必ずしも利用できるとは限らない。クワドラプルプレイは、ちょうど萌芽期であり、これまでのところ、いくつかの国のみで提供されている。いくつかの課題、例えば、モバイル事業者と交わさなければならない取り決め、パッケージ化されたモバイルや固定サービスの提供を（個別に売る代わりに）することにより想定される収入減、及び、既存事業者にとっ

て、自らの市場支配力とそれに対応する規制に起因する制限されたサービス提供の選択肢等は、クワドラブルプレイの早期の投入を阻害する。しかし、フランス、英国のいくつかの携帯電話事業者や、オーストリア、ドイツ、オランダ、ポルトガル、米国の事業者は、クワドラプルサービス提供を開始した（OECD, 2011c）。

　これらのバンドルされたサービス提供に加え、アップルのiPadやiPhone、アマゾンのKindleなどの新しい端末は、バンドリングの新しい方法を促した。これらの端末は、モバイルサービスを利用し、携帯電話事業者と商業上の関係を持っている。スマート端末はこれまでは1社の携帯電話事業者のサービスとバンドされることが多かったが、これは競争に関する懸念を惹起した（OECD, 2011c）。加えて、例えばKindleのアマゾンなどの端末提供者が電気通信事業者と交渉し、端末の利用者は当該接続の提供者と直接接触を持たない接続モデルが生まれている。Kindleの場合、消費者は購入したコンテンツを通じてサービスの支払いを行っている。

　バンドリングは、消費者や企業にとって利点と欠点を持つ。利点は、バンドルされたサービスはたいてい個々のサービスの積み上げよりも高額にはならないこと、消費者は複数のサービスが単一のプロバイダのみによって提供されるという事実から便益を受けることである。しかし、欠点は、バンドルの複雑性は様々なサービス同士の比較を困難にし、市場の透明性の欠如をもたらすことである。また、個々のサービス料金と比較して、消費者は、異なる事業者の異なるサービスと料金を比較する作業に直面する。さらに、バンドルは、消費者のロックイン、つまりプロバイダを変えることがより困難になることにもつながる。バンドリングは、多くの新規参入者はバンドルされたサービスのすべての要素を提供できず相互補助が困難である一方、仮に既存事業者が複数のサービス間で相互補助が可能な場合には、その市場支配力の乱用を許してしまうかもしれないという恐れもある。

3.2　政策策定者と規制機関の役割

　固定電話と携帯電話、放送とインターネットサービスの融合の進展には、一貫した規制アプローチが必要である。規制機関の組織構造の観点からは、様々な規制機関を統合することが合理的であろう。メキシコなどでは、すでに通信の規制機関と放送の規制機関を統合している。

　バンドルされたサービスに対する政策策定者と規制機関の主な狙いは、競争が促進されることを確保することである。この目的を達成しバンドルされたサービスの欠点を克服するため、政策策定者は、1）サービスと料金の透明性を高める、2）顧客ロックインを避ける、3）大規模事業者による市場支配力の乱用を避ける役割がある。

　透明性を高めるという点では、政策策定者と消費者保護当局は、サービス提供者に「販売しているパッケージの特徴についてより情報を提供すること、料金を明確かつ理解できるように設定すること」(OECD, 2011d, p.4) を奨励するべきである。しかし、これまでのところ、サービスはいまだにかなり不透明な方法で営業が行われており、政策策定者は提供者に対し、バンドルされたサービスのすべての内容と費用を明確に示すことを求めるべきである。異なるプロバイダのサービスを比較するウェブサイトは、異なるパッケージとサービスの特徴を比較する上で消費者にとって便利な道具である。ベルギーやアイルランドなどのいくつかの国では、規制当局はすでに専用ウェブサイトを支援している。他の国では、個人サイトが異なるブロードバンド商品の比較の役割を果たしている。しかし、それらのサイトでも極めて複雑なバンドル商品の比較をしているのは少数であり、一部の商品がバンドル商品比較のランキングで選好的な扱いを受けているかどうかは必ずしも明らかではない。

　規制当局は、顧客ロックインを避けるため、バンドルされたサービスの顧客が迅速かつ容易にプロバイダを変更できることを確保するべきである（例えば、「消費者が変更しやすくするためのベストプラクティス」に係る欧州電子通信規制機関（BEREC）の報告書（BEREC, 2010）を参照）。政策策定者は、顧客

に自らの権利と変更手続について教える役割を持つ。固定電話と携帯電話番号のナンバーポータビリティーの可能性は、顧客の認識するスイッチングコストをさらに下げる。さらに、規制機関は、当初契約の自動更新を禁止することもできるだろう。

最後に、（市場支配）力の乱用の分野では、「規制当局と競争当局は、事業者がその国の様々な地域で様々なレベルの競争に直面していることに留意しつつ、市場支配力の長引く問題に協働して取り組む必要があるだろう」（OECD, 2011d, p.4)。乱用を避けるオプションとしては、アンバンドリング規制を拡大することや、異なるインフラへの投資（訳注：例えばケーブルテレビが市場優位な地域において競争相手としての光ファイバの投資を促すというようなモーダル間競争）がある。いくつかの国ではすでに、放送とのバンドルは大規模事業者の市場支配力の乱用に繋がりうると決定している。例えば、ルクセンブルクでは、既存事業者のバンドルされた商品にはテレビサービスは含まれていない。

第4節　IPv6の採用の奨励

2011年2月3日、インターネットのアドレス資源管理組織のIANAは、IPv4アドレスの最後のブロックを地域インターネットレジストリ（RIR）に配付した。近年のインターネット接続の成長は、スマートフォンなどの様々なインターネットに接続された端末の急増と共に、この枯渇の原因となった。

インターネットコミュニティは、1992年に最初にこの課題に対処し、CIDR規格と厳格なアドレス発行のガイドラインを実施する地域インターネットレジストリを設置した。ネットワークアドレス変換（NAT）のような技術的調整により完全な枯渇とその影響がさらに遅れた。今日はIPv4アドレスのための市場が現れる可能性がある。そこでは、間に合わなかった人々が、新しいアドレスを購入することができ、IPv4の寿命をさらに2, 3年延ばすことになるかもしれない。しかし、IPv6の展開は、インターネットがイノベーションと成

長の推進力となり続けることを確保するための唯一の持続可能な長期的解決法であると考えられる（OECD, 2011c, 第5章を参照）。

インターネットプロトコルのより新しい版であるIPv6は、128bitのアドレスを使い、2の128乗（3.4×10の38乗）の半仮想的なアドレス空間を持っている（IPv4は4.3×10の9乗）。さらに、IPv6はIPv4よりもサービス品質（QoS）の改善、認証とプライバシー品質、モバイルインターネットのより良いサポートといった点でメリットがある（OECD, 2011c, 第5章）。

ソウル宣言においては、閣僚たちは時宜を得たIPv6の展開の必要性を認識した。閣僚たちは、「現在進行しているIPv4の枯渇の観点から、特に大きな民間部門のIPv4アドレス利用者と政府による適時の導入を通じ、新しいインターネットプロトコル（IPv6）の採用を奨励する」ことを約束した。

4.1　IPv6の展開における最近の進展

IPv4枯渇が迫ってきていたことから、IPv6の展開は喫緊の課題となっていた。現在のIPv6展開は、いくつかの方法で説明できる。以下、我々はIPv6アドレスの割当[4]とインターネット利用者によるIPv6の利用について議論する。

図2.8　地域インターネットレジストリ（RIR）による全IPv6割当の配分、2010年8月

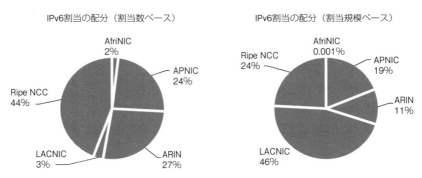

出典：OECD（2011c）, *OECD Communications Outlook 2011*, OECD Publishing, *http://dx.doi.org/10.1787/comms_outlook-2011-en*.

第2章　高速インフラを経由したインターネットへのアクセス

　IPv4と同様の手続に従い、IANAは、IPv6アドレススペースを必要に応じて地域インターネットレジストリ（RIR）に割り当てる。図2.8（左）は、割当数によるIPv6割当の地域配分を示している。2010年上半期には、OECD加盟国が全IPv6割当の74パーセントを占めている。

　規模という点では、2010年のラテンアメリカ市場はIPv6割当の最も大きなシェアを占めていた。これは、大規模なIPv6の展開に強い関心を持っていたことの反映と解釈できる。しかし、この高い数字は、2008年のブラジルの国別インターネットレジストリ（NIR）による極端に大きな割当による可能性が高い（表2.4を参照）。他の大規模な割当は、ヨーロッパとアジアの電気通信事業者と防衛省に割り当てられた。例えば、a/19ブロックはこれまでフランステレコムやドイツテレコムといった事業者に割り当てられており、a/20ブロックは、イタリア、日本、韓国のプロバイダ、オーストラリア政府の防衛省に割り当てられた。

　IPv6割当の規模は、IPv6展開の計画規模に示唆を与えうる。2007年以

表2.4　特定の大規模IPv6割当

プリフィックス	事業体	日付
2804:0000::/16	NIC Brazil	2008/11/28
2003::/19	Deutsche Telekom, Germany	2005/01/13
2a01:c000::/19	France Telecom, France	2005/12/30
2a01:2000::/20	Telecom Italia, Italy	2006/05/16
2400:2000::/20	Softbank BB IPv6 Network, Japan	2005/07/12
2400:0000::/20	Korea Telecom, Korea	2005/06/01
2401:6000::/20	Australian Government Department of Defence, Australia	2007/08/10
2a01:1000::/21	Telekomunikacja Polska S.A.	2006/02/01
2608:0000::/22	United States Department of Defense (DoD), United States	2008/05/06
2a00:2000::/22	British Telecom, United Kingdom	2007/08/29
240e:0000::/24	China Telecom	2010/05/20
240a:0000::/25	Japan NIC	2010/03/02
2a02:1000::/26	German Federal Ministry of the Interior	2009/11/16
2a02:1400::/26	B2 Bredband AB, Sweden	2010/03/01

出典：OECD (2011c, Chapter 5), *OECD Communications Outlook 2011*, OECD Publishing, *http://dx.doi.org/0.1787/comms_outlook-2011-en*. 地域インターネットレジストリ（RIR）のIP Whoisデータベースから抜粋。

降、IPv6の需要はIPv4の需要を超えており、地域インターネットレジストリ（RIR）は2010年上半期で6,000の割当を行った。しかし、これまではいくつかの事業者とヘビーユーザが割当を牽引してきた。

　これまで述べてきた割当数は、IPv6の展開における一般的な関心を示すものであるが、実際の利用を示すものではない。そのため、現在の展開の状況を見るためには、IPv6の利用を監視することが非常に重要である。

　図2.9は、グーグル利用者のIPv6接続の利用可能性を示している。グーグルは、IPv4をまだ使っている利用者がサイトにアクセスするためにIPv6を使うことができたかを調べている。例えば2011年1月25日、IPv4又はIPv6接続によりウェブページにアクセスしたグーグル利用者の0.23パーセントのみがIPv6を利用することができ、より低い割合（0.18パーセント）がIPv6ネイティブ[5]接続を使うことができた（Colitti *et al.*, 2010を参照）。なお、この割合は1週間の中でも異なり、週末にはより高い数字となることに留意する必要がある。これは、職場のユーザよりも家庭のユーザの方がIPv6を利用することができることを示すものである。2009年と2010年以降、IPv6接続は増加してきているが、特に2011年にIPv4が枯渇したということを考えると、その割合はいまだ非常に低い。

図2.9　グーグル利用者のIPv6接続の利用可能性

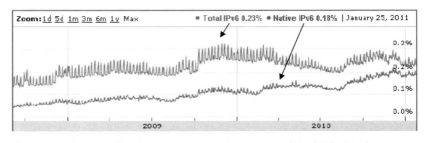

出典：Google IPv6 Statistics（2011）, *www.google.com/ipv6/statistics.html*（2011年2月アクセス）.

　全体として、IPv6の展開は非常に遅い。IPv6はIPv4との下位互換性はない

第2章　高速インフラを経由したインターネットへのアクセス

ので、IPv4からIPv6への移行を達成するために重要な課題は克服されなければならない。IPv6の利用は、将来の予見される需要を満足させるために短期間で大きく増やさなければならないし、重要な投資は、例えばホスト、サポートシステム、ネットワークのアップグレードのためになされなければならない。例えば、モバイルネットワークのアップグレードの利用は、これまでのところ非常に限定されていた（OECD, 2010aも参照）。すべてのインターネット経済の利害関係者が結集されなければならない。

　2008年のソウル宣言では、閣僚たちは時宜を得た新しいインターネットプロトコルを採択することを求めたが、過去3年の間、進展はそれほど進んでいるというわけではなかった。次で、ソウル閣僚級会合以降に策定された政策とIPv6のより迅速な採用を進めるための方法について議論することとする。

4.2　IPv6の展開を奨励するための政策と取組

　2008年、OECDは、時宜を得たIPv6の展開を促進するための政策環境に向けた勧告を策定した（OECD, 2007）。勧告には、1）民間部門や他の利害関係者と共に、教育や啓発の促進と、ボトルネックの削減のために協働すること、2）IPv6の採用に政府のコミットメントを示すこと、3）国際協力の追求と、IPv6の展開を監視することが含まれていた。

　それ以降、政府はIPv6の展開を促進する取組を策定してきた。補遺2.Aの表2A.3は、国内政策の取組の概観を示している。

　ブロードバンドインフラの整備という点では、スロベニアは、非常に画期的なコミットメントを行っている。同国のブロードバンドネットワーク展開のための戦略では、e-health、電子商取引、電子政府などのインターネット経済の多くの分野における将来のイノベーションと発展を可能にするため、すべてのネットワークがIPv6対応でなければならないとしている。またスロベニアは、モバイルネットワークにおける商業的に利用可能なIPv6を持つ唯一の国と思われる。

　加えて、ほとんどのOECD加盟国政府が、意識啓発向上に取り組んでいる。

これには、IPv6の活動の公表（日本など）、IPv6タスクフォース（例：オーストリア、アイルランド、イタリア、日本、オランダ）、IPv6教育プログラム・訓練（例：日本、韓国、ニュージーランド）、官民パートナーシップ（例：デンマーク、韓国、ノルウェー）が含まれる。さらに、例えばデンマーク、ドイツ、日本といった国では、IPv6パイロットプロジェクトと試験プラットフォームを実施している。

複数の国が政府のIPv6の採用にも着目している。政府はネットワーク機器の重要な利用者であるため、政府による早期の採用は、企業や家庭に対して重要な乗数効果かつ波及効果をもたらすと考えられる。例えば、米国は2012年までに公共のサーバ上でIPv6を利用するための計画を立てた。チェコ、デンマーク、ニュージーランド、オランダ、スイスは、公共調達契約の中でIPv6のサポートを義務化している。オーストラリアやドイツは、それぞれ、政府機関のIPv6への移行、一元的なIPv6公共行政への移行のため、IPv6の包括的な採用のための戦略を策定した。

このように多くの取組が存在するが、現在、IPv6の展開は最後のIPv4のブロックが地域インターネットレジストリ（RIR）に配付されたことを踏まえるとあまりにも遅い。政府の取組が政府機関によるIPv6の利用のために策定される一方、IPv6の採用に弾みをつけることが非常に重要である。既存のネットワーク、インターネット交換点、エンドホストとルーター、ウェブページなどのアップグレードは、IPv6採用を促進するための今後の主な課題である。

以上から、次の行動が取られるべきである。すなわち、1）ルーター、ファイアウォール、ミドルウェア、サポートシステムのアップグレードを奨励し、これらの装置がIPv6の適切なサポートを受けているかテストされることを確保する、2）固定とモバイルのブロードバンドネットワークをIPv6対応にする方策を策定し、新しいネットワークのIPv6対応を確保する、3）公共調達におけるIPv6サポートを義務化する、4）ウェブサイトによるIPv6のサポートを奨励する、5）企業と家庭のIPv6の利用を奨励する、6）政府によるIPv6の利用を拡大する、7）国際協力を追求し、IPv6展開の状況をさらに監視する。

第5節　電波周波数のより効率的な利用の奨励

　モバイル音声や、特にモバイルデータのトラフィックは、これから数年は大きく増加すると見込まれており、更なる固定・モバイルの融合が起こっている。加えて、センサーやRFIDタグといった、スマートデバイスの市場が成長している。これらの傾向は希少な周波数資源の需要を増やし、より効率的な周波数の配分と利用方法を求めるだろう。ソウル宣言において閣僚たちは、「インターネットへのアクセスを円滑化するため、より効率的な電波周波数の利用を奨励する」ことを約束した。

　ソウル閣僚級会合以降、アナログからデジタルテレビへの切替により空きができた周波数資源を開放することで、新しい周波数配分の機会が生まれた。この周波数は、200MHz帯と1GHz帯の間に位置しており、「デジタル配当」として知られている。この周波数は、距離のカバレッジと伝達能力の間で最適なバランスが取れており（EC, 2007）、僻地・遠隔地に特に適していることから特に魅力的でプレミアム周波数とみなされている。

　いくつかの国ではすでに切替を実施し、さらに複数の国がこれから数か月以内に切り替える計画である。例えばEUでは、加盟国に2012年までに移行することを助言している。2010年までに、12のOECD加盟国が移行を実施した（OECD, 2011cも参照）。補遺2.Aの表2A.4は、ソウル宣言の年である2008年以降のOECD加盟国地域における周波数配分プロセスに関する情報を示している。デジタル配当の周波数を配分した、あるいは配分することを計画している国の大部分が、歳入を著しく増加させる周波数オークションを利用あるいは利用するだろう。

　例えばドイツでは、遠隔地におけるブロードバンドの展開などの一定の義務を2010年のオークションに関連付けただけではなく、800MHz帯のオークションにより、様々な周波数帯から約60億米ドルを生み出した。中でも800MHz

帯のオークションはこれらの収入の80パーセント以上を生み出した。日本は、最近のモバイル技術であるLTE規格に、1.5GHz帯及び1.7GHz帯の周波数を割り当てた。オーストラリア通信メディア庁（ACMA）は、様々な目的で複数の周波数帯を開放した。つまり、3.6GHz帯の周波数は地域や遠隔地のワイヤレスアクセスサービスのために割り当てられた。2GHz帯の周波数は特定の遠隔地における公衆電気通信サービスの展開のために利用可能となった。加えて、2.5GHz帯は、モバイルブロードバンドアクセスサービスのため利用することが考慮されており、オーストラリアは、2012年に、694MHzから820MHzの周波数帯で、デジタル配当の周波数をオークションする計画である。

補遺2.Aの表2A.4で示された例と同様、これらの例は、2008年のソウル宣言以降、多くの国が追加的な周波数割当と周波数のより効率的な管理をしてきたことがわかる。モバイルサービスとモバイルデータトラフィックの増加、センサーやRFIDタグといったスマートデバイスが勢いを得ているという事実から、効率的な周波数の割当は将来ずっと重要なものとなるだろう。

ゆえに、各国は次のことを引き続き取り組むことが非常に重要である。

- 開放される周波数の特定の利用方法を定める決定をする前に、当該周波数の潜在的な利用可能性を注意深く評価し、投資、競争課題、消費者の選択などの複数の要素のバランスを取ること
- モバイル通信部門とスマートICTの更なる成長を促進するため、周波数管理の効率性を向上させること（例：あまりにも狭い周波数帯を避けることを通じて）

第6節　計測と統計システムの改善

ソウル宣言では、閣僚たちは「インターネットの進化する利用と影響について信頼できる計測を実現するため、市民、企業、組織によるインターネットと関連ICTネットワークの変化するアクセスと利用を計測する統計システムを改善す

ること」で一致した。この計測方法の改善は、インターネット経済のすべての分野が対象である。これが、ソウルのフォローアップ作業における個々の報告が、計測、指標、統計システムの改善と更なる発展に係るセクションを含んでいる理由である。以下では、ブロードバンドインフラの分野における計測と統計システムの改善の進展を示す。

インターネット経済を計測する指標は、**整備指標**(readiness indicators)、**利用密度指標**(intensity indicators)、**影響指標**(impact indicators)に分類される(OECD, 2009a)。整備指標は、インターネット経済において「ICTの利用を支えるために必要な技術的、商業的、社会的インフラ」(OECD, 2009a, p.2)を捉えるための指標を含む。利用密度指標は、特にインターネットとICTの利用の量や性質を扱う。一方、影響指標は、インターネットの経済的・社会的効果を計測する。

高速ブロードバンドインフラの展開を計測する多くの指標は、インフラの整備と展開を計測する整備指標と家庭や企業、政府のブロードバンドの利用可能性を計測する利用密度指標に分類される。

6.1 新しい指標の開発

ソウル宣言以降、**ワイヤレスブロードバンド指標**という新しい重要な指標が開発された(OECD, 2010d)。これは整備指標に分類することができる。OECDや国際電気通信連合(ITU)統計に以前は含まれていなかったデータサービス付きのモバイルネットワーク契約の重要性の増大を踏まえている。

これまでのOECDブロードバンド加入者統計は、2つのワイヤレス技術——衛星、地上波固定ワイヤレス——は常に含まれているが、全体の数字に対する影響は小さかった。データサービス付きのモバイルネットワーク契約は、当時は伝送速度が低かったことと、特に標準契約としての利用を試算することが困難だったため、含まれていなかった。

3Gネットワークのアップグレードにより、より高速の伝送速度が提供されているが、LTE規格を含む新しいプラットフォームへのアップグレードも進

んでいる。このことは、モバイルブロードバンドデータアクセスの改善のための進展を円滑化する。

これらの変化を説明するため、OECDは、専門家会合やOECD加盟国からの貢献や議論に基づき、新しいワイヤレスブロードバンド計測方法を開発した。

図2.10は、ワイヤレスブロードバンド指標の要素の概観を示している。これは衛星、地上波固定ワイヤレス、地上波モバイルワイヤレスで構成されている。最低でも毎秒256kbitの広告速度による接続のみが考慮されている。

地上波モバイルワイヤレスの分類は、標準モバイル契約と専用データ契約という二つのサブカテゴリがある。第一のサブカテゴリは、より広いインターネット（「壁に囲まれた庭にあるコンテンツ」だけではないという意味で）へのアクセスを提供し、実際に利用されている（過去3か月にIP上でインターネットデータ接続をするために利用された）と考えられるモバイル契約が対象である。第二のサブカテゴリは、音声サービスとは別に購入された専用データ契約であり、単独パッケージか追加データパッケージのいずれかは問わない。OECDは現在、固定ブロードバンド指標とワイヤレスブロードバンド指標の二

図2.10　ワイヤレスブロードバンド指標の構成要素

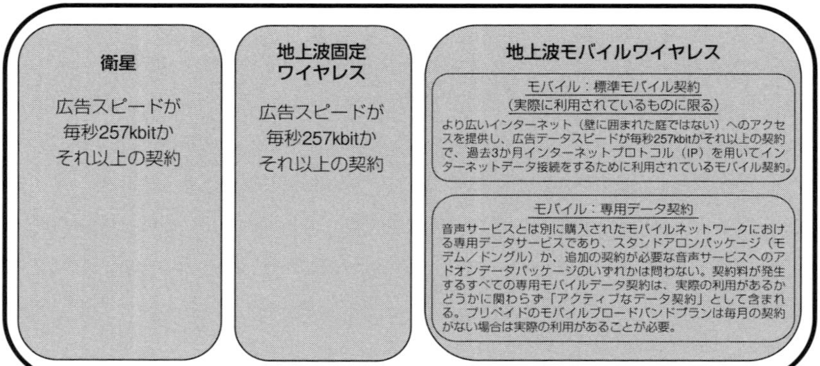

衛星	地上波固定ワイヤレス	地上波モバイルワイヤレス
広告スピードが毎秒257kbitかそれ以上の契約	広告スピードが毎秒257kbitかそれ以上の契約	**モバイル：標準モバイル契約**（実際に利用されているものに限る） より広いインターネット（壁に囲まれた庭ではない）へのアクセスを提供し、広告データスピードが毎秒257kbitかそれ以上の契約で、過去3か月インターネットプロトコル（IP）を用いてインターネットデータ接続をするために利用されているモバイル契約。 **モバイル：専用データ契約** 音声サービスとは別に購入されたモバイルネットワークにおける専用データサービスであり、スタンドアロンパッケージ（モデム／ドングル）か、追加の契約が必要な音声サービスへのアドオンデータパッケージのいずれかは問わない。契約料が発生するすべての専用モバイルデータ契約は、実際の利用があるかどうかに関わらず「アクティブなデータ契約」として含まれる。プリペイドのモバイルブロードバンドプランは毎月の契約がない場合は実際の利用があることが必要。

出典：OECD (2010d), "Wireless Broadband Indicator Methodology", *OECD Digital Economy Papers*, No. 169, OECD Publishing, *http://dx.doi.org/10.1787/5kmh7b6sw2d4-en*.

つのブロードバンド指標を公表している。

　この新指標の開発により、OECDは様々な国の成長過程にあるワイヤレスブロードバンド接続市場を測定し比較する手段を持つことになった。

　ワイヤレスブロードバンド普及指標の開発に加え、OECDは固定ブロードバンドのための新しい価格バスケットを開発した。固定ブロードバンドバスケットは、OECD加盟国における消費者や企業が経験したDSL、ケーブル、光ファイバネットワークを通じて提供される固定ブロードバンドサービスの価格水準の比較を可能にする。5つの異なる速度段階と各段階で2つの利用水準（高いと低い）を設定して10のバスケットが作られた。加えて、既存のPSTNバスケット、モバイルバスケット、リース回線バスケットが、変化する利用形態を反映し、計測方法を改善するためにアップデートされた（OECD, 2009bも参照）。将来の取組分野は、新しいワイヤレスブロードバンド価格バスケットを作ることである。

　国内レベルにおいては、いくつかの国が、新指標の開発と複数の指標間のソウル宣言以降の新しい関係の測定に取り組んでいる。表2.5は、いくつかの具体例を挙げている。供給サイドでは、例えば、デンマーク、ドイツは、ブロードバンドインフラの展開と利用可能性を見るための指標を作成した。他の例としては、米国の国家電気通信情報庁（NTIA）の国家ブロードバンドマップ[6]とポルトガルの国家通信庁（ANACOM）のブロードバンドインフラに係る情報システムがある。いくつかの国は、ブロードバンドインフラの展開と、経済的指標（例：生産性、企業レベルの成長）及び、社会的便益との間の関係も評価している。

　利用サイドでは、各国は、家庭と企業での導入と利用を検証するようになってきている。例えば、オーストラリアは、家庭でのメディアの利用とオンライン環境への移行の分野における新しいデータを収集している。アイルランドは、特に特定サービスの特徴の改善にどのくらい利用者が価値を置いているのかについての評価を行っている。そのサービスの特徴の例としては、カタログに表示されているダウンロード速度や競合条件、企業及び消費者の行為にブロード

表2.5 国内レベルにおける新しいブロードバンド指標の例
（供給サイドと需要サイド）

国	新指標の開発
オーストラリア	・家庭におけるメディア利用やオンライン環境への移行などの特定の政府の政策の関心分野についての新しいデータ収集。 ・新しいモバイルワイヤレスブロードバンドデータ収集の開発とブロードバンドや光ファイバインフラの便益の測定。
オーストリア	・利用者からフィードバックを得て電子政府サービスを評価するため、電子政府フィードバックフォームが最近一元的に開発された。
カナダ	・技術プラットフォームとスピード別に居住地のブロードバンド利用可能性につき収集されるデータ。次のサブ指標を活用。 　－技術別のブロードバンドアクセスを持つ世帯の割合 　－インターネット契約の割合 　－利用者1人当たり、月当たりにダウンロードされる平均ギガバイト
デンマーク	・高速ブロードバンドアクセスの利用可能性と導入。 ・デンマーク統計局によって実施される年間調査に「企業におけるクラウドコンピューティングの利用」を追加。 ・デジタル化がデンマーク企業の生産性に与える影響の研究。
エジプト	・エジプトのICT指標ポータル（2008年）；現在、様々な教育・経済レベルによるICTの利用を見る160以上の指標が含まれている。 ・アラブ諸国におけるICT測定の強化と、アラブのICT指標のため統合された包括的なデータベースの構築を推進するため国際電気通信連合（ITU）と協力。 ・エジプト情報・通信技術省（MCIT）は新しくてより（実情を）代表するICTサービスの価格インデックスを開発した。これにより、実質GDPへのICTの寄与をレビューし確認することができる。
フランス	・高速ネットワーク（FTTH／FTTB）を利用できる国民の数の測定。
ドイツ	・ブロードバンドインフラの発展を見るため新しいITベースの手段を導入。
アイルランド	・活動プログラムは、ブロードバンドサービスの市場、ブロードバンドの利用可能性とその導入の経済的・社会的要素、電子通信サービスが企業業績に与える影響、経済規制のための行動経済学による推論のモデル化を含む。 ・広告に表示されているダウンロードスピードや競合条件などの特定サービスの特徴の改善にどのくらい利用者が価値を置いているのか。 ・ブロードバンドの需要と供給。 ・市場ダイナミクス：サービス契約の料金の革新的な特徴の伝播。 ・ブロードバンドが企業や消費者行動に与える影響の測定。
イタリア	・イノベーションの導入と利用に係る社会的・地域的・文化的要素の影響を検討。
オランダ	・オンライン貿易に係るプロジェクト、携帯電話の利用による位置ベースのサービス、ブロードバンドの実際の利用の計測の開発等。 ・最初の結果が2011年に予定されている。
ノルウェー	・企業の生産性に係るICTのインパクトの研究。 ・企業におけるICT資本を計測する方法の開発。 ・企業におけるICT資本のインパクトについてサービス部門と製造部門を比較。
ポルトガル	・3つの新しい調査：病院におけるICTの利用（2006年）、ホテルにおけるICTの利用（2008年）、個人（10～15歳）によるICTの利用。 ・伝統的な固定によるアクセスより一般的になってきている利用、ウェブブラウジング、eサイエンス、電子商取引等のための新指標の導入。
スロバキア	・電子政府プラットフォーム（に係る調査）。個人の要望と必要性に応えるためのもの。利用者の感想や希望、信頼、期待と電子サービスに対する国民と企業の満足度に関する質問に回答してもらう。
スペイン	・世帯における電気通信とインターネット社会サービスの需要分析。得るべきデータは、新しい技術に対する姿勢、ICTとICT端末、コンピュータとインターネットに係るスキルとスキルのレベル、装置とサービスにおける費用便益割合。
スウェーデン	・企業レベルの成長とブロードバンドの利用・イノベーションの実践との関係を探る。

出典：各国回答に基づくOECD取りまとめ（2011）。

バンドが及ぼす影響が挙げられる。オランダでは、実際のブロードバンドの利用を測定する新しい方法を開発し、スペインでは、家庭における電気通信とインターネットサービスの需要分析を行っている。これらの進展は、各国がますますブロードバンド技術の導入やサービスと利用の測定に関心があることを示している。次では、この方向に進むための方法を議論する。

6.2 指標に関する将来の作業分野

インターネットサービスプロバイダによるブロードバンドインフラの展開を測定するための指標は、国内レベルでも国際レベルでも、モバイルブロードバンド指標の開発の観点からも、非常に進んでいる。その一方で、より多くの国が、いかに家庭と企業がインターネットを導入し利用するかなどの需要サイドの測定に注目しつつあるように見える。我々は、将来の取組の重要分野は、家庭と企業によるインターネットの導入と利用をより詳細に反映する需要サイドの指標の国際レベルにおける更なる開発であると提案する。これらの指標は、利用密度指標のグループに属する。

この流れでOECDは、家庭と個人向けと企業向けの二つのICTモデル調査を改訂することを提案している（OECD, 2010eを参照）。技術の変化を反映するため、追加の質問を加えることが提案されている。例えば、家庭や企業によるワイヤレスブロードバンドアクセスの測定に係る質問が追加されるべきである。

利用指標の点では、興味深い分野として、**技術関与**と**技術依存**の概念がある。2010年、これらの概念の定義と計測のための枠組提案がなされた（OECD, 2010fを参照）。これらの計測理論は、利用の頻度を追跡するだけでなく（これは、例えば業務におけるインターネットの常時接続の場合もあり、誤解を招く可能性がある）、インターネットの利用者がどの程度オンライン活動を行っているのか、どの程度効果的にインターネットを使っているのかを計測する。

技術関与は、次のように定義された。すなわち、「ある個人が『技術に関与している』というのは、次の3条件が真であるときである。1）彼／彼女が、

定期的に技術を利用している。2) 彼/彼女が、技術の潜在的な効用を認識している、3) 彼/彼女が、当該技術を利用する自らの能力を向上させようとしている」(OECD, 2010f, p.3)。**技術依存**に関しては、「ある個人が『技術的に依存している』というのは、彼/彼女が普通に日々の活動のために定期的に当該技術を利用している場合を指す」(OECD, 2010f, p.4)。

これらの定義に基づき、これらの概念の測定のためのありうる新指標としては、**利用の集中度、認識される利用の効用、学習態度**が挙げられる。利用密度の測定を進めるための興味深い方法として、オンライン上で行われる1日の活動の割合の測定がある。

韓国情報通信政策研究院（KISDI）は、この指標を利用し、これをインターネット上で行われる活動（オンライン活動）に使われる1日の時間を同様の活動（オンライン・オフライン合計）で使われる1日全体の時間に対する割合として定義している。この方法は、1) 人々がオンライン上で使う時間を測定するだけでなく、2) 活動によるインターネット利用の度合いを示すという長所がある。KISDIにより15のインターネット活動が定義され、それぞれのオンライン割合が計算されている。次のステップとしてこれらの割合の平均が計算され、これを「インターネット依存インデックス」と呼んでいる。図2.11は、韓国における2002年と2005年の当該インデックスの分布を示している。

図2.11　利用者のインターネット依存、2002-05年

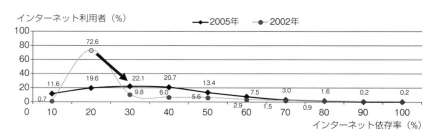

出典：OECD (2010f), "Measuring ICT Engagement and Dependency: A Statistical Framework", Secretariat working document, OECD, Paris, based on KISDI data.

オンライン上で行われる活動の1日の割合を測定することは、インターネットへの個人の関与と依存を測定する方法の一例である。OECD（2010f）は、需要サイド、つまりインターネットが導入され利用される程度と方法のより正確な描写を得るために、関与と依存を測定するための一連の新しい指標の枠組を提案している。

上記で示された調査データを補完するため、ありうべき更なる取組分野として、インターネットベースの統計の収集がある。OECDは、現在欧州委員会と共に実行可能性調査を行っている。最初の予備的結果は、2011年6月に予定された（OECD, 2010g）。現在、1）インターネットの利用に係る自己回答形式の質問票、2）インターネットアクセスプロバイダ調査、3）ウェブ調査の3つのインターネットベースの統計の収集のための方法が検討されている。

まとめると、将来の取組のために需要サイドの利用指標の開発を進めることと、これらの指標の効果的なデータ収集方法を決めることが提案されている。この取組から十分に利益を得るためには、当該取組は国際的に調和のとれたレベルで実施されるべきである。

注釈
1. 欧州諸国に係る追加的なデータとしては、欧州電子通信規制機関（BEREC）の報告書 "Next Generation Access-Collection of factual information and new issues of NGA rollout", *http://erg.eu.int/doc/berec/bor_11_06.pdf* も参照。
2. 次のパラグラフは、『OECD通信アウトルック2011年版（*OECD Communications Outlook 2011*）』第2章に基づく（OECD, 2011c）。
3. モバイル着信接続料とは、モバイル事業者が他事業者に請求する、自社のネットワークで通話を完結させるための利用料を指す。
4. 割当に関する以下の議論は、『OECD通信アウトルック2011年版（*OECD Communications Outlook 2011*）』第5章に基づいている（OECD, 2011c）。
5. IPv6ネイティブのグラフは、6to4やTeredoのルーティング技術を利用している利用者を除く。
6. *www.broadbandmap.com*.

参考文献・資料

BEREC (Body of European Regulators for Electronic Communications) (2010), *BEREC report on best practices to facilitate consumer switching*, BEREC, Brussels, *www.irg.eu/streaming/BoR%20(10)%2034%20Rev1%20 Switching%20report_final.pdf?contentId=546966&field=ATTACHED_FILE*.

Colitti, L., S. H. Gunderson, E. Kline, T. Refice (2010), "Evaluating IPv6 adoption in the Internet", PAM 2010 -Passive and Active Measurement Conference, Zurich.

EC (2007), *Reaping the Full Benefits of the Digital Dividend in Europe: A Common Approach to the Use of the Spectrum Released by the Digital Switchover*, European Commission, Brussels.

EC (2009), "Communication from the Commission on "Community Guidelines for the application of State aid rules in relation to rapid deployment of broadband networks", (2009/C 235/04), available at: *http://eurlex.europa.eu/LexUriServ/ LexUriServ.do?uri=OJ:C:2009:235:0007:0025:EN:PDF*, European Commission, Brussels.

EC (2010a), *A Digital Agenda for Europe*, European Commission, Brussels.

EC (2010b), *Europe 2020 – A Strategy for Smart, Sustainable and Inclusive Growth*, European Commission, Brussels.

EC (2010c), *European Broadband: Investing in Digitally Driven Growth*, European Commission, Brussels.

EC (2010d), "Radio Spectrum Policy Programme", European Commission, Brussels, *http://ec.europa.eu/information_society/policy/ecomm/radio_spectrum/eu_ policy/rspp/index_en.htm*.

Google IPv6 Statistics (2011), *www.google.com/ipv6/statistics.html*, accessed in February 2011.

OECD (2007), Economic Considerations in the Management of IPv4 and in the Deployment of IPv6, *OECD Digital Economy Papers*, No. 145, OECD Publishing, *http://dx.doi.org/10.1787/230461618475*.

OECD (2008a), "Broadband Growth and Policies in OECD Countries", OECD Publishing, *http://dx.doi.org/10.1787/9789264046764-en*.

OECD (2008b), "Broadband over Power Lines (BPL): Developments and Policy Issues", *OECD Digital Economy Papers*, No. 157, OECD Publishing, *http:// dx.doi.org/10.1787/222266878856*.

OECD (2008c), "Data Collection on Broadband Mobile Services", Secretariat working document, OECD, Paris.

第 2 章　高速インフラを経由したインターネットへのアクセス

OECD（2008d），"Developments in Voice Service Markets", Secretariat working document, OECD, Paris.

OECD（2008e），"International Mobile Roaming Charges: Proposal by Australia", Secretariat working document, OECD, Paris.

OECD（2008f），"Mobile Broadband: Pricing and Services", *OECD Digital Economy Papers*, No. 161, OECD Publishing, *http://dx.doi.org/10.1787/222123470032*.

OECD（2008g），"Network Externality Premiums and International Telecommunication Traffic Exchange", *OECD Digital Economy Papers*, No. 152, OECD Publishing, *http://dx.doi.org/10.1787/222470556326*.

OECD（2008h），"The Seoul Declaration for the Future of the Internet Economy", *OECD Digital Economy Papers*, No. 147, OECD Publishing, *http://dx.doi.org/10.1787/230445718605*.

OECD（2009a），"Implementing the Seoul Agenda, Discussion Points for the Round Table on ICT Measurement: Assessment and Proposals by Member Countries", Secretariat working document, OECD, Paris.

OECD（2009b），"Revision of the Methodology for Constructing Telecom Price Baskets", Secretariat working document, OECD, Paris.

OECD（2010a），"Mobile Communication Developments in the OECD Area", DSTI/ICCP/CISP（2010）3/FINAL, OECD, Paris, available at: *www.oecd.org/sti/ieconomy/48459973.pdf*.

OECD（2010b），"International Mobile Roaming Services: Analysis and Policy Recommendations", *OECD Digital Economy Papers*, No. 168, OECD Publishing, *http://dx.doi.org/10.1787/5kmh7b6zs5f5-en*.

OECD（2010c），"International Mobile Roaming Services: Next Steps and Recommendations", Secretariat working document, OECD, Paris.

OECD（2010d），"Wireless Broadband Indicator Methodology", *OECD Digital Economy Papers*, No. 169, OECD Publishing, *http://dx.doi.org/10.1787/5kmh7b6sw2d4-en*.

OECD（2010e），"Proposals for a Revision of the OECD Model Survey of ICT Access and Use by Households and Individuals", Secretariat working document, OECD, Paris.

OECD（2010f），"Measuring ICT Engagement and Dependency: A Statistical Framework", Secretariat working document, OECD, Paris.

OECD（2010g），"Internet-Based Statistics Proposals for a Feasibility Study", Secretariat working document, OECD, Paris.

OECD (2011a), "Fibre Access: Network Developments in the OECD Area", *OECD Digital Economy Papers*, No. 182, OECD Publishing, *http://dx.doi.org/10.1787/5kg9sqzz9mlx-en*.

OECD (2011b), "National Broadband Plans", *OECD Digital Economy Papers*, No. 181, OECD Publishing, *http://dx.doi.org/10.1787/5kg9sr5fmqwd-en*.

OECD (2011c), *OECD Communications Outlook 2011*, OECD Publishing, *http://dx.doi.org/10.1787/comms_outlook-2011-en*.

OECD (2011d), "Broadband Bundling: Trends and Policy Implications", *OECD Digital Economy Papers*, No. 175, OECD Publishing, *http://dx.doi.org/10.1787/5kghtc8znnbx-en*.

OECD (2011e), "International Mobile Data Roaming", *OECD Digital Economy Papers*, No. 180, OECD Publishing, *http://dx.doi.org/10.1787/5kg9zb67l6r3-en*.

OECD (2011f), "The Future of the Internet Economy: a Statistical Profile", June, available at: *www.oecd.org/sti/ieconomy/48255770.pdf*.

OECD (2011g), *OECD Telecommunications and Internet Statistics*, (database), *http://dx.doi.org/10.1787/data-00170-en*.

第2章　高速インフラを経由したインターネットへのアクセス

補遺 2.A

表2A.1 ［1/4］　高速インフラに係る取組に関連するOECD報告書の概観

取組分野	報告書	主な調査結果
電力線ブロードバンド（BPL）	Broadband over Power Lines (BPL): Developments and Policy Issues DSTI/ICCP/CISP（2008）3/FINAL	・ブロードバンド市場における更なる競争の手段としてBPLがある。 ・しかし、近い将来にxDSLやFTTHに対して競争力のある代替となる証拠はほとんどなかった。 ・規制当局は、まずはBPLの商業的普及のために不必要な障壁がないこと、また、ライセンスを受けている他の無線サービスへの干渉が最小化されることを確保すべきである。
ケーブルブロードバンド	Developments in Cable Broadband Networks DSTI/ICCP/CISP（2009）9/FINAL	・ケーブルブロードバンドネットワークの発展に関する報告書。 ・過去10年以上、OECD（地域）におけるケーブル会社は、より広い帯域を必要とするサービスを提供するために自らのネットワークをアップグレードすることにより、アナログビデオサービスのプロバイダから、一連の進んだデジタルコミュニケーションサービスのプロバイダへと自らを変革した。 ・主要トレンドの一つ：より効果的に伝統的電話プロバイダと競争するため、ケーブルプロバイダが統合。ケーブル会社は重要な設備ベースの競争を提供する一方で、いくつかのOECD市場においてはいまだにDSLやケーブルなど様々な伝送プラットフォームに非対称な取扱がある。
ブロードバンドバンドリング	Broadband bundling: Trends and Policy Implications DSTI/ICCP/CISP（2010）2/FINAL	・OECD（地域）におけるブロードバンドサービスは、バンドリングで販売されることが一般的。 ・ブロードバンドバンドリングは消費者にとって利益と不利益の両方をもたらす。消費者に対する利益の大部分は、スタンドアローンとバンドルされたサービスの間の選択から生まれる。スタンドアローンはいまだに消費者余剰を最大化するために主要な役割を果たす。規制当局や消費者保護当局は、ISPに対し、販売しているパッケージの特徴に関してより多くの情報を提供するよう奨励すべきである。そして、料金を明確化して理解可能なものにするよう奨励すべきである。消費者はさらに、プロバイダを変更することができるべきである。
ブロードバンドサービスエリア指標	Indicators of Broadband Coverage DSTI/ICCP/CISP（2009）3/FINAL	・いかにブロードバンドの物理的サービスエリアと利用可能性を測定できるかについての概観。 ・様々な種類の技術に係るサービスエリアと利用可能性の測定。
ブロードバンド／経済回復／国家ブロードバンド計画	The Role of Broadband Infrastructure Investment in Economic Recovery DSTI/ICCP/CISP（2009）1/FINAL National Broadband Plans DSTI/ICCP/CISP（2010）9/FINAL	・経済回復への通信インフラ投資の役割と政策オプションの検討。 ・政策策定者は電気通信インフラへの公共投資の費用と便益を評価し、強力で即効性のある総需要サイド効果と強力で長期的な総供給サイド効果の両方を提供するプロジェクトを選ぶ必要がある。 ・すべての電気通信への公共投資は、4つの主要項目（接続性、競争、イノベーション／成長、社会的便益）のバランスをとるべきである。 ・OECD地域における国家ブロードバンド計画の調査。 ・計画の目標と共通要素の概観。 ・大抵の政府は計画に目標を設定しており、重要な着目点の一つとして高速ブロードバンドを地方でも手頃な料金で利用可能にすることを挙げていた。

表2A.1 [2/4] 高速インフラに係る取組に関連するOECD報告書の概観

取組分野	報告書	主な調査結果
ブロードバンド／イノベーション／光ファイバ	Network Developments in Support of Innovation and User needs DSTI/ICCP/CISP（2009）2/FINAL	・当該報告書の目的は、ソウル宣言における2つの主要要素を支援することである。ブロードバンドネットワークの投資と競争を刺激することと、イノベーションを支えるオープンな環境を維持する政策を策定することである。 ・経済の4つの主要分野（電力、医療、輸送、教育）における潜在的な波及効果に基づく、競争的でオープンアクセスの国内FTTHネットワーク展開（roll-out）への投資の事例。 ・上記4部門の各部門において、新しいブロードバンドネットワークプラットフォームから直接得られる0.5パーセントから1.5パーセントまでの10年以上の費用節約によれば、国家のポイントツーポイント（PtP）、FTTHネットワーク構築の費用を正当化することができる。
	Fibre Access – Network Developments in the OECD Area DSTI/ICCP/CISP（2010）10/FINAL	・ローカルブロードバンドアクセスネットワークを提供するための光ファイバの利用に関する発展の検証。 ・いかにFTTH／FTTBネットワークを構築するのかという問題については単純な解決法はない。 ・自国のFTTH／FTTB展開が加速的に進むことを希望している各国は、現在のネットワークにおけるアクセス競争を進めるための測定を検討すべきである。
NGAネットワークと市場構造	Next Generation Access Networks and Market Structure DSTI/ICCP/CISP（2010）5/FINAL	・高速ブロードバンドサービスの展開、政策、規制の影響から現れるブロードバンド市場構造の発展に焦点を当てる。 ・目的：「次世代アクセスネットワーク（NGA）」や、それらの発展を強化するための市場構造に関連する政策や規制のグッドプラクティスを強調。 ・最近、NGAの市場構造に係る多くの様々なアプローチがOECD加盟国によってとられてきた。 ・多くの地域で高速ブロードバンドネットワークを構築するために公的基金が必要となる可能性が高いということを前提にすると、公的基金は、市場構造がこれらの地域でどのように進展するのかについて大きな影響を与える。
計測方法	Data Collection on Broadband Mobile Services DSTI/ICCP/CISP（2009）13/FINAL	・モバイルブロードバンドをどう定義するか、OECDにおいてモバイルブロードバンドに係る統計をいかに収集し報告するかに関する方法の発展に係るドラフト。 ・OECD加盟国のワイヤレスブロードバンド接続接続の発展を計測する指標の提案。
	Wireless Broadband Indicator Methodology DSTI/ICCP/CISP（2009）13/FINAL	・2009年7月にOECD事務局が受け取ったコメントを統合するワイヤレスブロードバンド指標の計測方法の提案。
	Implementing the Seoul Agenda, Discussion Points for the Round Table on "ICT Measurement: Assessment and Proposals by Member Countries" （内部作業文書）	・ICTの現在の計測に関する課題の特定と発展の可能性があるものについての提案。
	Measuring ICT engagement and Dependency: A Statistical Framework （内部作業文書）	・技術関与と技術依存の計測のための枠組の議論。 ・この分野における将来的な指標開発のための方向性の示唆。
	Proposals for a Revision of the OECD Model Survey of ICT Access and Use by Households and Individuals （内部作業文書）	・OECDによる2つのICTモデル調査の改訂提案。 （世帯、個人、企業）
	Internet-Based Statistics Proposals for a Feasibility Study （内部作業文書）	・インターネットベースの統計の収集するための実行可能性調査の提案。

第2章 高速インフラを経由したインターネットへのアクセス

表2A.1 ［3/4］ 高速インフラに係る取組に関連するOECD報告書の概観

取組分野	報告書	主な調査結果
モバイルブロードバンド	Mobile Broadband: Pricing and Services DSTI/ICCP/CISP（2008）6/FINAL	・モバイルブロードバンドサービスの料金、速度、データキャップの概観。 ・報告書の時点で、各国や国内で非常に多様な、幅広い種類の契約が利用可能である。
モバイル通信	Mobile Communication Developments in the OECD area DSTI/ICCP/CISP（2010）3/FINAL	・OECD地域におけるモバイル通信の発展に係る報告書。 ・モバイル通信の発展の市場ダイナミズムへの影響と政策策定者と規制当局への示唆の検討。
国際モバイルローミング	International Mobile Roaming Charges: Proposal by Australia （内部作業文書）	・オーストラリア政府による報告は、OECD通信インフラ・サービス政策作業部会（CISP）は国際モバイルローミングの請求における政策オプションだけでなく競争、費用、料金を検討すべきという提案をしている。
	International Mobile Roaming Charging in the OECD area DSTI/ICCP/CISP（2009）8/FINAL	・国際モバイルローミングサービス（IMRS）における市場の進展と料金に関する情報と分析。 ・高額な小売料金は、卸売料金が主な原因である。 ・ローミング料金は過大であり、計算料金制度崩壊の前の固定市場に類似している。
	International Mobile Roaming Services: Analysis and Policy Recommendations DSTI/ICCP/CISP（2009）12/FINAL	・国際モバイルローミング請求に係る最初の報告書のフォローアップと、同報告書で述べられた問題への解決策を提案。 ・この報告書は、小売ローミング料金についてより多くの消費者に知られるように透明性手法の実施を強く支持している。 ・この報告書は、ローミング料金の直接的な規制が、消費者が不合理に請求されないことを保証する唯一の方法であるかもしれないとしている。（直接規制の）目的は、消費者を保護し、貿易や旅行の国際的な障壁を取り除くことにあるべきである。 ・政策策定者と規制当局に対する勧告の枠組みの提示とガイダンスの提供。
	International Mobile Roaming Services: Next Steps and Recommendations （内部作業文書）	・5つの分野における勧告：消費者に力を与える（ローミング代替手段、透明性手法）、競争課題と市場構造（国境をまたぐネットワークの拡大、アライアンス）、小売市場の情報の改善（事業者間料金、WTO枠組、ローカリゼーション）、料金規制（卸売、小売）、他の影響の考慮。
	International Mobile Data Roaming DSTI/ICCP/CISP（2010）12/FINAL	・国際モバイルデータローミング料金の検討。 ・データローミング料金は国内料金と比較すると非常に高額。
音声市場	Developments in Voice Service Markets （内部作業文書）	・OECD地域における音声市場の発展の概観。 ・コモディティ化した音声サービス、通話時間による請求からフラット料金へのシフト。 ・固定から携帯電話への大幅なシフト。 ・サーキットスイッチからパッケージスイッチ音声へのシフト。
電気通信料金バスケット	Revision of the Methodology for Constructing Telecommunication Price Baskets DSTI/ICCP/CISP（2009）14/FINAL	・OECDのバスケット計測方法の2009年改訂。 ・音声通話の計算分野、選択的割引や公衆交換電話網（PSTN）バスケットにおけるローカル通話エリアにおける新しい観点。
国際トラフィック交換	Network Externality Premiums and International Telecommunication Traffic Exchange DSTI/ICCP/CISP（2008）4/FINAL	・ネットワーク拡大の資金を得るために国際電気通信課金の中に費用のかからない「プレミアム」を加えるという提案に係る経済的影響の検討。 ・結論：非市場的手法を使う試みは、国際電気通信サービスの提供に負の影響を与える可能性がある。競争は政策目標をより効率的に達成する。
IPトラフィック交換	IP traffic exchange: Market Developments and Policy Challenges DSTI/ICCP/CISP（2011）2/FINAL	・IPトラフィック交換に関する報告のアウトライン。 ・議論される主なトピックには、IP市場の発展の概観、当該市場のパフォーマンス、将来の課題が含まれる。

表2A.1 [4/4] 高速インフラに係る取組に関連するOECD報告書の概観

取組分野	報告書	主な調査結果
IPv6	Economic Considerations in the Management of IPv4 and in the Deployment of IPv6 DSTI/ICCP (2007) 20/FINAL	・インターネットアドレッシングの概観。 ・IPv4の枯渇の対処とIPv6の展開。 ・適時性のあるIPv6の展開に資する政策環境の提案。
	Internet Addressing – Measuring Deployment of IPv6 DSTI/ICCP/CISP (2009) 17/FINAL	・報告書は、IPv6の展開を計測するいくつかの指標とデータセットの概観を示す。 ・検討分野：インフラの整備指標、インターネット上のIPv6の実際の利用に関する指標、ネットワーク事業者のIPv6の展開に関する調査結果。
地理的に区分された規制	Geographically Segmented Regulation for Telecommunications DSTI/ICCP/CISP (2009) 6/FINAL	・目標：固定電気通信ネットワークについて、地方ごとに地理的に区分された規制の利用事例や発展を評価する。
機器間（M2M）通信	M2M communications: Connecting Billions of Devices DSTI/ICCP/CISP (2011) 4/FINAL	・機器間（M2M）通信のビジネスモデルと規制に対する影響分析。主要な結論：M2M通信の成長を刺激するため、政府はモバイル通信市場へのアクセスを自由化する必要がある。

第2章 高速インフラを経由したインターネットへのアクセス

表2A.2　固定回線における競争：新規参入者の加入者市場のシェア
全固定アナログ加入者回線に占める割合（％）

	2002年	2003年	2004年	2005年	2006年	2007年	2008年	2009年
オーストラリア*	0.9	1.8	2.5	1.8	1.9	2.2		13.8
オーストリア	5.3	6.0	7.4	9.6	10.2	14.3	16.0	17.3
ベルギー*			7.7	11.3	13.9	18.0		
カナダ	32.1	36.7	37.2	39.5	42.6	46.2	50.3	52.0
チリ	20.0	30.0	30.0	30.0	30.0	40.0	40.0	40.0
チェコ				3	3		15	18
デンマーク	13.1	14.1	18.5	19.8	19.0	18.9	18.0	18.1
エストニア	0	0	0	10	10	10	20	20
フィンランド						33.6	32.0	33.0	33.6
フランス			2.3	1.3				5.2
ドイツ	0.8	3.0	5.0	8.0	13.0	19.0	27.0	33.0
ギリシャ								
ハンガリー	21.0	21.0	22.0	23.0	25.0	27.1	29.8	21.0
アイスランド								
アイルランド				20.0		23.0	27.0	28.0
イスラエル								
イタリア						14.3	21.2	25.7
日本			5.3	6.2	7.5	9.0	10.0	12.1
韓国	4.0	4.4	6.2	6.8	7.9	9.6	10.2	10.1
ルクセンブルク				1.2	3.0	4.0	9.0	11.5
メキシコ								
オランダ								28.0
ニュージーランド					8.0	11.5	19.0	25.0
ノルウェー								
ポーランド	1.3	10.0	9.0	10.4	11.7	14.7	18.2	26.8
ポルトガル	4.7	5.6	6.7	10.8	21.5	28.0	31.0	35.3
スロバキア	0	0	0	0.05	0.08	2.26	3.69	4.75
スロベニア				0.5	0.5	0.5	0.5	
スペイン	4.9	5.6	6.7	10.7	21.7	28.4	21.1	27.4
スウェーデン				0.5	0.5	0.5	0.5	
スイス*	0	0.1	0.2	0.2	0.3	0.3	0.3	
トルコ								
英国	17.0	18.0	20.0	24.0	30.0	32.0	36.0	42.0
米国	13.0	16.0	18.0	18.0	17.0	18.0		

＊政府の推計

表2A.3 [1/3]　IPv6展開のための国家政策イニシアティブ、2010年

国	政府のIPv6の採用	意識啓発の努力	イニシアティブ
オーストラリア	はい	はい	オーストラリア政府情報管理局（AGIMO）は、オーストラリアの政府当局のIPv6への移行を調整しており、「オーストラリア政府当局におけるIPv6実施のための戦略」を策定した。これは、オーストラリア政府のネットワークを2012年末までにIPv6の利用を可能にする（IPv6-enabled）ことが目標である。
オーストリア		はい	様々なIPv6の課題を扱う産業プラットフォーム（IPv6 タスクフォースオーストリア）が2004年に政府と電気通信規制当局の支援により設立された。
ベルギー		はい	
カナダ		はい	カナダは、現在のところ、IPv6の導入に影響を与えるための法律や産業に対する目標設定等政府主導の措置を利用することは予定していない。ARINがカナダ政府内部の意識啓発努力を支援している。
スイス		はい	スイスにはIPv6展開を奨励する積極政策はないが、IPv6のサポートは公共調達契約の要件となっている。
チリ			
チェコ	はい		2009年6月、政府は、省庁や中央国家組織は、1）IPv6サポートを公共調達の条件として含み、2）2010年末までに政府のウェブサイトと電子通信サービスがIPv4とIPv6の両方でアクセス可能にすることを確保しなければならないという決議を採択した。 文書「産業貿易商（MPO）電子通信における国家政策：デジタルチェコ」では、IPv6の展開にさらに取り組んでいる（2011年1月19日、チェコ政府により承認）。
ドイツ	はい	はい	ドイツのための国家IPv6計画は2009年に始まった（ドイツIPv6ロードマップ）。目標は、2011年時点で、ドイツにおける一元的なIPv6公共行政のための完全な技術的かつ組織的立ち上げである。 IPv6はまた、アンゲラ・メルケル首相の第3及び第4ドイツITサミット宣言に含まれていた。 ドイツ連邦内務省は、2009年末時点で、ドイツにおけるすべての連邦、州、地域の公共行政機関のためにa/26 IPv6アドレスブロックを割り当て、管理している。2008年には、IPv6に基づく公共行政機関の通信インフラを現代化するために2つの大きなプログラムが立ち上った。すなわち、1）ドイツ・オンライン・インフラストラクチャ（NdB）、連邦行政機関のための共通ネットワーク、そして、2）連邦政府、州、自治体にサービス提供する連邦政府間のイントラネット構築計画（DOI）である。連邦政府によって運営される上記2大ネットワークインフラに加え、IPv6は多くのIPv6のパイロットプロジェクト、ワーキンググループ、州やローカルレベルの活動により、様々な政策、組織、技術レベルにおけるIPv6のプロジェクトやイニシアティブを通じて導入されている。
デンマーク		はい	国家ITテレコム当局は、デンマークのIPv6の展開のためのアクションプランと同じく、戦略を策定し、公聴会の後、科学技術イノベーション省により承認された。この戦略は、4つに分かれる。 1）デンマークの利害関係者（例：コンテンツプロバイダや電気通信事業者）を代表する官民パートナーシップを立ち上げることで、IPv6とIPv4の枯渇の意識啓発。 2）公共調達におけるIPv6コンプライアント義務。 3）将来のIPv6テストベッドの創設。 4）デンマークの国家機関や当局のIPv6サポートを義務化する可能性（現在の「推奨基準」とは異なる）
エストニア			IPv6の展開のための積極政策はないが、いくつかの試みはある。
フィンランド		はい	
フランス		はい	
ハンガリー			
アイルランド		はい	IPv6の展開のための積極政策はない。しかし、IPv6タスクフォースが置かれている。これは2004年に電気通信ソフトウェア＆システムズグループ（TSSG）リサーチセンター、HEAnet社、通信・エネルギー・天然資源省（DCENR）によって共同設立されたものである。2005年にはアイルランド国家IPv6センターが設立された。
アイスランド			
イスラエル			
イタリア		はい	IPv6タスクフォース

第2章 高速インフラを経由したインターネットへのアクセス

表2A.3 [2/3] IPv6展開のための国家政策イニシアティブ、2010年

国	政府の IPv6の 採用	意識 啓発の 努力	イニシアティブ
日本		はい	2009年2月、日本の総務省は「インターネット上のIPv6の利用の改善に関する研究会」を開催した。総務省はまた、「IPv4アドレスの枯渇に対処するためのインターネットサービスプロバイダ（ISP）向けの情報開示ガイドライン」等の政策を策定している。 総務省は、IPv6の専門的技術を構築するため、IPv6テストプラットフォームを立ち上げた。2008年9月に総務省と電気通信・インターネット協会によって「IPv4アドレスの枯渇に関するタスクフォース」が立ち上がった。同タスクフォースでは、関心のあるインターネット事業者がアクションプランを策定したり、IPv6の活動を公表したり、IPv6の教育プログラムを開発したりすることを支援している。
韓国		はい	2008年12月、韓国通信委員会（KCC）は、「インターネットアドレス資源の推進と管理のための第二基本計画 2009-2011」を発表し、すべての関係者がIPv6を採用するよう様々な活動を行ってきた。 インターネットサービスプロバイダ（ISP）やウェブポータルなどインターネット関係者のIPv6の自主的な採用を促すため、KCCは官民協議団体を立ち上げた。そしてパイロットプロジェクトを通じて韓国におけるIPv6の展開を組織的に支援し、トレーニングを提供し、宣伝活動を行い、IPv6相互接続ネットワークを運営している。 企画財政部（訳注：日本でいう財務省に相当）は、「予算の執行と資金運営計画のための2010年ガイドライン」を策定し、ネットワークインフラのすべてがIPv4とIPv6の両方をサポートすべきとした。行政安全部（訳注：現在の安全行政部）もまた、同様の原則は公共行政機関にも適用される旨の政府通達を出した。
ルクセンブルク		はい	
メキシコ		はい	
オランダ	はい	はい	IPv6は2010年末までにICT機器の政府調達のためには義務化されることが予定されている。 政府によるIPv6の推進は、国家ICT計画（National ICT Agenda）2008-2011のプログレスレポートのアクションポイントである。中央政府は政府のアプリケーションでIPv6を展開するためのイニシアティブをパイロットプロジェクトから採用した。2009年、オランダのIPv6タスクフォースは、様々な分類でIPv6実施の勝者を表彰し、2010年にも同様のことをする予定である。2010年には、研究基金がオランダにおけるIPv6実施を監視するために与えられた。
ノルウェー		はい	ノルウェー政府は、民間部門や他の関係者と共に、IPv6の採用の必要性について意識啓発を図っている。IPv6展開のためのノルウェーの戦略は、IPv6への円滑な移行の前提条件として、技術スタッフよりもむしろ民間部門や公共部門のマネージャーやCEOがIPv6に注目する必要があるという認識を広めるとしている。2010年10月、IPv6移行に関する知識や情報を交換するためにIPv6資源に関する会合が開催された。ノルウェーの郵便通信当局と運輸通信省は、インターネットプロバイダ、ノルウェーのレジストリ、ハードウェアやソフトウェアの供給者、公共部門やその他の関心がある団体を招へいした。
ニュージーランド		はい	これまでのところ、政府のIPv6展開に対する対応は、一般的には課題の意識啓発であった。 次のような勧告が政府の行政機関になされた。1) 調達：行政機関は、すべての提案依頼書における明確な記述を通じて、購入するハードウェアやソフトウェアはすべてIPv6に対応可能であるよう確保すべきである。2) トレーニング；行政機関は、IPv6のネットワークをテストし、IPv6のための経験と能力を向上させるため、IPv6に係る主要技術スタッフを訓練することを考慮すべき。3) アプリケーションによるIPv6サポート：インハウスのアプリケーションを利用する行政機関は、IPv4とIPv6の潜在的な課題について確認すべきである。新しいアプリケーションはIPv6に対応可能であることを求めるべきである。
ポーランド		はい	ポーランドでは、IPv6について政治的な議論がある。ポーランドとしては、IPv6の発展をさらに推進することで、OECDレベルで行った約束を考慮したい。

表2A.3 [3/3] IPv6展開のための国家政策イニシアティブ、2010年

国	政府の IPv6の 採用	意識 啓発の 努力	イニシアティブ
ポルトガル		はい	ポルトガルのIPv6タスクフォースは2004年に設立された。ポルトガルの研究教育ネットワークを管理する国家コンピュータ科学財団（FCCN）は、90年代後半からの積極的なIPv6推進者である。FCCNは、ポルトガルのトップレベルドメイン（ccTLD）とインターネット相互接続点を管理する際、非常に早い段階で、トップレベルDNSにIPv6アドレスを格納した。その他の主な活動としては、すべての高等教育機関、研究開発機関における適時の方法によるIPv6採用の促進に係るものがある。ネットワークのバックボーンは2003年以降、デュアルスタックモード（IPv4とIPv6）で機能している。2008年、これらの機関において、DNSサーバ、メールサーバ、ウェブサーバなどのサービスにおけるデュアルスタック運用を可能とすべく大きな投資がなされた。トレーニングとワークショップも同様に開催された。IPv6の認知向上とIPv6トレーニングについてはいまだ多くのやるべきことがある。ベンダーにはすでにIPv6コンテンツをトレーニングプログラムに入れているところがある。しかし、IPv6サポートがIPv4サポートと同等のものとなっていない例もまだある。IPv6は、IETFで定義された標準という点で、成熟したプロトコルであるが、すべてのインターネットアプリケーションをIPv6対応にするにはまだ長い道のりがある。ポルトガルとしては、特に電子通信プロバイダなどの国内の団体と密接に連携して努力しているが、IPv6展開が低いレベルに留まっているのは、各ネットワークや環境において低い優先順位だからであると考えている。
スロバキア		はい	IPv6サポートは2008年以降公共サービスにおいて義務化されている。意識啓発はいくつかのチャネルによって推進されており、IPv6の利用に関する調査が、2011年11月に財務省によって調整されている。
スロベニア		はい	スロベニア政府は2008年にスロベニアのブロードバンドネットワークの発展のための戦略を採択した。戦略の中のコミットメントの一つに、電子政府、e医療、e教育、電子商取引やその他のサービスをさらに発展させるため、ブロードバンドネットワークをIPv6プロトコルの実行に対応させるというものがある。さらに、スロベニアのIPv6フォーラムとGo6協会（非営利組織）は、産業、研究コミュニティ、国家行政におけるIPv6の展開を加速化するよう努力している。
スペイン		はい	
スウェーデン			
トルコ			
英国		はい	英国は市場主導、ニーズ主導型のアプローチを奨励している。英国は、利害関係者が商業的なニーズやコストに留意しつつ、IPv6を採用することに積極的であるよう促したいと考えている。
米国	はい	はい	米国は2012年末までに公共サーバ上での利用のためのIPv6採用のタイムラインを設定した。

出典：OECD（2011c）, *OECD Communications Outlook 2011*, Chapter 5, OECD Publishing, http://dx.doi.org/10.1787/comms_outlook-2011-en.

第2章　高速インフラを経由したインターネットへのアクセス

表2A.4 [1/6]　周波数割当

国	新世代のワイヤレスサービスのための追加的な周波数は2008年以降利用可能だったか。もし利用可能だった場合、どの帯域か。	この周波数はどのように割り当てられたか。比較審査、オークション等
オーストラリア	はい。オーストラリアの地域や遠隔地におけるワイヤレスアクセスサービスの展開を支援するため、3.6GHz帯（3,575-3,700NHz）がオーストラリア通信メディア庁（ACMA）により開放された。 2010年半ばには、公衆モバイル通信サービスのために、オーストラリアの特定の遠隔地や地方において、2GHz帯の周波数（1,920-1,980MHzと2,110-2,170MHz）がACMAによって利用可能となった。 ACMAは、2.5GHz帯（2,500-2,690MHz）をブロードバンドワイヤレスアクセスサービスに対する新たな需要に対処するための候補帯域として検討している。 加えて、政府は、携帯電話やワイヤレスサービスを提供するために使われる、期限が切れる主要な15年の周波数免許の再発行をするアプローチを検討している。 2010年6月、オーストラリア政府は、オーストラリアのデジタル配当として、周波数帯694-820MHzの隣接する126MHz帯の開放を確定した。	3.6GHz帯（3,575-3,700 MHz）：ACMAは、この帯域の周波数については、行政的割当プロセスを利用し、特定の地理的地域をベースとして割り当てている。そして、設備免許を申し込む権利については、価格ベースの割当（オークション）プロセスをベースとして割り当てている。 2GHz帯（1,920-1,980MHzと2,110-2,170MHz）：ACMAは、この帯域の周波数については、行政的割当プロセスを利用し、設備免許ベースで割り当てている（オーバーザカウンタープロセス）。 デジタル配当周波数（694-820MHz）：政府はこの周波数を価格ベースの割当（オークション）プロセスで割り当てることを予定している。
オーストリア	はい。3.5GHz帯と900MHz帯の周波数の一部。2.6GHz帯の周波数のための割当手続は現在進行中である。	オークション
ベルギー	次の勅令が策定された。 1）3,410-3,500/3,510-3,600MHz、10,150-10,300/10,500-10,650MHzの各周波数帯における電波のアクセスに係る2009年5月24日勅令。 2）4番目の3G事業者の特定のための勅令が準備された。この勅令の公表後にオークションが始まる。 3）2,500-2,690MHzにおける4G事業者の特定のための勅令が準備された。この勅令の公表後にオークションが始まる。	次の手続が適用される ・3,410-3,500/3,510-3,600MHz比較審査（美人コンテスト）。 ・第4の3G事業者：オークション。 ・2,500-2,690MHzの4G網：オークション

127

表2A.4 [2/6] 周波数割当

国	新世代のワイヤレスサービスのための追加的な周波数は2008年以降利用可能だったか。もし利用可能だった場合、どの帯域か。	この周波数はどのように割り当てられたか。比較審査、オークション等
カナダ	**アドバンスト・ワイヤレス・サービス（AWS）オークション** 2007年11月28日、カナダ産業省は、AWSの105MHz帯と他の周波数帯のオークションのための政策枠組を公開した。AWS周波数の90MHz帯のうち、40MHz帯は新規参入者のためのものとされた。免許条件では、免許を受けた者は、一定の条件の下で新規参入者とローミングアグリーメントの交渉を義務付けられる。2008年7月21日、カナダ産業省は、282の免許（42億5,000万ドルの価値）が条件付きで15の事業者にオークションで割り当てられたことを通知した。2009年9月、15社すべてに免許が発行された。 **700MHz周波数帯** カナダ・ラジオ・テレビ電気通信委員会（CRTC）は、アナログ地上波テレビの終了日として2011年8月31日を通知した。地上波テレビ信号のデジタル伝送（DTV）への移行は、現在は地上波テレビ専用である電波周波数の量を減らすことにより、公共の安全や商業利用（例：ワイヤレスブロードバンド）などの他の目的で利用される周波数を開放することになる。2008年12月20日、カナダ産業省は産業界との協議の上、移行後DTV割当計画を発表した。これは、DTV放送をチャネル2から51までに収容して、チャネル52から69までのテレビチャネルで使われている周波数を開放する。同日、カナダ産業省は、潜在的な越境干渉を取り扱う、カナダと米国のDTVに関する中間合意を公表した。	オークション
チリ	3Gサービスのための帯域（2.110-2.155MHzとペアで1.710-1.755MHz）。	開設計画と人口カバレッジを踏まえた比較審査（美人コンテスト）プロセス
チェコ	関連の欧州調和文書に従って、800MHz、900MHz、1,800MHz、2.6GHz、3.4-3.8GHzの各帯域が電子通信サービスの目的のために確保される。 800MHz、2.6GHzの各帯域と1,800MHz帯における追加的な周波数は、ブロードバンド電子通信サービスを提供する事業者のために次の入札の対象となる。新しい革新的なモバイル通信システムの展開が期待されている。	電波周波数の権利の割当については、オークションのフォーマットが想定される。
デンマーク	2,500-2,690MHzの周波数帯が2010年にサービスや技術中立ベースで利用可能となった。当該周波数については（割当）条件ではないが、LTE規格で使われる可能性が高い。 900/1,800MHz帯は国際デジタル携帯電話通信システム（GSM）指令2009年修正と委員会決定に従い、2011年1月1日に開放された。 放送以外の他の用途（モバイルブロードバンドを含む）に利用するため、800MHz帯を利用することが決定された。割当はオークションプロセスにより、2011年末までに行われることが想定されている。	2,500-2,690MHzの周波数帯は、2010年春は、オークションの対象であった。 900MHzと1,800MHzの周波数帯では、900MHz帯の2×5MHzの周波数ブロックと1,800MHz帯の2×10MHzの周波数ブロックが2010年10月、各帯域で新しい事業者に割り当てるため、オークションを通じて付与された。 Hi3G社は両方の免許を取得し、現在の3社の事業者と同様、2011年1月1日以降の新技術を試験する目的で、GSM以外のワイヤレス技術を使う予定である。商業的には2011年5月1日から使う予定である。
エストニア	いいえ	
フィンランド	2009年秋に2,500-2,690MHz周波数帯。 詳細情報：www.ficora.fi/en/index/palvelut/palvelutaiheittain/radiotaajuudet/huutokauppa.html.	オークション

表2A.4 ［3/6］ 周波数割当

国	新世代のワイヤレスサービスのための追加的な周波数は2008年以降利用可能だったか。もし利用可能だった場合、どの帯域か。	この周波数はどのように割り当てられたか。比較審査、オークション等
フランス	はい 1) 電子通信・郵便規制機関（ARCEP）は、2010年1月、2.1GHzにおいて5MHzをFree Mobile社（第4の3Gライセンス）に割り当てた。Free Mobile社はまた、3つの既存のモバイル事業者によって開放された周波数の再割当に続き、900MHz帯において5MHz複信（デュプレックス）を利用する資格を得た。 2) ARCEPは、2010年5月に、2.1GHz帯においても、5MHzデュプレックスをSFR社に、4.8 MHzデュプレックスをOrange France社に割り当てた。 3) 最後に、800MHz帯（790-862MHz）と2.6GHz帯（2,500-2,690MHz）は高速ワイヤレスブロードバンドの目的のために確保された。翌月以降に割り当てられるだろう。	1) 4つ目の3Gライセンスは提案を求める形で割り当てられた（比較審査方式）。9つの示唆基準があった。すなわち、プロジェクトの一貫性と実行可能性、サービス、料金、サービスエリア、展開スピード、業務計画の一貫性とフィージビリティ、サービス品質（QoS）、サービスプロバイダと消費者の関係、環境と雇用への影響 2) 2.1GHz帯の中に残っている周波数は比較審査方式で割り当てられた。これは2つの基準によっている。すなわち、将来の仮想移動体通信事業者（MVNO）取引のための価格コミットメント、金融オファーである。 3) 4Gモバイルネットワークのための800MHz帯と2.6GHz帯の割当が審査に入っている。 800MHz帯の割当は、地理的一貫性の必要性をみなければならないだろう（デジタルディバイドに関する法律、2009年12月17日）
ドイツ	はい。次の周波数範囲。 **800MHz帯** 791.0-821.0MHz及び823.0-862.0MHz **1.8GHz帯** 1,710.0-1,725.0MHz、1,730.1-1,735.1MHz、1,805.0-1,820.0MHz、1,825.1-1,830.1MHz、1,853.1-1,858.1MHz **2GHz帯** 1,900.1-1,905.1MHz、1,930.2-1,940.1MHz、1,950.0-1,959.9MHz、2,010.5-2,024.7MHz、2,120.2-2,130.1MHz、2,140.0-2,149.9MHz **2.6GHz帯** 2,500.0-2,690.0MHz	連邦ネットワーク庁は2010年4月・5月にこれらの周波数範囲をオークションによって割り当てた。結果は次の表のとおり。 | 周波数範囲 （MHz）	落札価格 （EUR）
---	---
800	3,576,475,000
1800	104,355,000
2000	359,521,000
2600	344,295,000
Σ	4,384,646,000	
ハンガリー	周波数帯 a) 2.6GHz帯（2,500-2,690MHz） b) 5.8GHz帯（5,727-5,875MHz） c) 26GHz帯（25.5-26.5GHz）	免許付与の方法 a) 2.6GHz帯：オークション b) 5.8GHz帯：免許免除 c) 26GHz帯：比較審査

表2A.4 [4/6] 周波数割当

国	新世代のワイヤレスサービスのための追加的な周波数は2008年以降利用可能だったか。もし利用可能だった場合、どの帯域か。	この周波数はどのように割り当てられたか。比較審査、オークション等
アイルランド	アイルランドの規制機関ComRegは、3.6GHz、10.5GHz、26GHzの各周波数帯において、いくつかのローカルエリアブロードバンドプロバイダに使用許諾を発行した。3.6GHz帯の効率的な利用を最大化するため、特に、アイルランドが実行しなければならない最近のEC決定の観点から、ComRegは、最終的には、現在の3.6GHz帯FWALA使用許諾スキームと、固定無線アクセス、NWA（Nomadic Wireless Access）サービス、モバイル無線アクセスサービスを最も提供しやすくするスキームを入れ替えなければならない。 ComRegはまた、現在は第2世代のGSMベースのモバイルサービスを消費者に提供するために使われている、900MHzと1,800MHzの各周波数帯の開放をする計画を策定している。 これらの周波数帯の開放により、事業者は、より良い品質でより包括的なサービスエリアにより、より高速の電子通信サービス（例えば、モバイルブロードバンドや他の革新的なサービス）を消費者に提供することができるようになる。	ComRegは、競争と投資を強化するための推進力として、技術中立性の政策を支持している。電波周波数の管理は、より市場志向のものとなり、より事業者に信頼が置ける（消費者の選好により）周波数の最善の利用を決する。 周波数の管理は、非差別ベースで、もし適切ならば競争的な選考メカニズムにより、周波数の権利への迅速なアクセスの円滑化が中心である。 ComRegは、効率的かつ公正な資源の割当を確保するべく努力している。一般的にComRegは、市場の需要に応えるために周波数を利用可能とする際は、オークションなど適切な競争的メカニズムを提供するべく努力している。 ComRegは現在、900MHz帯の開放に向け作業を行っている。これはモバイルネットワーク事業者（MNO）に現在の能力のアップグレードに対する柔軟性を与えるだろう。この周波数の割当についてはオークションを提案した。
アイスランド	いいえ	
イスラエル		

第2章 高速インフラを経由したインターネットへのアクセス

表2A.4 [5/6] 周波数割当

国	新世代のワイヤレスサービスのための追加的な周波数は2008年以降利用可能だったか。もし利用可能だった場合、どの帯域か。	この周波数はどのように割り当てられたか。比較審査、オークション等
イタリア	はい ・900MHz帯：通信規制庁（AGCOM）が、決定n.541/08/CONSにより、2008年に、経済発展省（通信局）とAGCOMが新しいEC規定（改正GSM指令2009/114/CEと付属するEU決定2009/766/CE）によって3Gサービスを許可するために900MHz帯をリファーミングすることとした。当該AGCOM決定は、5MHzブロック単位で900MHz帯の新しい再割当計画を完成させる道を拓いた。5MHzブロックの一つは、従来は2.1GHz帯の周波数のみを持っていた3G新規参入者のために漸進的な方法で利用可能とさせる。事業者のマイグレーションは現在進行中である。特に新規参入者は、技術的に可能な場合、既存事業者の900MHz帯ネットワークを通じて3Gローミングを実施することが予想される。 ・2,100MHz帯：2,100MHz帯における3つの5MHz FDDブロックは、2008年9月に3Gサービスのために AGCOM決定n.541/08/CONSにより利用可能となった。周波数の利用の関連の権利は2009年に経済発展省（通信局）により既存の2G/3Gモバイルネットワーク事業者に対するオークションで割り当てられた。同省の割当手続中には3G新規参入者は現れなかった。 ・2,600MHz帯：AGCOMは、AGCOM決定n.559/08/CONSにより、コンサルテーション結果に基づき周波数割当ルールを微調整しており、また、EC決定n.2008/477/ECを考慮している。当該プロセスはまもなく開始される。 ・1,800MHz帯：1,800MHz帯に係る特定の規制が検討されている（under study）。AGCOMは、経済発展省（通信局）により明らかとなった周波数の利用可能性に関する情報に基づき、EU決定2009/766/CEを考慮しつつ周波数割当ルールを検討している。プロセスは可及的速やかに始まる予定。AGCOM決定n.541/08/CONSはまた、900MHz帯で新規参入者となった3G新規参入者のために、1,800MHz帯で2つの5MHzブロックを確保した。 ・800MHz帯：新しいイタリアの国家周波数割当放送計画に関するAGCOM決定n.300/10/CONSによれば、放送以外のECSによって利用されるモバイルサービスに利用するため、UHF帯の上位帯域（upper part）の割当を想定している。 ・2,500MHz帯：この帯域は電気通信サービスのために利用可能とすべきである。経済発展省と防衛相（現在の割当先）はその条件について議論している。	2009年に、2,100MHz帯で開放された周波数は、経済発展省（通信局）によって、オークションの手段により、AGCOMのルールや決定に基づいて、TLC Mobile Applications社に割り当てられた。 800MHz、1,800MHz、2,600MHzの各周波数帯（TLC新世代ワイヤレスサービス）における周波数のため、オークションが割当手続として予定されている（800MHz帯のためのAGCOM決定n.300/20/CONSと2,600MHz帯の決定n.559/08/CONS）。手続は間もなく固まる予定。
日本	2009年6月、LTE（3.9G）技術のために1.5/1.7GHz帯の周波数が割り当てられた。	開設計画の適用は総務省が特定基地局の開設に関する指針を公表し、当該開設計画が審査によって認められたのちに承認される。
韓国	IMT-Advancedのための800/900MHzと2.1GHzの各周波数帯が割り当てられた（周波数割当計画が2009年2月22日に通知され、割当は2010年5月に完了した）。 ・割り当てられた周波数は、20MHz帯域で800MHz帯、900MHz帯、2.1GHz帯であった。	周波数チャージ割当の方法：比較審査＋割り当てられる周波数の経済価値を考慮した周波数チャージの割当。周波数チャージは、周波数の利用期間の予測販売収益、帯域、当該周波数の特徴を踏まえて計算される。
ルクセンブルク	いいえ	いいえ
メキシコ	2009年の間、1,850-1,910/1,930-1,990MHz帯と1,710-1,770/2,110-2,170MHz帯のための周波数入札の手続が開始され、2010年5月25日に割り当てられた。	同時競り上げプロセス（オークション）による。

131

表2A.4 [6/6] 周波数割当

国	新世代のワイヤレスサービスのための追加的な周波数は2008年以降利用可能だったか。もし利用可能だった場合、どの帯域か。	この周波数はどのように割り当てられたか。比較審査、オークション等
オランダ	2008年1月1日：2,010-2,019.7MHzをモバイル通信に割当。 2008年1月1日：2,500-2,690MHzをモバイル通信に割当（aeronauticalアプリケーションを除く）。 2010年1月20日：1,900-1,980MHzにおける国家周波数計画（NFP）におけるIMT2000技術の制限的な利用がキャンセルされた。 2010年1月20日：2,019.7-2,025MHz NFPにおけるIMT2000技術の制限的な利用がキャンセルされた。 2010年1月20日：2,010-2,170MHz NFPにおけるIMT2000技術の制限的な利用がキャンセルされた。 2010年8月：900MHzの周波数帯と1,800MHzの周波数帯。NFPにおけるGSM技術の制限的な利用がキャンセルされた。	2008年：2,010-2,019.7MHzは、使用許諾されていない（2010年の2.6GHz帯オークションの対象であった）。 2008年：2,500-2,600MHz オークション 2010年：1,900-1,980MHz オークション 2010年：2,019.7-2,025 MHz オークション 2010年：2,110-2,170MHz オークション
ノルウェー	ノルウェーは2007年に技術中立性ベースでオークションによって2,500-2,690MHz帯を割り当てた。また、790-862MHz帯を新しいサービスのために利用可能にした。割当はまだなされていないが、2011年中になされる予定。	790-862MHz帯はオークションを通じて割り当てられる予定。2.6GHz帯はオークションによって割り当てられた。
ニュージーランド	いいえ	割当の際にはオークションによるだろう。
ポーランド	Mobyland：1,800MHz帯 Centemet：1,800 GHz帯 Aero2：2,620 GHz帯	オークション
ポルトガル	はい。新世代ワイヤレスサービスのための追加的な周波数が2008年以降に利用可能となっている。 2008年には国ベースで450-470MHzにおいて2x1.25MHz。 2009/10年には、地域ベースで3.4-3.8GHz帯の2x28MHzの36ロット（1地域4ロット）。 ポルトガル通信委員会／国家通信庁（ICP/ANACOM）は2.5-2.69GHz帯についてパブリックコンサルテーションを開始し、おそらく1,800MHz帯と2,100MHz帯の残存周波数と共に2011年中に割り当てることが計画されている。 MHz帯の追加の周波数もまた利用可能であり、近い将来に割り当てられることが見込まれている（e-GSM）。	450-470MHz周波数帯については、美人コンテストが利用された。一方、3.4-3.8GHz周波数帯については、周波数オークションが実施された。2.6GHz帯については、おそらく残りの周波数（例：1,800MHz帯と2,100MHz帯）と共に、ICP/ANACOMがオークションを実施することを計画している。
スロバキア	800MHz、1,800MHz、2.6GHz、そして3.6-3.8GHzの各周波数帯は、関連EU指令と決定により、新世代のワイヤレスサービスのために特定されている。 800MHz帯の周波数は、2011年10月以降、アナログ地上派テレビ放送の切替後に利用可能となった。 2.6GHz帯はMMDS事業者によって利用されている。これらの免許は、2011年12月31日に期限が切れ、延長はされない。	800MHz帯と2.6GHz帯の各周波数帯は、2012年上期に、ブロードバンド電子通信サービスを提供する事業者に対して準備入札（prepared tender）の対象となる。 手続はまもなく定まる。
スロベニア	いいえ	
スペイン	2011年に2,500-2,690MHzと790-862MHzの各周波数の報酬プロセスが開始されることが見込まれている。 790-862MHzは、遅くとも2015年1月1日までに利用可能になるだろう。	左と同じ
スウェーデン		
スイス		
トルコ		
英国	いいえ	割当の際にはオークションによるだろう。
米国		

出典：OECD（2011c）, *OECD Communications Outlook 2011*, Chapter 5, OECD Publishing, *http://dx.doi.org/10.1787/comms_outlook-2011-en.*

第3章

イノベーションと持続可能性：
デジタルコンテンツとグリーンICT

　本章では、ソウル宣言において重要と指摘されたイノベーションと持続可能性という2つの分野に焦点を当てる。具体的には、デジタルコンテンツと「グリーン」ICTである。デジタルコンテンツに関しては、取り組むべき課題として、デジタルコンテンツ市場の発展、ローカルコンテンツ、公共部門の情報、インターネット仲介者の役割、そして、知的財産権がある。グリーンICTの面では、取り組むべき課題として、資源効率的なICT、センサーベースのネットワーク、スマートグリッドなどのスマートICTアプリケーションがある。

はじめに

　経済成長と持続可能性のためのイノベーションという課題への取組について、2008年のソウル閣僚宣言は、**デジタルコンテンツ**を見ることでイノベーションに焦点を当てること、そして、いわゆる**「グリーン」ICT**を通じて持続可能性に取り組むことを決定した。本章では、2008年以降のこれら二つの分野の進展を見て、宣言以降に出てきた新しい分野と課題の分析をする。この国際レビューは、主に『OECD情報技術アウトルック2010』（OECD, 2010a）のための各国の進捗に関する質問票への回答とOECDの出版物に基づいている。

第1節　経済成長のための革新：デジタルコンテンツ

1.1　ソウル宣言とデジタルコンテンツ

　経済が知識経済へと移行した際、デジタルコンテンツは多くの産業を形作ることで経済的・社会的発展に影響を与えており、ますます重要かつ広汎な部門となった。2008年の「デジタルコンテンツのためのOECD政策ガイダンス」は、これらの発展を踏まえ、政策の議論、策定、レビューのための土台を敷くことを目的として原則を示した（OECD, 2008a）。加えて、閣僚たちは、ソウル宣言の中で次の目標を定めた。

- 「インターネットベースのイノベーション、競争、利用者の選択を促進する」
- 「制作者の権利と利用者の利益を十分に認める、デジタルコンテンツの制作、流通、利用のための、新しい協同的なインターネットベースのモデルとソーシャルネットワークの奨励」
- 「様々な能力、教育、スキルを持った人々を経済的・社会的により取り込むた

第3章　イノベーションと持続可能性：デジタルコンテンツとグリーンICT

め、また、文化的・言語的多様性を保全するため、ローカルコンテンツと多言語翻訳を作り出すとともに、すべてのコミュニティによるインターネットと関連ICTネットワークの利用を促進する」
- 「公共部門の情報、科学的データを含むコンテンツ、文化遺産の作品をデジタルフォーマットの形で、より広くアクセスできるようにする」
- 「知的財産権への尊重を確保する」
- 「デジタル海賊行為と戦う努力と、制作者や利用者、我々の経済全体に利益をもたらすような形で作品を制作し普及させるインセンティブを制作者や権利保持者に与える革新的なアプローチを結び付ける」
- 「インターネットのセキュリティや安定性に対する脅威との戦い、国境を越えたやりとり、情報へのアクセス拡大、といった分野においてインターネット経済のための政策目標を達成するため、仲介者も含む様々な行為者の役割を検討する」

ここで、我々はまず、デジタルコンテンツの分野における2008年以降の主な発展と様々な政策取組を見ていく。また、この章の最後では、デジタルコンテンツの分野と密接に関連する公共部門の情報についても見ていく。

1.2　オンラインコンテンツ市場における最近の進展
ゲーム、音楽、映画、ニュース、広告産業

　デジタルコンテンツ[1]市場は著しい年間成長率を示し、オンライン上の収益のシェアは大幅に増加している。この急速な増加は、いくつかの要因により支えられている。例えば、デジタルリテラシーの向上、費用の低下、参加型ウェブの成長、モバイルアクセス端末の利用の増加、そして基盤となる固定及びモバイルのブロードバンドインフラの改善（第2章を参照）。しかし、成長率は様々なデジタルコンテンツの分野と活動ごとに異なっている。

　図3.1は、OECDが長年追ってきた様々な産業におけるオンライン上のコンテンツのシェアとその成長を示している。ゲームと音楽のコンテンツ産業は、

オンラインとオフラインを合わせた市場全体で最も大きなオンラインのシェアを持っており、少なくとも全収益の30パーセントを占めている。最も速く成長しているオンラインコンテンツ産業は映画産業であるが、低いレベルからの出発であり、30.8パーセントである。これに、23.6パーセントのゲーム、14.9パーセントの広告が続く。額として最も大きな市場はオンライン広告市場であり、収益は705億米ドルに達し、群を抜いている。これにゲームが227億米ドルで続いている（表3.1を参照）。

ゲーム産業は、オンラインの潜在力を利用することに最も成功してきた（不正コンテンツダウンロードやオンライン海賊行為は存在するが）。ゲーム産業はそのビジネスモデルにオンライン活動を取り入れ、特にスマートフォン向けにモバイルゲームの特性を活用してきた（OECD, 2010aも参照）。クラウドコンピューティングゲームサービスも数年前から出てきている。

図3.1　オンラインコンテンツシェアと成長、2009-10年

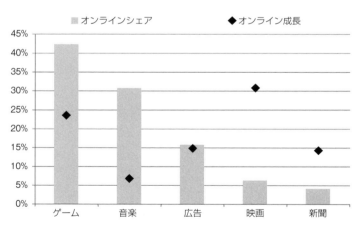

出典：PricewaterhouseCoopers（2011）, Global Entertainment and Media Outlook - Industry overview, PricewaterhouseCoopers LLP, New York.

ここ数年間でオンラインコンテンツが発展する中、バリューチェーンやビジネスモデルにおける進展もあった。オフラインのバリューチェーンと比較して

第3章　イノベーションと持続可能性：デジタルコンテンツとグリーンICT

表3.1　オンラインコンテンツ産業の市場規模と成長

	ゲーム[1]	音楽[2]	広告[3]	映画[4]	新聞[5]
収益（全世界）2010年	537億米ドル	234億4,000万米ドル	4,422億9,000万米ドル	841億9,000万米ドル	1,597億米ドル
市場成長（全世界）2009-10年	5.1%	-7.7%	5.8%	3.2%	0.0%
オンライン収益 2010年	227億米ドル	71億9,000万米ドル	705億2,000万米ドル	52億8,000万米ドル	65億6,000万米ドル
オンライン市場成長 2009-10年	23.6%	6.9%	14.9%	30.8%	14.3%
オンラインシェア 2010年	42.3%	30.7%	15.9%	6.3%	4.1%

1. グローバルなコンピュータとビデオゲームの収益には、コンソールゲーム、PCゲームオンラインゲームと無線ゲームが含まれる。オンライン収益はオンラインとワイヤレスゲームが含まれている。
2. グローバルな音楽収益は、物理的・デジタル音楽を含む。オンライン収益はPCとモバイルのダウンロード契約を含む。
3. グローバルな広告収益とは、次のメディアの広告の支出を含む。すなわち、印刷公表物、テレビ、ラジオ、映画、家の外、ビデオゲームとインターネット（固定と無線）。
4. グローバルな映像・ビデオの収益には、テレビのライセンスは入っていない。オンライン収益は支払済の映画ダウンロード、ストリーミング、（モバイル）契約を含む。これらは、IPTVは対象となっていない。
5. グローバルな新聞収益は広告と配布も対象としている。オンライン収益は、オンライン新聞の広告収益やオンライン配布も含む。

出典：PricewaterhouseCoopers（2011）, *Global Entertainment and Media Outlook - Industry overview*, PricewaterhouseCoopers LLP, New York.

それほど重要ではなくなりつつある活動もある（例：CDやDVDなど物理的な媒体の製造や流通）。一方、新しい活動がバリューチェーンに沿って生まれてきた。近年、サポート機能やコンテンツアグリゲーション、流通（例：音楽ストリーミングサービス、検索エンジン、オンラインショップ、スマートアプリ「apps」、後述のインターネット仲介者のセクションも参照）を提供する様々な形の情報仲介者が育ってきている。

　新しいビジネスモデルも出てきている。オフラインの世界での発展を反映したものがある一方、オンラインならではのビジネスモデルもある（例えば、バーチャル商品の販売やプロ契約アカウント）。表3.2は、コンテンツ部門によるビジネスモデルの概観を示している。**オンライン広告**がかなり大きな収益を生んでいる一方、他のすべてのコンテンツ産業はいまだにデジタルコンテンツの収益を上げるため、最良の持続可能なビジネスモデルの試行錯誤を行っている。

全体として、ペースは様々であるものの、映像、ゲーム、ニュース、広告のコンテンツ部門は過去数年で成長してきている。しかし、成長率は大きいものの、オンラインコンテンツ部門の与える影響はいまだ不明確である。『OECD情報技術アウトルック2010』（OECD, 2010a）によれば、「設立された会社は調整圧力に直面しており、企業の数の増大は比較的少ない直接収益のための競争をもたらし、新しいデジタルコンテンツのバリューチェーンにおいて新しいパートナーシップや収益共有型契約をまとめることは複雑である。オンラインモデルへの移行はより弱い市場参加者をはじき出すため、集中が進んでおり、オンライン活動では集中がより進んでいるように見える」（OECD, 2010a, p.188）。オンラインコンテンツは流通（例：音楽や映画）分野における伝統的なバリューチェーンに大きな影響を与えている。さらに、製造サイドへの影響は、利用者制作のコンテンツの量や新しい形の広告やゲームなどを通じて常に大きくなってきている。

表3.2　進展する特定分野のオンラインビジネスモデル

ユーザ生成コンテンツ	多くが無料または自主的寄付。契約ベースと広告ベース、企業間（B2B）の技術の使用許諾の収入が増えている。収入は、利用者情報の販売や利用者コミュニティにアクセスを提供することでさらに生み出される。
コンピュータとビデオゲーム	多くがデジタルコンテンツ販売（インターネットの機能によるゲームの購入）と契約ベースの収入。広告ベース、バーチャルアイテムの販売の収入などが増えている。
映画とビデオ	多くがデジタルコンテンツ販売（ペイパービュー（訳注：視聴ごとの支払い）。広告ベースのビジネスモデルの例もいくつかあり。契約ベースの収入が増えている。
音楽	多くがデジタルコンテンツ販売（トラックごとの支払い）、広告ベースのビジネスモデルの例もいくつかあり。契約ベースの収入とコンサートや任意拠出からの収入が増えている。
ニュース	多くが、オンライン広告、オンラインクラシファイド広告、コンテンツ使用許諾を通じた収入。
広告	主に検索広告（クリックごと、行動ごとの費用モデル）と表示広告。消費者行動ターゲティング広告が増えている。

出典：OECD（2010a）, *OECD Information Technology Outlook 2010*, OECD Publishing, *http://dx.doi.org/10.1787/it_outlook-2010-en*.

　ソウル宣言以降、オンラインコンテンツ制作、流通、利用に関する4つの新しい追加的分野が現れた。4つの分野とは、オンラインニュース、仮想世界、

第3章　イノベーションと持続可能性：デジタルコンテンツとグリーンICT

ローカルコンテンツ、インターネット仲介者であり、これらは我々の分析対象でもある。まずはオンラインニュースの発展の詳細について議論する。

オンラインニュース

　伝統的な新聞の読者数と広告収入は減ってきている一方、インターネットはニュースの重要な供給源となった。OECD加盟国の間では、個人がニュースをオンラインで読む割合は日々増え続けている（図3.2を参照）。4つのOECD加盟国（アイスランド、ノルウェー、韓国、フィンランド）では、16歳から74歳までの個人の70パーセント以上がオンラインニュースを読みダウンロードしている。頻度という点では、オンラインニュースを読むことが電子メールと検索に次いで3番目に人気のインターネット活動となっている（OECD, 2010b）。しかし、相対的な重要性という点では、テレビと新聞がいまだに最も重要な情報源であり、新聞部門のオンラインシェアは2008年でわずか約3パーセントにすぎなかった。しかし、これは変わりつつある。インターネットにより、新聞とテレビは地歩を失いつつある。現在、オンラインニュースは主にオフラインニュースを補完している。人口動態学の点では、より若い人々は高齢の世代よりもオンラインニュースをより積極的に読む傾向がある。加えて、オンラインの読書習慣は、オフラインの読書習慣と比較して、異なったパターンを示している。インターネット利用者は典型的には様々なニュース源を信頼する一方、ニュースへのアクセスはずっと散発的であり、自然発生的である。そして、伝統的な新聞の読者と比較して、インターネット利用者が読むニュースの範囲はより断片的である。

　オンラインニュースの主要な推進力は、社会的要素と共に、技術的発展、新しいオンラインサービス提供、インターネット仲介者のビジネスモデル、携帯端末の成長が挙げられる。技術という点では、いくつかのフォーマット（例：HTML、XML）を統合したデジタルコンテンツ管理システムの他、ブロードバンドの利用可能性の向上や新しい情報提供技術（例：ニュースアグリゲーション技術）が重要な推進力として機能してきた。インターネット仲介者もまた、

ニュースを集約するなどして重要な役割を果たしてきた。利用者はスマートフォンや電子書籍により、どこからでもリアルタイムにオンラインニュースにアクセスすることができる。参加型ウェブは新しいオンラインニュースの形を促し、より分散的なニュース制作に寄与してきた。

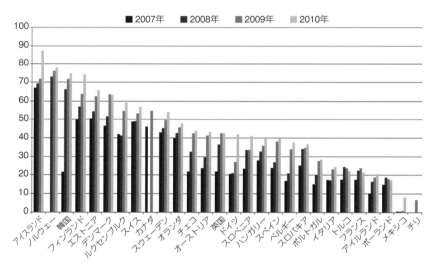

図3.2　私的目的でオンライン新聞／インターネット上のニュース雑誌を読んでいる／ダウンロードしている個人の割合
16歳から74歳までの個人の割合（％）

注：オーストラリアのデータはない。米国のブロードバンド調査からの最新の公式データは2003年以降のものである。2008年の数値はPew Internetから採用された。グラフの数値は四捨五入されている。データは、OECD (2010b) のアップデート版である。
出典：OECD (2010b), *News in the Internet Age: New Trends in News Publishing*, OECD Publishing, http://dx.doi.org/10.1787/9789264088702-en.

これらの技術とインターネットの発展は、プレーヤーとビジネスモデルを変えた（OECD, 2010b）。つまり、多種多様な背景（例：新聞、放送会社、インターネット会社）やビジネスモデル基盤を持つ複数のニュース供給者が、リアルタイムでグローバルなニュース環境で競争している。これらのプレーヤーの多くは、コンテンツを販売することで収益を生むことに主として焦点を当てて

第3章　イノベーションと持続可能性：デジタルコンテンツとグリーンICT

いるわけではなく、伝統的な新聞が直面するのと同様の固定費をかかえているわけでもない。コンテンツからの直接の収益はいまだ小額で、収益の大部分は広告を通じて生み出されている。多くの調査の報告によれば、新聞は別として、消費者はいまだにコンテンツに支払うことをためらっているが、支払ってもよいという意向の消費者も増えつつある。ただし、ニュースコンテンツであっても、支払ってもよいという意向の消費者の数は非常に少ない数からの増加となっている（OECD, 2010b）。

　変化するニュース環境は、社会や民主主義一般にとってのニュースの重要な役割に関し、機会と課題の両方を生み出す。良い側面としては、オンラインニュースの制作と配信は最も独立しておりダイナミックであること、そして、インターネットは幅広い多様なニュースへのアクセスを提供することであると言われる。加えて、インターネットは、1）起業家的ジャーナリズムのため、2）現在のイベントや討論についてより幅広い一般の人々が意見を出せるようにするため、3）新しいタイプのニュース型ジャーナリズム（時には調査報道）の非営利ベンチャーのため、プラットフォームを提供する。一方、課題面としては、ジャーナリズムの質が下がっていること、インターネットでは読者に当該情報の正確性と質について明らかにしないままになる可能性が挙げられている。この議論は、オンラインビジネスモデルで適切に機能しているものがないという複数のアナリストの評価に基づく。加えて、娯楽目的や広告主に魅力的に映るよりやわらかいニュースとなる傾向があるという。真実はおそらく二極間のどこかにあるはずである(OECD, 2010b)。インターネットは変化が激しいため、この段階で正確な結果を予想することは難しい。

仮想世界

　仮想世界は、企業、政府、国民に対し、社会的やりとり、事業プロセスの改善、研究活動の加速化のための機会を提供する。仮想世界は、「インターネットが介在する『空間』、多くの人々が単に娯楽のためだけではなく、学習、科学的研究、ヘルスケア、防衛、そしてそれ以外の分野のために出会い、リア

ルタイムで相互にやりとりする場（「シリアスゲーム」[2]）」である（OECD, 2011a）。仮想世界の推進要素は、手ごろだが性能の良いコンピューティング端末、より良いグラフィックプロセッサ、高速ブロードバンドの迅速な普及が挙げられる。仮想世界は、1）エンターテイメントやソーシャルネットワーキング、2）教育と訓練、3）電子商取引とeビジネス、4）研究と開発、5）テレワークと電話会議、6）電子政府と公共部門情報の分野で見ることができる。

図3.3　google.comにおける週間ウェブ検索から見た「仮想世界」に対する関心、2004-10年

2010年8月1日から7日を100とした指数、4週間移動平均

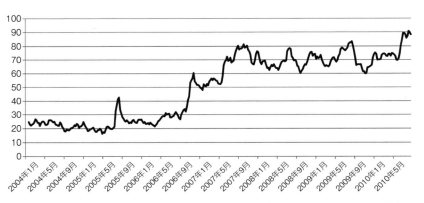

注：当該指数は、ランダムで抽出したユーザが、「仮想世界（virtual world）」という言葉をある一定の時間に検索している可能性を示すものである。
出典：Google Insights for Search,（2004）, Virtual world, www.google.com/insights/search/#q=%22virtual%20world%22.

2008年の仮想世界に係る大々的宣伝（例：「セカンドライフ」）の割には、2008年以降利用は緩やかにとどまっており、経済危機により当該部門での統合もあった。しかし現在、仮想世界に対する関心は、図3.3と図3.4で示すとおり再び増加しており、インテルやノキアなどのICTの先導的企業は、仮想世界の技術に投資を続けている（OECD, 2011a参照）。Messinger et al.（2008）が指摘するとおり、「新聞の好意的報道にもかかわらず、仮想世界が伝統的な

第3章 イノベーションと持続可能性：デジタルコンテンツとグリーンICT

電子商取引や電子政府にどのような価値を付加するか、また、組織や個人がこの価値をいかに利用できるのかはいまだに十分明らかとはいえない」。

図3.4 「セカンドライフ」の中でログインを繰り返した月間のユニークユーザ、2006-09年
単位：1,000人

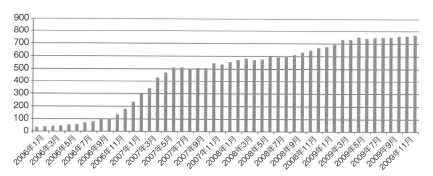

出典：Linden Lab "The Second Life Economy - First Quarter 2009 in Detail" *http://blogs.secondlife.com/community/features/blog/2009/04/16/the-second-life-economy--first-quarter-2009-in-detail.*

ローカルコンテンツ

ローカルコンテンツ[3]に係る最近の取組は、社会は豊富な文化遺産、世界全体の利益のために記録して広めるべき知識ベースを持っているという根拠から発展してきた。国際連合教育科学文化機関（UNESCO）によれば、ローカルコンテンツは、「あるコミュニティでローカルに生成され、所有され、受容された、当該コミュニティの状況に関連する知識や経験の表現や伝達」と定義されている（UNESCO, 2004）。今までのところ、このローカルコンテンツの大部分はローカルコミュニティにのみ利用可能である。

印刷メディアやラジオなどのより伝統的な手段に加えて、インターネットはローカルコンテンツの開発と普及を促す重要な手段となっている。コンテンツをオンラインで公表するいくつかの方法としては、ブログやウィキペディアなどのクラウドソースのウェブサイトが挙げられる。

図3.5　グーグル社によって検索結果に登録されたブログの数（全数）
単位：100万

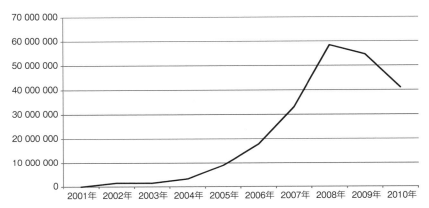

出典：OECD, UNESCO and ISOC（2012），"The Relationship between Local Content, Internet Development and Access Prices", *OECD Digital Economy Papers*, No. 217, OECD Publishing, *http://dx.doi.org/10.1787/5k4c1rq2bqvk-en*.

図3.6　グーグル社によって検索結果に登録されたブログの数
（上位10言語、非英語）

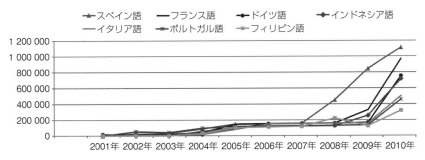

出典：OECD, UNESCO and ISOC（2012），"The Relationship between Local Content, Internet Development and Access Prices", *OECD Digital Economy Papers*, No. 217, OECD Publishing, *http://dx.doi.org/10.1787/5k4c1rq2bqvk-en*.

　発展という点では、グーグル社によって検索結果に登録されたブログの数は2008年以降減っているが、これは主に英語で書かれたブログの減少によるものである（図3.5を参照）。一方、英語以外の他の言語で公開されたブログの全数は着実に伸び続けている（検索結果に登録された上位10の言語は図3.6を参

第3章　イノベーションと持続可能性：デジタルコンテンツとグリーンICT

図3.7　言語ごとのウィキペディア記事の全数

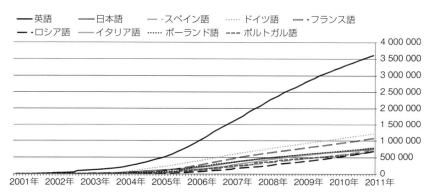

出典：Wikipedia.org（2012），*http://stats.wikimedia.org/*（2012年4月アクセス）．

図3.8　言語ごとのウィキペディア記事の割合（上位10言語）

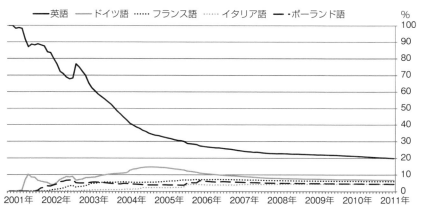

出典：Wikipedia.org（2012），*http://stats.wikimedia.org/*（2012年4月アクセス）．

照）。

　ウィキペディアなどのクラウドソースのウェブサイトは、コミュニティが開発しピアレビューを経たコンテンツの制作、蓄積、普及のためのプラットフォームを提供してきた。このようなウェブサイト自体、オンラインコンテンツの

145

分野の発展を計測する良い方法を提供している。

　一つ目の主要な知見は、ウィキペディアが過去数年で著しい成長を経験したということである。記事数は、図3.7で示されているように、特に英語で急速なペースで増え続けている。二つ目の知見は言語の構成に関連するものである（図3.8を参照）。主に英語などの非常に少数の言語による支配の後、英語のシェアは英語のコンテンツの量は増えているにもかかわらず減少している。ウィキペディアが始まった当初は英語の記事が主にウィキペディアを独占していたが、2011年には「インターネット利用者の27パーセントが英語の話者であると試算されているものの」（OECD, UNESCO, ISOC, 2012）、英語はウィキペディアの全記事の約20パーセントのみであった。

　これらの発展は、ローカルコンテンツの制作から流通まで、インターネットが非常に重要な役割を果たすことの示唆を与えている。おそらく最も大きな貢献は、「制作者が自分たちのコンテンツを非常に低い費用で広く、ほぼ一瞬で流通させることができることである」（OECD, UNESCO, ISOC 2012）。

インターネット仲介者
──インターネット仲介者の機能（OECD, 2010cを参照）

　インターネット仲介者は、第三者間のやりとりと取引を可能にすることによって、インターネットの基本的なインフラとプラットフォームを提供する。インターネット仲介者はその性質上、商業的仲介者と非商業的仲介者に分かれ、インターネットサービスプロバイダ（ISP）、ホスティングプロバイダ、検索エンジン、電子商取引仲介者、決済仲介者、参加型ネットワークプラットフォームが含まれる。主な機能としては、1) インフラの提供、2) 散在している情報の収集、組織化、評価、3) 社会的なやりとりと情報交換の円滑化、4) 供給と需要の集約、5) 市場プロセスの円滑化、6) 信頼の供与、7) 買い手／利用者と売り手／広告主の両方のニーズの考慮である。関連する公共政策課題は、主に仲介者の役割、法的責任、仲介者のプラットフォームの利用者の行動に対する仲介者の責任に関するものである。

第3章　イノベーションと持続可能性：デジタルコンテンツとグリーンICT

——経済成長とイノベーションの源泉

　利用者ベースの世界的な広がりと、音声、データ、映像のIP（Internet protocol）ネットワークへの融合を受け、インターネット仲介者は、情報、電子商取引、コミュニケーション／ソーシャルネットワーク、参加型ネットワークとウェブサービスを通じて一層の社会的・経済的利益を提供している。インターネット仲介者は、生産性の向上、取引費用の低減化、より広いICT部門の成長を通じて経済成長に貢献しており、今や世界的な経済的、社会的活動を支えるインターネットインフラを運営し大部分を維持している。さらに新しいアプリケーションと拡大する利用者ベースのネットワーク容量需要を満たすため、物理的インフラと論理的インフラ（プログラムやアプリケーション）への継続的な投資を支援している。

　インターネット仲介者が提供するサービスは、仲介者としての価値が利用者のクリティカルマスを持っているかどうかによるという点で、ネットワーク外部性を作り出す。また、インターネット仲介者は、利用者と広告主、買い手と売り手などの異なるグループ間の仲介者として**二面性を持つ市場**で事業を行うことが多く、両者を惹きつけ、両者の利益を調整するように計画された料金・投資戦略を採用している。例えば、今や世界の広告収入の10パーセント以上を占めるオンライン広告主により、仲介者のプラットフォームが洗練されたコンテンツとサービスを利用者に金銭的な費用を求めず提供することを可能にしている。他の収益モデルには、有料契約の「オンデマンド」サービスモデル、仲介手数料、寄付によるコンテンツやソフトウェアのコミュニティ開発モデルが含まれる。

　インターネットサービスの変化の速さとその技術的複雑性により、安定的で確立されたビジネスプラクティスを得ることは難しい。また、国の統計分類と必ずしも取引に基づく必要がない活動の新分野との境界が曖昧になっていることにより、計測はより困難なものとなる。それにもかかわらず、利用可能なデータは、これらの市場が成長、イノベーション、競争の重要な源泉となることを示唆している。

例えば、米国の国勢調査のデータは、特定のインターネット仲介者が2008年には、少なくともGDPの付加価値の1.4パーセントを占めたことを示している。具体的には、インターネットサービスプロバイダ（ISP）、データ処理及びウェブホスティングプロバイダ、インターネット検索エンジンが0.6パーセントを占め、小売の電子商取引仲介プラットフォームが0.2パーセント、卸の電子商取引仲介プラットフォームが0.57パーセントを占めている。参考までに、放送及び電気通信部門はGDP付加価値の2.5パーセントを占めており、出版業界は1パーセントを占めている。

インターネット仲介者は、小さな事業を起業し運営する際の障壁を低くし、以前は不可能であった「ロングテール」経済取引（少量多品種の販売）のための機会を創出することによって、雇用と起業家精神を刺激する。また、個人と企業の創造的活動と協調を可能にしてイノベーションを生み出す。また、価格の下落圧力を通じて購買力を向上させ、利用者の強化と選択を円滑化する。利用者の信頼を構築することで、個性の発現や自己表現を可能にし、自由や民主主義といった基本的価値を促進することに役立つ。

1.3　デジタルコンテンツ分野における政策の発展

デジタルコンテンツの制作、流通、利用の便益を活用するため、政府は2008年のソウル閣僚級会合以降、様々な分野で活動してきた[4]。

主な分野として2つを指摘できる。第一に、政府は高速ネットワークへのアクセスなど基盤となる情報通信インフラを利用可能とし、インフラへのアクセスを確保すべく取り組んだ。多くの国では、ブロードバンドインターネットへのアクセスを増やすため大きな投資がなされてきた（OECD, 2012dも参照）。一つの例は、オーストラリアのブロードバンドネットワークの展開（オーストラリアの地域においてブロードバンドのハブを提供することも含む）。また、スウェーデンでは、**モバイルブロードバンドの無線通信**のためにより多くの周波数が利用可能になった。

政府はまた、スキルと教育の分野において、ローカルコンテンツの展開やデ

第3章 イノベーションと持続可能性：デジタルコンテンツとグリーンICT

ジタルコンテンツの利用を直接推進してきた。例えばオーストラリアでは、政府はコミュニティウェブサイトとポータルを立ち上げ、高品質の教育デジタルコンテンツの開発を支援するために、「バーチャルタウン広場」をつくった。ベルギーもまた、文化遺産のデジタルアクセシビリティに着目したHeritage 2.0プロジェクトを通じてローカルコンテンツの開発を推進している。利用者は時間旅行により、個人の関心と好みによって歴史的あるいは文化的場所に訪問することができる。カナダ・インタラクティブ・ファンド（CIF）は、今日の状況をより良く反映させるため、カナダ先住民、民族文化集団、公用語マイノリティ（OLM）コミュニティや他の非営利文化組織によって開発される、新しい形の相互にやりとり可能な文化コンテンツとサービスの創出を支援する。アイルランドでは、国立教育技術センター（NCTE）が、様々なデジタルコンテンツのリポジトリ（訳注：保管されている場所）にアクセスを提供するため、教師、生徒、両親に主な情報源を提供する「World Book」やブリタニカオンラインの提供を通じ、学校のためのデジタルコンテンツを拡大した。

また、政府とその他の利害関係者は、インターネット仲介者のプラットフォームの第三者である利用者の行動に対する役割と責任を調査するようになってきた（OECD, 2011e）。インターネットは経済や社会のあらゆるところに浸透しているため、インターネット仲介者が知的財産侵害防止、児童保護、詐欺の減少、サイバーセキュリティ向上などを支援するよう、政府、知的財産権の保有者、児童保護団体、消費者グループなどから国内や国際的な圧力はますます大きくなっている。

これまでの取組では、インターネット仲介者が自らのプラットフォームやサービスを利用している第三者由来のコンテンツに関連する課題に対処すべきか、いつ、どの程度、どのように対処すべきか、また、オンラインイノベーション、自由な言論、様々なビジネスモデルにとってその結果がどのようなものとなるのかといった問題を探求している。

インターネット仲介者の責任を制限する既存の法的枠組以降、新しい課題が出てきており、既存の課題も規模が大きくなった。インターネット仲介者の範

囲と種類は進化し続け、規制課題と大量の判例法を作り出した。特筆すべきは以下の点である。

- 仲介者とコンテンツプロバイダの概念は、特に参加型ネットワーキングサイトの登場でますます曖昧になってきている。
- 新しい種類の仲介者、役割が増えた仲介者（例：検索エンジンやソーシャルネットワーキングサイト）は、明確なセーフハーバーの必要性と仲介者の様々な活動の分類と規模に係る論点を提起している。
- 著作権、ポルノグラフィー、プライバシー、消費者保護、セキュリティに対する責任という点で圧力と優先度は異なっており、「フリーサイズ」や分野横断的な制度は有効なのか、又は望ましいのか、論点を提起している。
- ある種類のコンテンツや活動については、事後の措置よりも事前フィルタリングがますます求められているか、すでに自主的に提供されている。このことは、法律が介入すべきか、どのように介入すべきか、その費用、自動化の可能性という論点を提起している。
- 公共利益と利用者利益に関する新しい政策提言の費用便益を検証することは非常に重要であり、セーフガードは基本的な権利を確保するために提供されるべきである。
- 政策策定におけるすべての利害関係者への意見招請は、複雑な新しいインターネット政策課題に取り組むために必要なマルチステークホルダーパートナーシップを形成することに役立つ。
- 多国籍企業によるオンラインコンテンツとサービスの世界的な流通とアクセスにより、責任ルールのグローバルな側面がますます重要なものとなってきている。

市場の力や自主規制・共同規制の取組は、多くの場合、立法府の介入の必要なく課題解決に役立ち、事業運営基準を改善し、合理的な考え方を進めることができる。

第3章　イノベーションと持続可能性：デジタルコンテンツとグリーンICT

1.4　デジタルコンテンツに係る将来の取組分野

　デジタルコンテンツの分野では、将来のための様々な取組分野が次のとおり提案される。

- **デジタルコンテンツ、特にオンラインコンテンツのための新しい計測技術**：OECDは、現在欧州委員会と協力して、オンラインコンテンツ統計も含む、新しいインターネットベースの統計の開発に向けて実行可能性調査を行っている。この研究に基づき、計測技術を向上させるため、特に検索エンジンで検索されたデータを利用する追加的な方法を開発することが考えられる。
- **デジタルコンテンツ、特にオンラインコンテンツの影響を計測する**：インターネットはOECD加盟国にとって、イノベーションの主要な源泉であり、新しいビジネスモデルを通じたデジタルアプリケーションやコンテンツの流通のためだけでなく、新しいコミュニケーションサービスのための主要な場となった。新しいサービスの開発は、アプリケーションやオンラインコンテンツの流通と同様、経済において重要な役割を果たす。この取組は、新しいコミュニケーション産業とデジタルサービス・コンテンツ産業の経済全体に対する影響を検証する既存の研究に基づく。
- **オンラインコンテンツ分野の将来分析**：現在まで、オンラインコンテンツの分野で分析されてきた部門としては、ゲーム、音楽、映画、ニュース、広告、仮想世界そしてローカルコンテンツがある。ローカルコンテンツが成長するにつれ、UNESCOなどの他の国際機関と協力して更なる取組をすることができる。例えば、ローカルコンテンツを計測すること、教育分野におけるローカルコンテンツの可能性を検証することが考えられる。新しい取組分野に関しては、現在、非常に興味深い進展がデジタル書籍市場とモバイル端末のための「スマートアップス」で起きている（OECD, 2012a）。これら2つの分野の分析もありうる。
- **知的財産の保護**：すべてのデジタルコンテンツの分野では、知的財産の保護

は重要な要素となっている。そのため、著作権の経済に関する取組を行うことが提案される。国内の知的財産システムが進展するにつれ、変化するデジタル環境は、経済成長と社会的イノベーションを推進するために、これらのシステムに対して多くの修正を求めるかもしれない。これは特に技術的進歩により関連産業のビジネスモデルの大きなシフトが見られた分野で当てはまる。IPシステムについてのいかなる議論も十分な経験的証拠を求めている。いくつかの特許に係る研究はあるが、著作権や商標などの経済的重要性に関する経済（特に計量）研究は、これまでのところほとんど行われてこなかった。

- **デジタルコンテンツとビッグデータとの関連**：インターネット経済における興味深い新分野は、「ビッグデータ」の分野である。ビッグデータとデジタルコンテンツや特定のコンテンツ分野（仮想世界やスマートアップスなど）との間の関係を分析できる。
- **クラウドコンピューティングとオンラインコンテンツとの関連**：クラウドコンピューティングは、イノベーションと新しいビジネスの創出を促す場を提供する。クラウドコンピューティングとオンラインコンテンツに係る将来の取組という面では、いかにクラウドが様々な形のオンラインコンテンツの制作、蓄積、普及に影響を与えるか、そして、いかにクラウドコンピューティングとオンラインコンテンツの相互連携がソウル宣言で求められていたような「大学、政府、公的研究機関、利用者、企業が協力的なイノベーションネットワークで協働する」ことの奨励に役に立つか検証できる（OECD, 2008a）。
- **公共政策目的を進めるため、インターネット仲介者に関与させることの費用と便益**：インターネット仲介者が公共政策目的を進める役割を果たす取組は数多くあるが、これらはいまだに初期の段階である。しかし現在、いくつかの分野（例えば、マルウェアによるセキュリティの脅威や偽造と戦うISPの役割に関して）でデータが利用可能となっている。定量的にも定性的にも全体の費用便益を分析することは、政策論議を国際的に喚起するのに役立つ。

第3章　イノベーションと持続可能性：デジタルコンテンツとグリーンICT

1.5　公共部門情報に係る将来の取組分野

公共部門情報（PSI）は、デジタルで送信されることが多いため、デジタルコンテンツと密接に関連している。以下では、この分野の発展とありうべき将来の取組分野を見ていく。

2008年「公共部門情報へのアクセス強化とより効果的な利用のためのOECD理事会勧告」（OECD, 2008c）は、各国に一般的枠組を提供した。特に、より効率的な分配、イノベーションの強化、新しい利用の開発を通じて、公共部門情報への公共投資のリターンを増やすことと、より良いアクセスと幅広い利用・再利用から経済的・社会的便益を増やすことが目的であった。当該勧告は、枠組となるいくつかの原則を概説した。次のリストはこれらの原則の見出しである。

- オープン性
- 再利用のためのアクセスと透明性の条件
- 資産リスト
- 品質
- 完全性
- 新技術と長期保全
- 著作権
- 料金
- 競争
- 官民パートナーシップ
- 国際アクセスと利用
- ベストプラクティス

公共部門情報は、公共コンテンツに係る連続性の上に位置付けられる。公共部門情報は、容易に再利用可能な政府によって生み出された情報（例：地理情

報、気象情報)であり、公共コンテンツは公共財事業のために政府によって保持され、公共の文化的所有物、パブリックアーカイブ等を含む。

公共部門情報の再利用には幅広い具体例がある。いくつかの著名な具体例は以下のとおりである。

- Buienradar.nl：ウェブサイトや携帯アプリケーションを通じて、オランダの高解像度の雨雲レーダーイメージと、どこに雨が降るのか予報を提供する。Multiscope（2010）によれば、オランダにおいて最も利用されるウェブサイトのトップ10に入る。当該ウェブサイトは、オランダのオランダ王立気象研究所（KNMI）から入手したイメージを利用している。
- **フライト追跡ウェブサイト**：これは乗客によって、また、様々な商業組織、例えば航空会社やその企業顧客によってリアルタイムでフライトの追跡をするサイトである。
- **特定の地域の犯罪を追跡するウェブサイト**：例えば、英国の犯罪情報ウェブサイト（*www.police.uk*）は、地域の名称又は郵便番号に基づき、犯罪の概観を説明している。他の加盟国も同様の商業又は非商業ウェブサイトを持っている。
- 多くの地図や地理情報を持つサイトは、公共部門情報に基づいている。より多くの政府が、民間部門の再利用のためにこのデータへのアクセスを開放しており、いくつかの政府にはデータへの無料アクセスを認めているところもある。
- 英国の『ガーディアン（*Guardian*）』紙は、公共政策課題を議論するため公共部門情報をよく利用するデータ専用ブログを持っている。

これは非常に限定されたリストではあるが、公共部門によって保持された情報は、当該情報を収集した公共部門の団体が当初想定していた方法以外の多くの異なる方法で再利用できるということは明らかである。

近年、複数のOECD加盟国は、公共部門情報の再利用を促進するためのプロジェクトを開始した。最も目立つプロジェクトの一つが、2009年の米国政

第3章 イノベーションと持続可能性：デジタルコンテンツとグリーンICT

府のDATA.GOV（*data.gov*）である。これは、公共部門情報の中心的な資産リストとリポジトリとなることを狙ったものである。この取組は、他の複数の国でも追随された。例えば、英国では、2010年に、Timothy Berners-Lee卿の指導のもと、DATA.GOV.UK（*data.gov.uk*）を立ち上げ、オーストラリアではdata.gov.au（*data.gov.au*）、スペインではdatos.gob.es（*www.aporta.es*）が公共部門のデータの集まる場となった。

インターネットは公共部門情報の更なる再利用を促す主要な推進力であり、データを再利用したい人々にデータを容易に渡すことができる。逆に、データは、インターネットの幅広い普及の前には容易にはできなかったような新しい方法で、ウェブサイト、携帯アプリなどを通じて結合したり、集められたり、表示されたりする。「ビッグデータ」も公共部門情報の再利用を発展させるために重要な流れである。多くの公共部門情報のデータセットは、以前はあまりに大きく、作成した人々以外は管理できなかった。今日では大規模なデータセットは普通となり、利用者がこれらのデータセットを意味のある方法で扱うことができるツールが開発された。これは、いくつかの大規模データセットを統合し、一覧にすることを可能とした。興味深い例としては、オンライン地図上のフライト追跡情報の表示である。数年前までは、国の航空当局のみがこの情報を提供することができた。

多くの政府と民間の取組は、国内であれ地域レベルであれ、革新的な政府データの利用方法を見つけるためのプロジェクトと競争に投資してきた。そのようなプロジェクトは、データの利用者が新しい利用方法を思いつくことだけでなく、政府が利用可能な様々な情報源の評価やこれらの情報源が第三者に利用可能かどうかを評価するよう促す。

2011年、デンマーク政府は、公共データの革新的な利用のアイデアの勝者が18,000米ドルを得るという競争を主催した。競争に勝ったアイデアは、家のエネルギー効率を最適化するため、政治データを分析するため、公衆トイレを見つけるために公共情報を利用したものであった。同年にポーランドで開催された、オープンガバメントデータキャンプは、公共部門情報を議論するだけで

はなく、新しいプロジェクトについて協働するため、400人の専門家を集めた。これは、様々な政府と非政府組織によって支援されている。

　2012年の勧告の評価は、各国が公共部門情報に関しどのような状態にあるか、その結果がどうなのかをより深く探求するものとなろう。データ分析や政治リーダーの話や行動から、当該トピックが加盟国にとって注目すべきより重要なものとなったように思える。OECDにとって将来の取組の主要分野の一つは、公共部門情報に係る勧告のレビューとなろう。

　もう一つの将来の取組のための潜在的な分野としては、ビッグデータとPSIの繋がりの探究がありうる。

第2節　持続可能性：グリーンICT

2.1　ソウル宣言とグリーンICT

　グリーンICTは気候変動への取組に貢献する。これにより、エネルギー、建築、運輸などの多くの異なる分野において効率性を高め、温室効果ガスの排出を著しく削減できる可能性があるからである。効率性の向上は企業がグリーンICTを活用する経済的なインセンティブを与えるため、グリーンICTの効率的な温室効果ガス削減の影響は重要なものとなってきている。多くのグリーンICTアプリケーションはセンサー技術に依拠しているため、グリーンICTの分野はスマートデバイスの登場とも密接に関連している。

　ソウル宣言において、閣僚たちは「エネルギー効率性の向上や気候変動への対処などのグローバルな課題に取り組むためにインターネットの潜在力を活用する」ことに合意した（OECD, 2008a）。

2.2　グリーンICTにおける最近の発展

　ソウル宣言の主な結果の一つは、「情報技術と環境に関する理事会勧告」（OECD, 2010d）であった。この勧告は、政府に対して、次の対応を求めている。

第3章 イノベーションと持続可能性：デジタルコンテンツとグリーンICT

- 環境パフォーマンス（訳注：活動が環境に与える影響、環境への負荷やそれに係る対策の成果）を向上させ、気候変動に取り組み、エネルギー効率を高め、持続可能な資源管理を増進するため、ICT、気候、環境そしてエネルギー政策を調整
- 製造、利用、寿命フェーズにおける天然資源と材料の持続可能な管理のため、ICT及びICT対応アプリケーションにおけるライフサイクルの視点を採用
- グリーン技術とサービスの研究とイノベーションを支援
- 教育、訓練、スキル開発を通じた、グリーンICT技術の開発
- 基準と環境ラベルを通じた環境パフォーマンスの改善におけるICTの役割の啓発
- ベストプラクティスの幅広い共有の奨励
- グリーンICTアプローチ、アプリケーション、サービスの利用による事例による主導
- ICTに関連するモノとサービスの調達において環境基準をより考慮に入れるため、公共調達を推進
- ICTに関連するモノとサービスの環境への影響測定の奨励
- 政策目標の設定と評価を増やす

当該勧告を実施することにより、政府はICT製品やサービスの環境への影響を制限することができ、ICTを活用することで、他の製品やサービスの利用による環境への影響を減らすことができる。

当該勧告は2010年に採択されたばかりであり、まだ評価されていない。しかし、政府が経済のグリーン化にICTが果たす役割を考える様々な示唆がある。政府は、政府内において、ICTの効率性を高める措置をとり、ICTによりエネルギー消費を削減している。例えば、米国の連邦政府は、政府が利用しているデータセンターの数を、センターの統合やアプリケーションのクラウドへの移行により、2015年には2,100から1,300に削減するプログラムを始めた。その効果は、データセンターで利用されるエネルギーの劇的な削減となるだろう。

他の政府も、財務上の節約・エネルギー節約のために同様のプロジェクトを始めている。

　ICTの活用を通じて経済をグリーン化することのもう一つの例としては、多くの国が始めている電力やガスのネットワークのためのスマートメーターやスマートグリッドの実施である。これらについては、OECD報告書 *ICT applications for the smart grid: Opportunities and policy implications*（OECD, 2012b）で分析されている。これらのプログラムには2つの主な目標がある。一つは、消費者が利用しているエネルギー量について意識啓発を政府が推進するということであり、もう一つは、代替可能なエネルギー源を利用することによる分散的エネルギー生成と配分に対応したネットワークをつくることである。これらのネットワークがスマートになるためには、センサーネットワークを展開することが必要である。これは、*Smart Sensor Networks: Technologies and Applications for Green Growth*（OECD, 2009b）で探究された概念である。

　グリーンICTとそれが実現しうる節約を見るもう一つの方法は、報告書 *Network developments in support of innovation and user need*（Enck and Reynolds, 2009）で探究された。問題は、4つの主要部門（医療、エネルギー、運輸、教育）において国内の光ファイバネットワークを正当化するためにはどの程度の節約が達成されなければならないのかであった。電力部門単体で、波及効果を考慮に入れない前提で、10年で平均して4パーセントから11パーセントの節約があれば、国のFTTHネットワークを構築するために支払う額として見合うと結論付けた。また、運輸分野では、運輸単体で2パーセントから8パーセントの節約が全体のネットワークのために見合うとした。しかし、この報告書は、どうすればこれらの節約が達成できるのかについて示すことを意図したものではなかった。この報告書が示したのは、ICTへの投資は、経済をグリーンにするための投資と相伴うということである。

　グリーンICTスキルを開発することは、課題にアプローチするためのもう一つの方法である。これは、報告書 *ICT skills and employment*（OECD, 2012c）の中で分析された。システムをライフサイクルと環境への影響を念頭

第3章　イノベーションと持続可能性：デジタルコンテンツとグリーンICT

において設計することは、エンジニアが現在もっているものと異なる思考方法を要求する。近年、エネルギー消費はICTシステム設計において、ますます重要になってきているが、そのような設計は手近な問題を解決するということだけではなく、エネルギーや資源の利用にかかる解決法の長期的な影響を予見することも要求するため、従来から、エンジニアにとって取り組むことが困難なトピックとなっている。しかし、この分野は成長が期待されており、それはこの分野に投資されるベンチャーキャピタルの量で示される（図3.9を参照）。

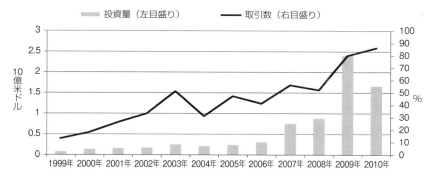

図3.9　ICT集約型クリーン技術に対するベンチャーキャピタル投資、1999-2010年

10億米ドル

注：投資には、次のクリーン技術に注目する企業に対するシード、ファーストラウンド、フォローオン、プライベートエクイティ、メザニン投資が含まれる。1) 電気とハイブリッド、2) 電子織物、3) 電子機器、4) フロー電池、5) リチウムイオン、6) 電力モニタリングとメーター、7) センサー、8) センサーとコントロール、9) スマートグリッド、10) スマート灌漑、11) スマート電気システム、12) スマートメーターとコントロール、13) ソフトウェア、14) ソフトウェアシステム、15) トラフィックモニタリングソフトウェア、16) ウルトラキャパシタ（訳注：蓄電池の一種）。
出典：Cleantech Market Insight Database (2011), www.cleantech.com (2011年9月アクセス).

ICT関連の雇用が必要な分野は、OECD（2012c）において一覧化されている（表3.4を参照）。

159

表3.4　特定のグリーン技術の展開により需要がある職業

グリーン技術	需要がある職業例
エネルギー効率的ビル	電気工、熱・空気調節取付者、大工、建設装置オペレータ、屋根職人、保温工、大工支援者、産業トラック運転手、建設マネージャー、建築検査官
スマートグリッド	コンピュータソフトウェアエンジニア、電気技師、電気装置組立者、電気装置技術者、機械工、チーム組立者、建設労働者、操作技術者、電力線取り付けと修理工
風力	環境エンジニア、製鋼所工員、風車大工、板金工、機械工、電気装置組立者、建設装置オペレータ、産業トラック運転手、産業製品マネージャー、第一線製造監督者
太陽光	電気技師、電気工、産業機械メカニック、溶接工、金属加工業者、電気装置組立者、建設装置オペレータ、取り付け支援者、建設労働者、建設マネージャー
セルロース系バイオ燃料	化学エンジニア、化学者、科学装置オペレータ、化学技術者、混合ブレンド機械オペレータ、農業従事者、産業トラック運転手、農場生産物購入者、農業／山林監督者、農業検査官

　国際レベルにおいては、経済をグリーン化することの重要性は、2011年のグリーン成長に係るOECDフォーラムや4つのグリーン成長に係る報告書が紹介された2011年OECD閣僚理事会で強調された。

- *Towards Green Growth*（OECD, 2011b）は、経済成長の増進と環境を保護するため、先進国と発展途上国の政府のために実践的な枠組を示している。
- *Towards Green Growth: Monitoring Progress - OECD Indicators*（OECD, 2011c）は、政府がグリーン成長に向けた進捗を測定できるようにする枠組やモニタリングツールを概説している。
- *Towards Green Growth: A Summary for Policy Makers*（OECD, 2011d）は主要なメッセージの概観を示している。

　結果としてOECDは、OECDが注目するすべての部門におけるグリーン成長と（グリーン成長の）実現の鍵の一つとしてICTが果たす役割に係る更なる取組を始めた。

第3章　イノベーションと持続可能性：デジタルコンテンツとグリーンICT

2.3　グリーンICTにおける国内政策の進展

　以下では、国内政策のいくつかの具体例を紹介する。これらの例は、『OECD情報技術アウトルック2010』（OECD, 2010a）のための質問票への回答から採用されたものである。

　まず、各国は、ICTイノベーションがグリーン成長を促進するために不可欠な要素であるという事実の啓発を実施してきた。いくつかの会議や専門家会合が開催され、機会や既存の課題、政策課題を議論してきた。例としては、2010年のOECD情報・コンピュータ・通信政策委員会（ICCP）フォアサイトフォーラム「スマートICTとグリーン成長」（OECD, 2010e）や2009年のデンマークにおける「ICT、環境、気候変動」に係る会議（OECD, 2009e）がある。

　加えて、多くの取組が効率的かつ効果的なエネルギー利用を目標としている。いくつかの政府は、グリーンICT政策を採用しており、例えば、オーストラリアのICT持続可能性計画が挙げられる。これはICT製品とサービスの政府調達に向けられたものである。デンマークでは、政府が、高度に仮想化されエネルギー効率的な環境ですべての政府サーバをホストするためのプライベートクラウドを立ち上げることとしている。他の例は、スマートグリッドやスマート輸送の推進の分野で見つけることができる。

　ポルトガルの「InnovGrid」プロジェクトは、スマートメーターの取り付けも含めて、スマートグリッドの利用を促進するために立ち上げられた。このプロジェクトは、遠隔のエネルギー管理を可能にするものである。これは、出力分配システムを安全かつより効率的、環境にやさしいものにすることを狙う米国のスマートグリッド計画と同様のものである。スマート輸送の分野においては、電気自動車、スマートルーティング、高度道路交通システム、公共交通機関のスマートチケットなどのいくつかの取組がある。例えば欧州委員会は、エレクトロ・モビリティー（例：ICT4EVEU、MOBI.EUROPE等）に関する一連のプロジェクトに資金を出している。ドイツやポルトガルなどの多くのOECD加盟国は、エレクトロ・モビリティーに係るプログラムを実施中で

あり、スマートチケットも、例えばリスボンやポルトといったポルトガルの都市の中で非常に進んでいる。

　効率的エネルギー利用に向け取り組むための他の方法としては、エネルギー効率を高め、消費者を教育するため民間部門を関与させることなどが含まれる。例えばオランダは、「長期の合意」プログラムを立ち上げ、この中で、産業側がエネルギー効率を2005年から2010年までの間に年2パーセント改善することを約束した。消費者教育の分野では、デンマークは、民間の自宅で消費される巨大なエネルギー量に対処するための取組を立ち上げた。デンマーク政府は、自宅所有者に自分たちの家で節約可能なエネルギーに係る助言を行うウェブサービスを提供している。

　しかし、エネルギー効率性だけが、各国がグリーンICTの推進のために注目している分野ではない。廃棄物管理の分野でいくつかの政策取組が実施されている。例えば、オーストラリア国家廃棄物政策2020（National Waste Policy for Australia 2020）、エジプトのe-廃棄物管理取組（Egyptian e-Waste Management Initiative）、廃棄物管理にも焦点を当てたエストニアの環境政策2030（Estonian Environmental Strategy 2030）がある。加えて、各国政府は社会的要素や行動的要素を廃棄物管理政策に導入している。例えば、オーストリアは、製品の製造、利用、廃棄処理の環境への影響に係る情報を提供し、環境にやさしい代替製品を消費者に紹介する環境ラベルを実施している。

　政府はまた、低炭素経済への移行に着目している。例えば、オーストラリアは、全国カーボン会計ツールボックス（NCAT）とオーストラリア温室効果ガス情報システム（AGEIS）を実施している。韓国はグリーンICTのための国家戦略を策定し、英国は低炭素産業戦略を策定した。

　国々もまた、環境のためにICTをいかにレバレッジするかベストプラクティスを共有する目的で政策を策定し始めた。例えばデンマーク政府は、多くのグリーンICTの解決法と公共部門と民間部門の両方のユースケースが掲載されたウェブサイトを立ち上げた。また、デンマークIT産業協会とデンマークIT社会と協力してコンペを組織し、デンマークの最も良いグリーンICT取組

第3章　イノベーションと持続可能性：デジタルコンテンツとグリーンICT

を表彰している。

2.4　グリーンICTに係る将来の取組分野

グリーンICT分野における将来の取組は、2つの主要な分野に焦点を当てることができる。

- **ICTの直接の負の効果の削減**：将来の取組としては、モバイルや手で持ち運びできる端末の成長とクラウドコンピューティングの環境への影響を分析することができる。コンピューティングの力からクラウドへのますますの移行は、もはや大容量は不要の「より薄くより小さい」端末を可能にする。このことは、エネルギー消費を著しく削減する一方、端末の数の増加は、その製造のために使用される材料とエネルギーや端末の廃棄に関していくつかの課題を提起する。
- **スマート技術における新傾向**：2011年と2012年に行われた取組に基づき、この分野の取組は、国際エネルギー機関（IEA）を含むOECDの他の部局と協力しつつ、スマートエネルギー供給、スマート水管理、スマート輸送における発展に焦点を当てることができる。これまで互いに分かれていたこれらのスマート技術分野は、ますますインターネットを経由して相互に関連するものとなっている。また、これらの関連を分析するとともに、いかに政策策定者がこれらの分野の融合を扱うことができるのか概観を示すこともできる。

注釈
1. オンラインコンテンツとは、インターネット上、又は他のデジタルネットワーク上で配信されるデジタルコンテンツのことを指す。
2. 「シリアスゲーム」という用語は、文字通り、純粋なエンターテイメントではない分野で使われるゲームのようなアプリケーションをいう際に使われる。
3. ローカルコンテンツの定義は次のとおり。「あるコミュニティでローカルに生成

され、所有され、受容された、当該コミュニティの状況に関連する知識や経験の表現や伝達」(*http://portal.unesco.org/ci/en/ev.php-URL_ID=14206&URL_DO=DO_TOPIC&URL_SECTION=201.html*)。
4. 以下の記述は、『OECD情報技術アウトルック2010』(OECD, 2010a) のための質問票に対する回答に基づいている。

参考文献・資料

Abt, C. C. (2002), *Serious Games*, University Press of America, New York.

Cleantech Market Insight Database (2011), *www.cleantech.com*, accessed in September 2011.

Enck, J. and T. Reynolds (2009), "Network Developments in Support of Innovation and User Needs", *OECD Digital Economy Papers*, No. 164, OECD Publishing, *http://dx.doi.org/10.1787/5kml8rfvtbf6-en*.

Google Insights for Search (2004), *Virtual world*, *www.google.com/insights/search/#q=%22virtual%20world%22*.

Linden Lab (2009), "The Second Life Economy - First Quarter 2009 in Detail", *http://blogs.secondlife.com/community/features/blog/2009/04/16/the-second-lifeeconomy--first-quarter-2009-in-detail*.

Messinger, P.R., E. Stroulia and K. Lyons (2008), "A Typology of Virtual Worlds: Historical Overview and Future Directions", *Journal of Virtual Worlds Research*, 1 (1), at *http://journals.tdl.org/jvwr/article/view/291/245*.

Multiscope (2010), "Top 20 Site Van 2010", *www.telegraaf.nl/digitaal/8513506/Facebook_stormt_top_10_best_bezochte_sites_binnen.html*.

OECD (2008a), *OECD Policy Guidance for Digital Content*, *www.oecd.org/sti/ieconomy/40895797.pdf*.

OECD (2008b), *The Seoul Declaration for the Future of the Internet Economy*, OECD Digital Economy Papers, No. 147, OECD Publishing, *http://dx.doi.org/10.1787/230445718605*.

OECD (2008c), *OECD Recommendation of the Council for Enhanced Access and More Effective Use of Public Sector Information*, *www.oecd.org/internet/ieconomy/40826024.pdf*.

OECD (2009a), *High-level OECD Conference: ICTs, the Environment and Climate Change*, 27-28 May, *www.oecd.org/internet/ieconomy/highleveioecdconferenceictstheenvironmentandclimatechange27-28may2009.htm*.

OECD (2009b), "Smart Sensor Networks: Technologies and Applications for Green

Growth", *OECD Digital Economy Papers*, No. 167, OECD Publishing, *http://dx.doi.org/10.1787/5kml6x0m5vkh-en*.

OECD (2010a), *OECD Information Technology Outlook 2010*, OECD Publishing, *http://dx.doi.org/10.1787/it_outlook-2010-en*.

OECD (2010b), *News in the Internet Age: New Trends in News Publishing*, OECD Publishing, *http://dx.doi.org/10.1787/9789264088702-en*.

OECD (2010c), "The Economic and Social Role of Internet Intermediaries", *OECD Digital Economy Papers*, No. 171, OECD Publishing, *http://dx.doi.org/10.1787/5kmh79zzs8vb-en*.

OECD (2010d), "Recommendation of the Council on Information Technologies and the Environment", C (2010) 61, *http://webnet.oecd.org/oecdacts/Instruments/ShowInstrumentView.aspx?InstrumentID=259&InstrumentPID=259&Lang=en*.

OECD (2010e), OECD ICCP Foresight Forum "Smart ICTs and Green Growth", 29 September, Secretariat Working Document, *www.oecd.org/site/stitff/*.

OECD (2011a), "Virtual Worlds: Immersive Online Platforms for Collaboration, Creativity and Learning", *OECD Digital Economy Papers*, No. 184, OECD Publishing, *http://dx.doi.org/10.1787/5kg9qgnpjmjg-en*.

OECD (2011b), *Towards Green Growth*, OECD Green Growth Studies, OECD Publishing, *http://dx.doi.org/10.1787/9789264111318-en*.

OECD (2011c), "Measuring Progress towards Green Growth", in OECD, *Towards Green Growth*, OECD Publishing, *http://dx.doi.org/10.1787/9789264111318-6-en*.

OECD (2011d), "Executive summary", in OECD, *Towards Green Growth*, OECD Publishing, *http://dx.doi.org/10.1787/9789264111318-2-en*.

OECD (2011e), *The Role of Internet Intermediaries in Advancing Public Policy Objectives*, OECD Publishing, *http://dx.doi.org/10.1787/9789264115644-en*.

OECD (2012a), "E-books: Developments and Policy Considerations", *OECD Digital Economy Papers*, No. 208, OECD Publishing, *http://dx.doi.org/10.1787/5k912zxg5svh-en*.

OECD (2012b), "ICT Applications for the Smart Grid: Opportunities and Policy Implications", *OECD Digital Economy Papers*, No. 190, OECD Publishing, *http://dx.doi.org/10.1787/5k9h2q8v9bln-en*.

OECD (2012c), "ICT Skills and Employment: New Competences and Jobs for a Greener and Smarter Economy", *OECD Digital Economy Papers*, No. 198, OECD Publishing, *http://dx.doi.org/10.1787/5k994f3prlr5-en*.

OECD (2013), "Empowering and Protecting Consumers in the Internet Economy", *OECD Digital Economy Papers*, No. 216, OECD Publishing, *http://dx.doi.org/10.1787/5k4c6tbcvvq2-en*.

OECD, UNESCO and ISOC (2012), "The Relationship between Local Content, Internet Development and Access Prices", *OECD Digital Economy Papers*, No. 217, OECD Publishing, *http://dx.doi.org/10.1787/5k4c1rq2bqvk-en*.

Pollin, R. and J. Wicks-Lim (2008), "Job Opportunities For The Green Economy: A State-By-State Picture Of Occupations That Gain From Green Investments", Political Economy Research Institute University of Massachusetts, Amherst, June, *www.peri.umass.edu/fileadmin/pdf/other_publication_types/Green_Jobs_PERI.pdf*.

PricewaterhouseCoopers (PwC)(2011), *Global Entertainment and Media Outlook—Industry overview*, PricewaterhouseCoopers LLP, New York.

UNESCO (2004), ICT4ID - About Local Content, *http://portal.unesco.org/ci/en/ev.php-URL_ID=14206&URL_DO=DO_TOPIC&URL_SECTION=201.html*.

Wikipedia.org (2012), *http://stats.wikimedia.org/*, accessed in April 2012.

第4章
消費者の強化と保護

　本章では、国内と国際レベルの両方で企業・消費者間（B2C）電子商取引におけるソウル宣言以降の進展を概観する。そして、残っている進展の障害について指摘する。また、重要な現存する／新しい消費者の懸念を惹起する多くの課題について焦点を当てる。課題には、複雑な法整備の状況、不十分な情報開示、詐欺及び欺瞞的な商業慣行、地理的な制約、プライバシーの懸念、不十分な紛争解決と救済を含む。

第1節　企業・消費者間（B2C）電子商取引の進展

1.1　電子商取引市場の成長

　企業・消費者間（B2C）電子商取引の量を測定することは容易ではない。データはすべての国で利用可能というわけではなく、データがあったとしても必ずしも比較可能とは限らない[1]。統計は、その情報源（例：電子商取引プラットフォーム、市場調査会社、公式の政府統計）ごとに異なり、時にはかなり大きく異なる。製品分類（モノかサービスか）、考慮の対象となっている取引の性質（国内取引と越境取引）にもよる。しかし、利用可能なデータと試算によれば、一般的には、2008年以降、市場はグローバルベースで安定的に成長してきたことを示している。民間部門のデータによれば、アジア太平洋地域は、2013年までに最も大きいB2C市場となると予測されている（全売上の34パーセントを占める。2012年は31.1パーセント）。次に、北アメリカ（2013年は全売上の31.6パーセント、2012年は33.4パーセント）、ヨーロッパ[2]（2013年は全売上の29パーセント、2012年は30.2パーセント）が続く（EMarketer, 2012a）。

　OECD地域では、消費者が電子商取引を経由して購入する製品の平均割合は、2007年には個人の約25パーセントだったものが、2011年には32パーセントに増加した。同年、消費者が電子商取引を最も行った国は英国であった（2011年は個人の約64パーセント、2007年は個人の約44パーセント）。英国にデンマーク、ノルウェー、ドイツ、スウェーデン、オランダ、韓国が続いている。これらの国は、オンラインで製品を購入した個人が50パーセントを超えている（図4.1）。

　製品を購入するためにインターネットを利用している消費者の数に加え、他の指標、例えば売上の量等は、成長の計測に役立つと見られている。ヨーロッパでは、2008年と2011年の間、オンライン小売売上の価額[3]が2008年の1,178

第4章 消費者の強化と保護

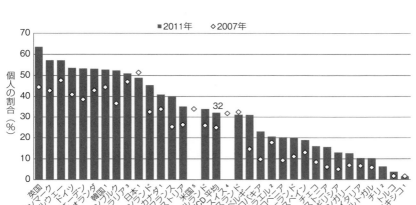

図4.1 インターネットでモノやサービスを注文又は購入した個人、2011年又はデータが利用可能な最近の年

1. 2010年。2. 2009年。3. 2008年。4. 2005年。5. 2003年。
注：欧州連合共同体調査（EU Community Survey）からのデータは、EU各国にアイスランド、ノルウェー、トルコを加えた国を対象としている。データは、16歳から74歳までの年齢の個人を参照している（ただし、カナダは16歳以上、イスラエルは20歳から74歳、日本は6歳以上、スイスは14歳以上）。欧州連合統計局（Eurostat）が対象としている国のデータについては、過去3か月の間に業務としてではなくインターネットでモノやサービスを購入又は注文した個人を参照している。OECD加盟国の残りの国については、過去12か月の間にインターネットで注文した個人を参照している。
イスラエルのデータに関する情報：http://dx.doi.org/10.1787/888932315602.
出典：OECD（2012h），*OECD Internet Economy Outlook 2012*, OECD Publishing, *http://dx.doi.org/10.1787/9789264086463-en*.

億4,000万ユーロから、2011年の2,005億2,000万ユーロまで、ほぼ2倍となった。

英国では、オンライン小売売上は2008年の小売売上全体の8.6パーセントから2011年の12パーセントまで成長した。フランスでは、オンライン小売売上は2011年で小売売上全体の7.3パーセントを計上した。これは、2010年から24パーセント増となる（Center for Retail Research, 2012）。米国では、電子商取引の売上（小売と主要サービスを含む）は2009年と2010年の間に10.3パーセント増加した。米国国勢調査局によれば、電子商取引の売上は、2009年の3,850億米ドルから2010年の4,240億米ドルへと増加し、これは、全体の小売売上の4.4パーセント、輸送、出版（非インターネット）、証券／ブローカー

を含む主要サービス産業における全収益の2.3パーセントに相当する（Census Bureau, US, 2012）。

いくつかの新興国、例えば中国やブラジルは急成長している。ブラジルでは、2011年、オンライン売上の価額が約110億米ドルに達した（約85億ユーロ）。これは、2010年から26パーセントの増加である（Forbes, 2012）。中国はオンライン売上の量が著しく増加し、2008年の1,262億元（約156億ユーロ）から2011年の7,736億元（約939億ユーロ）に増加した。これは、約500パーセントの成長を示している（iResearch, 2012）。2010年3月には、中国のインターネット利用者の41パーセントが月間支出の10パーセント以上をオンラインショッピングで使っている。これは、エジプト、サウジアラビア、南アフリカ、パキスタンやアラブ首長国連邦などの他の発展途上国の状況と対照的である。これらの国では、インターネット利用者の約47パーセントはオンライン購入をしたことがない（Nielsen, 2010）。

多くの収斂する要素が電子商取引の成長を助けてきた。要素としては、1）インターネットとブロードバンドの普及の進展、モバイル端末の激増、2）消費者の選択の強化とより低廉な価格、3）消費者の体験のカスタマイズ、4）競争の進展がある。

インターネットとブロードバンドの普及の進展

2008年に戻ると、ブロードバンドアクセスを利用できる消費者は、電子商取引において最も活動的と言われた（OECD, 2009）。近年では、ブロードバンド接続は主に消費者がより大きなファイルを迅速に比較的低コストでダウンロードすることを可能にすることで、デジタルコンテンツ製品の購入を促進してきた（OECD, 2012, 第5章）。2011年には、OECD地域では、平均して約67パーセントの家庭がブロードバンド契約を報告した（OECD, 2012, 第3章）。

発展途上国においては、インターネットアクセスを持つ家庭の割合は2008年の12.5パーセントから、2011年の20.5パーセントまで増加した。インターネットを利用する個人の割合は、2008年の14.7パーセントから、2011年の24.4

パーセントまで増加した（ITU, n.d.）。

消費者の選択の強化とより低廉な価格

消費者は今日、電子商取引を経由して、より低廉な価格で様々な製品にアクセスできる（OECD, 2012, 第5章）。2010年12月と2011年2月の間に17のEU加盟国で実施された調査によれば、オンライン製品[4]は一般的に、オフラインで販売されるものより、より低廉な価格で提供されており、結果として消費者利益の増加は25億ユーロに達するとされた（Civic Consulting, 2011, p.9）。

電子商取引を通じて今日利用可能な多くの種類の製品の中で、消費者は目に見えないデジタルコンテンツ製品（つまり、電磁的に配達されるモノとサービス）をダウンロードやストリーミングを通じて購入するようになっている。そのような需要の伸びは、多くのOECD加盟国に影響し、近い将来まで上昇し続けることが予想されている。2010年、欧州委員会は、デジタルコンテンツと関連するアプリケーションは2020年までにEU域内でほぼ完全にオンラインで提供されるようになると予測した（EU, 2010）。米国では、2010年には、インターネット利用者の65パーセントがオンラインコンテンツのダウンロードあるいはアクセスのために支払った（Pew Internet & American Life Project, 2010）。

2011年、デジタルコンテンツ製品は、26パーセントの成長率で最も速く成長する電子商取引の分野であり、これに消費者向け電機が続いていた。電子書籍ダウンロードの増加がこの成長の強い推進力と見られていた（ComScore, 2012, p.28）。2012年2月に終わる12か月で、アメリカ人の5分の1が電子書籍を読んでいた（Pew Internet & American Life Project, 2012）。英国では、2009年、消費者の約34パーセントが動画をオンラインでストリーミングしており、20パーセントが音楽をオンラインで購入した（Consumer Focus, 2010）。フランスでは、2011年3月と2012年3月の間、デジタル音楽の売上は15.7パーセント増加した一方、音楽市場の全体の売上は9パーセント減少した（SNEP, 2012）。日本では、2010年、デジタルコンテンツ市場は、2009年から10.9パ

ーセントの増加で、6兆8,158億円（約682億ユーロ）と試算された（DCAJ, 2011）。オーストラリアでは、調査結果によれば、2010年11月から2011年4月まで、消費者の34パーセントが音響又は動画コンテンツをオンラインで購入した（ACMA, 2011）。

消費者の体験のカスタマイズ

　近年、消費者がさらに電子商取引をすることを支援し、より便利な体験を提供するため、報酬とロイヤルティのプログラムがうまく実施されている。例えばアマゾンの「プライム」モデルは年間利用料を支払う必要にあるが、アマゾンの電子書籍専用端末「Kindle」を持っている消費者に制限付き電子書籍の無料貸与を提供する他、最低限の重量条件がない2日の無料配達、多くの映画やテレビ番組の無制限ストリーミングを消費者は利用することができる。これらの特典はまた、限定されているとはいえ、当該契約者が選んだ第三者に移すこともできる。より個人向けで便利な体験を消費者に提供するということには、フルアルバムではなく一つの音楽トラックだけを購入する、本の特定の章だけを購入するといったことを可能にすることも含まれている。例えば、Lonely Planetなどの旅行ガイドブック会社は、消費者が自分の旅行日程に合わせて自社の製品を調整できるようにするため、その国のガイド全体ではなく、ガイドの特定の章だけを購入できるようにしている（印刷できるし、様々なデジタル端末に何度でもダウンロードできる）。さらに、消費者は映画やテレビのためのオンデマンドの「窓」を通じて、テレビイベントや映画の特別封切を見ることもできる。現在、Huluなどの動画配信サービス会社（News Corp、ウォルトディズニー、NBCユニバーサルの動画プラットフォーム）が、月額の契約料に基づきテレビドラマのフルシーズンを消費者が視聴できるようにするなど、窓サービスの提供を拡大している。そして、消費者はモバイル端末、家庭用ゲーム機、インターネットテレビ、パソコンを含む様々なプラットフォームから視聴することができる。

第4章 消費者の強化と保護

消費者の自身の個人データへのアクセス

英国などの国では、商取引の文脈で消費者による自身の個人データへのアクセスを強化することは、消費者に力を与え、イノベーションと市場における競争強化も促進する手段の一つとして重要になってきていると考えられている。そのようなツールは、料金を比較したり取引履歴の概要を手に入れたり自身のデータの価額を見ることができることにより、消費者がよりよく知らされた上で決定をすることに役立つ。2011年、英国は、消費者が電磁的なフォーマットで個人データにより多くアクセスできることを目指し、産業界と共に自主的プログラム「Midata」を始めた（BIS UK, n.d.）。

競争の進展

消費者は今日、1）伝統的なオンライン小売店やクラウドコンピューティングベースの電子商店、ソーシャルメディア（ブログやソーシャルネットワーキングサイト）を含むショッピングプラットフォームや、2）アプリ開発者、モバイル事業者やISPを含む者などからオンライン製品を購入することができる。消費者は、一つ又は複数の国でより安くより良い品質の製品を迅速に特定するために役立つ「製品と価格の比較サイト」を通じて調査できる。

新しいオンライン小売業者による市場への継続的なアクセスは、電子商取引の活動に影響を与える重要な要素として見られており、消費者の購入増をもたらす（FEVAD, 2012）。研究によれば、いくつかの国に跨がっている電子小売業者は、一つないし二つの国だけで製品を売る業者より成長が速い（Oracle, 2011a）。

1.2　変化する消費者の需要

インターネットの遍在、つまり、製品やブランド、幅広い商品選択、より安い価格のオンライン情報により簡単にアクセスできることは、消費者の購買態度、企業の商業戦略を変えた。経済金融危機は、この傾向に拍車をかけた。オ

ンラインでの買い物とオフラインでの買い物は最近までは別々の経験であったが、2つの境界線は曖昧になってきている。消費者はオンラノン上で情報を検索してオフラインで製品を購入するし、その逆もある。オンラインやモバイル、物理的な店舗を含む様々なチャネルを使って広告したり販売したりする企業は、変化する環境の中でも成功すると見込まれている（Oracle, 2011b）。例えば消費者は、製品をオンラインかオフラインで購入する前に、オンラインでテストするかもしれない。消費者は、映画館で映画を見る前にオンラインで下見することができ、ダウンロードする前に曲のトラックあるいはアルバムの一部を聞くことができる。モバイル端末の普及は、「QRコード」、近距離無線通信技術（NFC）、音声信号を通じて、モバイル決済のために近づけることが必要な端末も含め、ロイヤルティ報償（m-vouchersなど）や位置をベースとして提供されるサービスといった付加価値サービスと結び付き、もっぱらオンラインで買い物をしていた消費者を物理的な店舗に戻すことにも役立った。

モバイルコマース

　消費者は電子商取引を行うために、モバイル端末を利用することが多くなっている。モバイルはこの点で主要プラットフォームであり、ここを通じて電子商取引の売上が急速な成長を続ける。消費者の大部分は、児童も青少年も含め、今日ではスマートフォン、タブレット、電子書籍専用端末を通じてインターネットにいつでもアクセスできる。2008年末には、全世界のモバイル加入者数は40億に達し、新興経済がこの分野で最もダイナミックである。2011年末までにこの数は60億に届き、これは全世界の普及率である86パーセントに対応している（ITU, 2012）。英国では、モバイル端末を経由した売上の割合は、2010年第1四半期の電子商取引の売上の0.4パーセントとなり、2011年第4四半期には、5.3パーセントに達した。これは2年間で1,320パーセントの成長率ということになる（EMOTA, 2012）。日本では、モバイル端末を経由した売上は、2008年に134億ユーロになり、2011年には189億ユーロに達した。これは、40.9パーセントの成長ということになる（MIC, 2012）。

第4章　消費者の強化と保護

ソーシャルコマース

　他の消費者、友人や家族のレビューやお薦めを受け、ソーシャルメディアを通じて商品を購入することに対する消費者の関心が高まっているが、これは有望な電子商取引の更なる成長の源泉としても見られている。今日では、消費者はソーシャルメディアに係るレビューや評価を、伝統的な広告よりも透明性が高く、信頼に足るものと見るようになってきている（図4.2）。

図4.2　ソーシャルメディアの影響、2010-11年

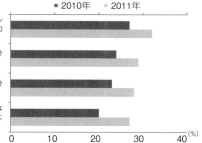

出典：Accenture（2012）, Accenture 2011 Global Consumer Research Survey, www.accenture.com/SiteCollectionDocuments/PDF/Accenture-Global-Consumer-Research-New-Realities.pdf.

　逆に企業は、そのような消費者レビューや評価を、既存の顧客を維持し、より広範囲の潜在的な顧客に手を伸ばすことができる売上の主要な推進力と見ている。ブランドや電子小売業者は、ソーシャルメディアをプラットフォームとして利用しつつあり、そこで、1）直接自らの商品を売る、2）自分たちの商品を宣伝する、3）自分たちの電子商店に誘導する、4）既存又は潜在的な顧客からフィードバックを得ることができる。いくつかの企業は、商品の特徴を再度練り直すためにこれらの情報源を利用し、素早く消費者の期待を満たしている。例えばDell社によって管理されているブログであるIdeastormでは、消費者は同社の商品の改善方法を提案することができる。

オンラインとモバイル決済

近年、企業・消費者間（B2C）電子商取引は、洗練された決済メカニズムが利用できるようになって、容易になってきた。

1. インターネット経由でなされるオンライン決済。特に、
    a）クレジット及びデビットカード。これらはオンライン上の預金口座と関連付けられている場合もある。
    b）電子通貨システム（又はプリペイドサービス）。
2. モバイル決済、これは次のような種類がありうる。
    a）モバイル端末経由でなされるオンライン決済（クレジット、デビット、又はプリペイドカードにより支払われる）。
    b）SMS（ショートメッセージサービス）を通じた決済。
    c）モバイル事業者の請求書による決済（OECD, 2013a）。

2010年、全世界におけるオンライン決済の額は8,240億ユーロと試算され、2013年には1兆4,000億ユーロに達すると期待されていた。グローバルな「m-payment」決済システムは2010年には620億ユーロと試算されており、主に新興国の発展によって2013年までには2,230億ユーロに達すると期待されている（Capgemini, 2011, p.16）。研究では、米国におけるモバイル決済の全取引価額は2012年には6億4,000万米ドルとなり、消費者は中間価格帯の商品（例えば、食料雑貨やガス）を購入するためにスマートフォンを利用し続けるため、2016年にはほぼ620億米ドルまで達することを示している（EMarketer, 2012b）。

モバイル端末の広まりは、近年、消費者がソーシャルメディア活動をより行うようになったことと結び付き、目に見えないデジタルコンテンツ製品の購入などを簡単にできるようにするため、消費者に利用しやすい決済メカニズムを提供する新しいビジネスモデルの開発を推進している。例えば2012年9月に米

国、英国、ドイツで導入された「フェイスブック決済」により、消費者はモバイルネットワーク事業者を通じてソーシャルプラットフォーム上で仮想アイテム（例えばオンラインゲームで利用されている商品）を購入することができる（International Business Times, 2012）。

地理的に、モバイル決済の利用は国ごとに異なる。一般的に、「m-payment」決済システムは、主に低い価額の取引の処理に利用される。米国とカナダでは、モバイル決済は主にデジタル及び仮想のモノ（例えば、音楽、着信音、「ゲーム内」アイテム）を購入するために利用されている。アジアやヨーロッパのいくつかの国では、モバイル決済は交通切符、映画のダウンロード、物理的なモノを含むより幅広い種類の商品を購入するために使われている（OECD, 2013a）。

近距離無線通信（NFC）技術をベースとした新決済メカニズムの導入により、モバイル決済の成長とそれによるモバイルコマースの加速化が期待されている。多くのモバイル事業者、決済カードネットワーク、金融機関がこの点で提携している。例えば、2012年2月、VisaとVodafoneがパートナーシップを締結し、Vodafoneの顧客が小売店で決済端末の前で端末を振るだけで小口購入できるようにすることを目指している。決済はVisaの前払い口座からなされることになる。このパートナーシップの下、Vodafoneの顧客は、安全なパスワードを利用して、高額な買い物をすることもできるようになるだろう（FT, 2012）。

1.3 電子商取引に残る障害

上述の進展により、金融・経済危機にもかかわらず、電子商取引は成長し続けることができ、この成長は多くの経済的・社会的便益を促した。これには、雇用創出（EC, 2012b）、低価格の商品を通じた消費者利益の強化、商品に関する情報とより多様な商品選択の増加などが含まれる。民間部門の研究によれば、2009年にはインターネットはG8各国、中国、インド、ブラジル、韓国、スウェーデンを含む経済のGDPの3.4パーセントを占めていた（MGI, 2011, p.12）。また、フランスでは過去15年でインターネット経済は50万の雇用を破壊した

一方、120万の新しい雇用を生み出したという試算がある。1つの雇用カットによりネットで2.4の雇用が創出されたことになる（MGI, 2011, p.3）。米国では、2010年では、ビジネス部門の付加価値の約13パーセントが、インターネット関連の活動に帰するものであった（企業間（B2B）と企業・消費者間（B2C）の電子商取引活動を含む）（OECD, 2012）。

国内の電子商取引は、いまだ国内全小売売上の小さなシェアしか占めていない。オーストラリアでは、2010年には全小売売上の4パーセントと試算されていた（Productivity Commission, Australia, 2011）。フランスでは、2011年には全小売売上の7.3パーセントであった（Center for Retail Research, 2012）。英国では、2012年2月には全小売売上（燃料を除く）の10.7パーセントであった（ONS UK, 2012）。

国境を越えた電子商取引もまた、遅れている。2011年、欧州連合ではオンライン小売売上は全小売売上の3.4パーセントにすぎなかった（EC, 2012b）。2008年から2011年の間には、EUの消費者の自らの居住国での購入数は、国境を越えた購入の数よりもより早く伸びている。国境を越えたインターネット購入における消費者の信頼は、実際、2008年には6パーセントだったものが、2011年には3パーセントに落ちた（図4.4）。その上、オンライン商品を販売している企業の大部分は、いまだ国内限定で提供している（EC, 2012c, p.47）。

電子商取引への信頼は、企業と消費者の両方が経験している多くの問題から影響を受けている。問題とは、1）実務上の障壁、例えば言語の問題や、企業が効果的な電子商取引のプラットフォームを立ち上げるために必要な時間、配達や決済システムの相互運用性がないこと、2）規制上の障壁、例えば複雑な付加価値税（VAT）システム、電子商取引の課題に対処する枠組（消費者、プライバシー、知的財産、電気通信と競争ルール）が重複していることや規制ギャップを含む。このような困難は国境を越えた取引ではさらに困難になると思われる。

配達の課題（例えば長い配達時間や配達不能）、不十分な情報開示、決済に係るセキュリティ上の懸念、個人データの不正利用は、不十分な紛争解決と

図4.3 国内と国境を越えたインターネット購入（EU諸国）、2008-11年

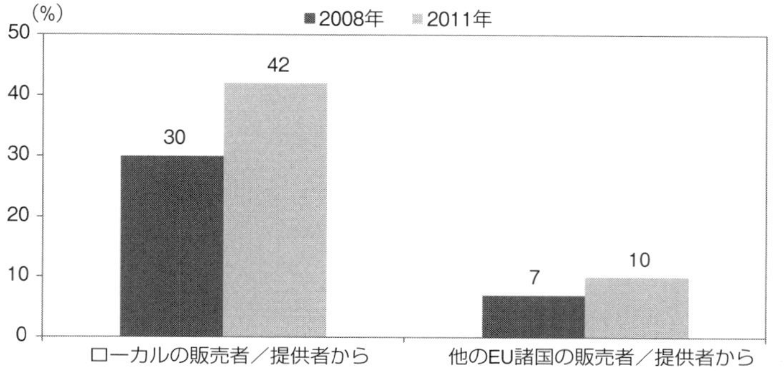

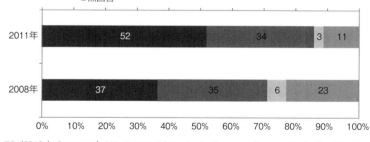

出典：EC（2012a）, Consumers' Attitude toward Cross-Border Trade and Consumer Protection, http://ec.europa.eu/public_opinion/flash/fl_332_en.pdf; EC（2008）, Consumer Protection in the Internal Market, http://ec.europa.eu/public_opinion/archives/ebs/ebs_298_en.pdf.

図4.4 国内と国境を越えたインターネットショッピングにおける消費者の信頼（EU諸国）、2008-11年

出典：EC（2012a）, Consumers' Attitude toward Cross-Border Trade and Consumer Protection, http://ec.europa.eu/public_opinion/flash/fl_332_en.pdf.

救済メカニズムと同様、OECD地域のオンライン買物客から報告される国内・越境電子商取引の双方における主要な問題である。しかし、これらの課題は地域によって異なり、また同じ地域の中でも異なるかもしれない。EUの消費

者市場研究によれば、回答者の35パーセントが、オンラインショッピングにおける他のEU加盟国からの長い配達時間に関する懸念を報告した。具体的には、いくつかのEU加盟国、例えばポーランド（49パーセント）、ルーマニア（46パーセント）、ブルガリア（41パーセント）、英国（40パーセント）では大きな懸念となっているように見える。一方、例えばハンガリー、マルタ、キプロス[5]など他のEU加盟国では、懸念はそれほど重大なものとはなっていない（Civic Consulting, 2011, p.132）。米国内では、長い配達時間に一部のオンライン買物客にとって懸念ではあるものの、プレミアム配達サービスやアマゾンの同日配達に向けた取組のような、より新しいイノベーションによって、大部分軽減された。

英国が2009年に行った調査によれば、インターネット買物客の約19パーセントが2008年1月から2009年までの間に少なくとも1つの問題を経験したという。2006年ではこの数字は16パーセントだった。英国における主要な問題は、1) 商品配達（48パーセント）、2) 商品損傷・欠陥（6パーセント）、3) プライバシーの問題（5パーセント）、4) 不十分な情報（4パーセント）である（Office of Fair Trading: OFT, 2009）。フランスでは、2010年上期において、非食品の商品に関する課題が消費者の苦情の総数の中では最も多かった。苦情の45パーセントがオンライン取引に関係し、配達（24パーセント）、詐欺（19パーセント）、救済問題（9パーセント）に関連する（DGCCRF, 2010）。日本と米国では、2009年では、消費者のほぼ80パーセント（日本）、75パーセント（米国）は越境オンラインショッピングを行わなかった。最も多かった理由としては、消費者の大部分（両国の消費者の約70パーセント）は越境オンラインショッピングに関心がなかったということであるが、越境インターネットショッピングをしていなかった消費者のほぼ50パーセント（日本）及び40パーセント（米国）が、利用可能な紛争解決と救済メカニズムの欠如と共に、販売後のサービスに関し懸念を持っていた（METI, 2010）。多くの発展途上国における消費者は、同様の問題を報告している。例えば、2011年、中国、インドネシア、ベトナムでは、消費者の3分の1以上が配達の問題を経験した（METI, 2012a）。

もう一つの拡大している懸念は、電子商取引を経由して消費者が購入した商品が安全ではない場合である。そのような商品は、多くの場合、偽造品であり、本格的なウェブサイト（オークションを含む）で販売されている。この面での消費者保護は課題である。すなわち市場の監視や税関当局が偽造品を検査する能力は限定的であり、消費者は売り手と商品の情報が正確かどうかを特定することが困難である（OECD, 2008a）。近年、電子商取引を経由して電子機器に使われる偽造バッテリーを購入した消費者から、爆発の危険にさらされている等の多くの問題の報告があった。

2012年4月に開催されたOECD消費者製品安全作業部会（WPCPS）において、いくつかの国が、電子商取引を経由して販売される危険な商品に対して消費者保護を強化する方法について議論している。例えばフランス政府は、市場監視を強化し、市場監視当局が、1）消費者として行動し疑わしい商品を購入して研究所で試験することができる、覆面調査を実施し、2）安全でない商品が売られているウェブサイトの閉鎖を要請することができる新しい法律を2013年に採択すべきであるとした。2012年6月には、日本の経済産業省が、5つの主要オークションショッピングプラットフォーム事業者と協力して、商品が法を遵守していないという課題について、各事業者のウェブサイトを通じて、消費者意識を向上させようとしている（METI, 2012b）。2012年10月のOECD消費者製品安全作業部会（WPCPS）による商品リコールに関するOECDグローバルポータルの立ち上げもまた、電子商取引の消費者保護の推進に役立つ。当該ウェブポータルは、担当が商品リコールに関する情報を適時に多言語方式でアップロードできるようにするもので、「イーベイ（eBay）」のような電子商取引プラットフォーム上で奨励されるだろう。

第2節　特定の消費者政策課題の検証

ここでは、ソウル宣言以降、引き続き、又は新しい障壁として特定された主

要な消費者課題のスナップショットを示す。これらは、1）複雑な法整備の状況、2）不十分な情報開示、3）不正請求、欺瞞的・詐欺的商行為、4）地理的制約、5）プライバシー、6）紛争解決と救済である。

2.1 複雑な法整備の状況

　本章の冒頭で強調したとおり、電子商取引市場は、次々と現れる新しい技術とビジネスモデルによって急速に発展している。この面で、政策策定者と法執行者は、消費者の信頼感の強化に向けた取組や公平かつ透明性の高い商行為の促進に向けた取組をする一方、新しい発展についていくのが困難になってきている。国によって異なる電子商取引の規制枠組の複雑さは、課題への対応をより困難にする。多くのOECD加盟国と非加盟国は、課題に取り組むため、一般的な消費者保護ルール（例えば契約や遠隔地販売ルール）を適用している一方、より特別な規制を適用している国もある。

　いくつかの例では、欺瞞的・詐欺的広告、電気通信、プライバシー、著作権に関するルールが他の規制と重複している。これらのルールがどのように電子商取引において相互に関連するのかは必ずしも明確ではない。また、既存の消費者保護ルールが、目に見える／見えないデジタルコンテンツの購入やモバイル決済から生じる課題などを射程に入れていない例もある。例えば、OECD加盟国の多くの法律では目に見えないデジタルコンテンツ製品がモノなのかサービスなのかを示していない。それゆえ、消費者の権利と義務は何かということも示していない。このことは、OECD加盟国における消費者の権利にとって重要な影響をもたらすかもしれない（例えば、取引を撤回する権利など）（BIS UK, 2012, p.5)。ただし、この区別が消費者法のすべての分野で必要というわけではない可能性があることに留意すべきである。例えば、詐欺的・不公正な商行為に対する一般の消費者保護法は、デジタルコンテンツ製品の送付方法にかかわらず適用される。

　このような複雑な環境の中で、電子商取引に関わる消費者、商人、その他当事者は、いかなる法的枠組が自分たちの取引に適用されるのか、問題が起きた

場合にどのような権利を持ち責任を負うのかについて理解することが困難である。

これは特に、金融機関や非金融機関を含む多くの当事者が消費者とのやりとりが多くなっているオンライン・モバイル決済の分野において当てはまる。この分野における消費者保護の利用可能性と保護レベルは国内・各国間で大きく異なる。それは、次のような要素による（OECD, 2013a）。

- **利用される決済手段**（デビット／クレジットカード、SMS、プリペイドカード、携帯電話の請求書で請求される決済）：韓国、日本、ノルウェー、スウェーデン、デンマークを除き、プリペイド決済と携帯電話事業者によって処理されるものについては、既存の規制によってカバーされていない。
- **関係する決済当事者**：金融機関か、携帯電話事業者やソーシャルネットワークプラットフォームなどの非金融機関か。
- **問題の性質**：大部分の国では、配達不能、遅延配達、不正請求、処理・請求ミスの場合、消費者は手厚い、又は少なくともある程度の保護を受ける。しかし、商品が注文と合致していない場合、保護レベルが不明確か保護自体が存在しない国がある。
- **購入された商品の性質**：多くの国では、消費者保護法は目に見えないデジタルコンテンツ製品に係る課題に対応していない。ゆえに、消費者と関係者の権利と責任が不明確又は存在しない。

上述の懸念については、これまですでに多くのことがなされてきた。とりわけ、1）モバイル決済やデジタルコンテンツ製品に関連する課題に対して消費者保護法の範囲を拡大する、2）この分野で消費者保護法と重複する可能性がある著作権法を明確化又は簡素化するという視点で取組がなされてきた。

消費者保護法の範囲を拡大するという点では、カナダでは、競争法が2010年12月に改正され、電子的市場における詐欺的・欺瞞的表示や詐欺的なマーケティング行為に対応するための特別規定が含まれることになった。これらの

改正はまだ発効していない。また、いくつかの国では、モバイル決済が電子商取引の発展に果たす極めて重要な役割を考慮し、この分野の法的不確実性を減らすための取組がなされてきた。例えばメキシコでは、2011年にこの国で最初に実施された新しいモバイル決済スキームに対応させるため、国家銀行証券委員会の参加を得て、メキシコ中央銀行と財務省によって新しい規制枠組が策定された。イスラエル[6]では、消費者保護当局が法務省と共に、デビットカードに係る法的枠組をモバイル決済に適用するためにはどうすればよいか検討している。カナダでは、新しい課題に十分に対応するため、いかに既存のルールが改正されるべきか、又は新ルールを策定すべきかを決定するため、決済枠組の大きな見直し作業が行われている。この点について、2011年12月に財務省に対して勧告がなされた。

2011年9月19日、英国の消費者政策担当大臣は、消費者保護と著作権法規制の重複を明確化すること、より強い消費者保護を付与することを目指し、新しい消費者権利章典を策定することを発表した。また、2011年に、英国の公正取引庁（OFT）は「Distance Selling Hub」を発表した。これは、小売業者や企業支援組織のために、インターネット、電話、郵便、電子メール、双方向型テレビでのモノとサービスの売買に影響を与える規制について指導するポータルサイトである。当該サイトは、企業が遠隔地販売を通してビジネスをする際に利用できるダウンロード可能な文書やチェックリストを含んでいる（OFT, 2011）。

モバイル決済に関する最終報告書の中で、消費者保護及び執行に関する国際ネットワーク（ICPEN）がこの分野における執行努力の強化を求めている。当該組織は、モバイル決済に関する消費者課題は多くの管轄において民法の範囲となるため、ほとんどの消費者保護法執行当局の権限の範囲外となることを指摘する。そのため、他の政府や非政府組織との協力は、この分野の民事事例において消費者を支援することに役立つため、非常に重要としている。

著作権法を改正するという点では、アイルランドでは、2011年5月、特にデジタル経済に対応するため既存の著作権法の枠組を検討し、注意が必要な分野

第4章　消費者の強化と保護

を特定するため、著作権検討委員会（CRC）が立ち上げられた（CRC, 2012）。CRCは、幅広い利害関係者（企業や消費者団体が含まれる）との議論をもとに2013年中に勧告を発表すると予想される。カナダでは、2012年6月、既存の著作権法の改正法「著作権現代化法」の提案が勅許を受けた。この法律の目的は、多くの消費者の行動の合法化である。例えば、1）個人のビデオレコーダーでテレビ番組を後で見るために記録する行為（「time shifting」という）、2）購入した音楽CDからMP3プレーヤーに複製する行為（「format shifting」という）、3）非営利目的という条件のもと、既存の著作権で保護されたものを編集する（「mashing up」という）などである。当該法律には、権利保持者の正当な利益が尊重されることを確保するため、これらの行為に対する制限も含まれる。例えば、複製するために技術的保護手段を回避する行為は許さないこと、営利目的でのマッシュアップの利用や原作市場への干渉を禁止するなどである（Government of Canada, 2012）。

　2012年6月、オーストラリア法制度改革委員会（ALRC）は、既存の著作権の枠組を見直し、同枠組がデジタル経済への消費者の参加に特に与える影響を検討すること義務付けられた。ALRCは、2012年8月にコンサルテーションペーパーを発表した（ALRC, 2012）。このペーパーでは、特にデジタル経済における新しい消費者行動とこれに伴い出てくる課題を指摘している。具体的には特に、消費者がクラウドコンピューティングサービスを利用して、消費者又は他の当事者（例えば家族や友人）がアクセスし利用している著作物で、ある条件下では著作権侵害物かもしれない物を保存することが増えていることに着目している（ALRC, 2012, p.27を参照）。現在、ALRCは、改革のための提言を盛り込んだディスカッションペーパーを作成している。その最終報告書は、2013年11月30日に配布される予定である。

　これらの課題のいくつかに対しては、産業界がデジタルコンテンツ製品の相互運用性を高める努力をすることを通じた取組が行われている。例えば、2011年後半遅くに、主な映画スタジオ、家電製造業者、小売業者、ネットワークハードウェアベンダ、システムインテグレーター、デジタル著作権管理（DRM）

ベンダーのコンソーシアムが新たな配信システム「Ultraviolet」を発表した。これは、デジタル権利認証とクラウドベースのライセンスシステムであり、これにより消費者は、1）購入した「Ultraviolet」認証のCD、DVD、ブルーレイディスク又は電磁的フォーマットで送信されたコンテンツのデジタル複製が可能になり、2）クラウドのサーバで保存でき、3）その複製をインターネットに接続された一定数（12まで）の端末にストリーム又はダウンロードさせることができる。この取組の下で、消費者はアカウントを作成できる。6人までこのアカウントにサインアップでき、追加負担なくクラウドから購入商品にアクセスできる。また、他の産業の取組としては、消費者が物理的デジタルコンテンツ製品を購入したときにいくつかの権利を付与するものがある。例えば、アマゾンは米国の消費者にKindleの電子書籍を他の消費者に14日間貸与することを認めている。2009年にはアップルが自社の政策を変更し、他の会社の端末からもアクセスできるようにすることでiTunesの音楽をDRMフリーとした。

2.2　情報開示

電子商取引における競争とイノベーションは、近年、消費者に商品と関連取引についてより多く、より良い品質の情報へのアクセスを提供してきた一方、利害関係者の間では情報はいまだ不完全というのが一般的な認識である。結果として、消費者は商品の品質と価格を比較すること、また、電子商取引において消費者がした契約の性質、期間、レベル、範囲を十分に理解することが妨げられているかもしれない。行動経済学の研究は、消費者は購入決定をするために、経験による「大雑把な計算（rule of thumbs）」を使う可能性を指摘する。このことは、契約解除と救済のために発生する手続と費用に対する不満と同様、期待に合わない商品に対する不満や驚くべき高額請求が来る（「bill shock」）結果を招くかもしれない（OECD, 2010b）。

情報開示の透明性、明確性、完全性、適時性

多くの国で実施される近年の調査では、オンラインで商品を購入する大多数の消費者は電子商取引の契約条件（これには、決済手続に関するものも含む）を十分に読んでいないし、理解していないということを指摘している。2010年にEUで行われた調査によれば、調査回答者の27パーセントがまったく契約条件を読んでおらず、30パーセントが部分的に読んでいるのみであるという（図4.5）。

図4.5　オンライン購入において契約条件を読んでいる消費者の割合（EU諸国）

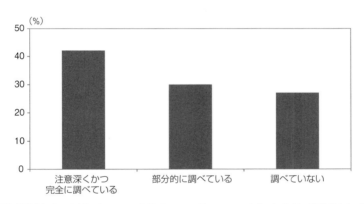

出典：EC（2011b）, *Special Eurobarometer 342, Consumer Empowerment*, Conducted by TNS Opinion & Social on request of Eurostat and DG SANCO, Survey co-ordinated by DG Communication April 2011, EC, Brussels, *http://ec.europa.eu/consumers/consumer_empowerment/docs/report_eurobarometer_342_en.pdf*.

なぜ消費者がまったく契約条件を読まない、あるいは注意深く読まないのか、主な理由は、次のとおりである。

- 情報が、消費者が理解することが困難な、長く技術的な法律用語で示されていることが多い。
- 用語が時々小さなフォントサイズで表示されている、脚注に埋もれている、又

は一連のウェブリンクやウィンドウにアクセスすることを求められる。英国で2010年に行われたデジタルコンテンツ製品に係る覆面調査は、覆面調査員の56パーセントが契約条件にある紛争解決に係る情報を、たとえその情報が多くの場合に存在していたとしても、見つけることができなかったことを明らかにしている（Consumer Focus, 2010）。

● 消費者は情報を調べてアクセスすることにかなりの時間を費やす必要がある。

「OECD消費者政策ツールキット」で強調しているように、消費者が迅速に決定する傾向があるモバイルでは（いつでもどこでも（on the go）という観点から）、状況はずっと複雑である。結論付ける前に十分に契約条件を調べる消費者の力はより限られている（OECD, 2010b）。

近年、多くの情報問題が価格比較ウェブサイト、モバイル事業者により提供される請求書、プレミアムSMSの関係で指摘されてきた。

2010年12月と2011年2月の間にEUで実施された調査によれば、価格比較ウェブサイトに関し次のような課題が明らかにされた。つまり、多数（53パーセント）は企業の連絡先や住所を完全には提供していない。20パーセントのみが配達時間に係る情報を提供している。62パーセントが商品の在庫について情報を提供しておらず、その場合の60パーセントにおいて、小売業者が商品を当該ウェブサイトに掲載するためにお金を支払っているかどうかについて明確な情報がない（Civic Consulting, 2011）。

モバイル決済について取りまとめたICPENの報告書によれば、モバイル事業者による請求書に係る不明確又は不完全な情報が消費者にとって問題となりつつある。多くの例では、そのような請求書は、例えば、購入したプレミアムレートサービスの十分な詳細を提供していない。典型的には、サービス供給者についての情報や購入時期についての情報がたいてい特定されていない。これは、請求書やプリペイドクレジットカードにおける不正請求と戦うのが困難な消費者にとっては問題となる可能性がある。

プレミアムSMSにおける情報開示の問題は、2011年10月に開催されたコミ

ュニケーションサービスに係るOECDツールキットワークショップで議論された。ベルギー政府が政府が実施していることを隠して実施したコンテストが参考とされた。これはインターネット上で運営されている複数のSMSコンペをまねたものである。参加者は、フェイスブックやグーグルなどのプラットフォームを通じてコンテストに導かれる。参加者は、ウェブサイトで有効となるコードを入手するためにSMSを送信しなければならない。もし参加者が勝利した場合、スマートフォンをもらえるとされた。この際、何千ものコンテスト参加者の全員が詐欺的なSMSサービスに気を付けるよう警告するメッセージを受け取った。参加者が注意深くコンテストの契約条件を読んでいたら、多くの馬鹿げた条項が含まれていたので、詐欺に気づいたはずである。当該キャンペーンサイトへの来訪者の調査をしたところ、実際は参加者の1パーセント以下しか一般条項をクリックしていなかったことが明らかとなった（OECD, 2012）。

　近年は、情報開示を促進するため、いくつかの規制取組が策定されてきた。2011年に採択された消費者の権利に関するEU指令は、デジタルコンテンツ製品を購入する前に企業によって消費者に提供される具体的な情報開示の要件を初めて導入した。スイスでは、2012年4月、改正不公正競争法が発効した。これらの改正では、電子商取引を営む企業に対する特定情報の開示義務を導入した。ドイツでは、2012年3月、議会により法律が採択された。同法律は、インターネットでモノやサービスを売るときは、利用者のコンピュータ、スマートフォンかタブレットかといった経由にかかわらず、企業が消費者に対して一連の情報（価格を含む）を提供することを求めている。ノルウェーでは、2009年、消費者オンブズマンがオンラインショッピングのガイドラインを策定し、企業が消費者に提供すべき情報の種類を特定した。具体的な情報としては、商品価格、プライバシーポリシー、決済処理、そして利用可能な紛争解決と救済メカニズムが含まれている（Consumer Ombudsman, Norway, 2011）。米国では現在、連邦取引委員会が、スマートフォンやソーシャルネットワークも含む新しいメディアにおいて消費者に対していかに開示することが最良かを調査してい

る。当該委員会は、2012年5月にこの分野でワークショップを開催し、現在はガイダンスを策定しているところである（FTC, 2012b）。

　しかし、消費者が電子商取引においてよく知らされた上での決定をすることができる関連情報を消費者に提供するためには、多くのことがなされる必要がある。例えば、そのような情報への消費者のアクセスと理解を促進する取組が考えられる。

契約の明確性

　契約の中に電子商取引における消費者の権利と義務に関する明確な情報がないことについて、懸念が表明され続けている。これは、消費者が利用制限付きで販売されているデジタルコンテンツ製品を購入する場合に特に問題となる（OECD, 2006）。この分野の利用制限と消費者の期待の不一致は大きくなっている。消費者が、物理的な商品で何をすることができるかを判断することは一般的に容易な一方、デジタルコンテンツ製品で何をすることができるのか／できないのかを理解することは、今日のインターネット経済では困難となってきた。今日のインターネット経済では、1）技術的進展を通じ、多くの当事者がコンテンツを容易に共有、複製、変形、フォーマット変更でき（Hargreaves, 2011, p.43, パラ5.10）、2）購入前に消費者が同意したエンドユーザ使用許諾契約の契約条件により、また、使われている技術（デジタル著作権管理又は複製制御技術）により、利用条件が商品ごとに大きく異なっている。

　たとえデジタルコンテンツ製品を異なる端末で楽しむことができず（相互運用性の制約）、商品を他に複製、共有、移転することができず、商品（例えば電子書籍）を複数回ダウンロードできない（機能性制限）としても、消費者は、一般的には著作権法や関連の取引に対する制約の適用についてほとんど知識を持っていない。さらに、消費者が過去に購入した商品の利用条件の変更について知らされていなかったという事例がある。例えば、電子書籍の供給者がダウンロードできる回数を制限し、その後、再購入が求められるという事例がある。実際、消費者が対象となるデジタルコンテンツ製品の複製を永続的に保存

し、無制限にそのような商品を閲覧、利用、表示する非排他的権利が与えられていた使用許諾契約には制限の言及は含まれていなかった（The Consumerist, 2009）。

オンラインやモバイル商取引における消費者の権利と義務の明確化が必要である。スウェーデンなどでは、電子商取引の枠組の有効性について、政策と執行の両面から見直しをしているところである。他の関係者の中には、消費者が商品を購入する前に提供されるべき不可欠な情報の種類を特定する基準の策定を提案している者もいる。デジタルコンテンツ製品の分野では、これはコンテンツの機能性と相互運用性に係る情報となるだろう（University of Amsterdam, 2011, p.289）。しかし、柔軟性を確保するという観点からは、そのような基準はすべての種類のデジタルコンテンツ製品を包含する広いものとなるべきであり、技術の進展とともに発展させていくべきである。

2.3 不正請求、欺瞞的・詐欺的商行為

欺瞞的・詐欺的行為（不正請求を伴う場合もあるかもしれない）は、電子商取引の信頼を傷つけ続けている。これらは不十分又は詐欺的な情報開示と結び付くことが多い。以下では、近年消費者によって報告された、いくつかの問題行為を示す。これらは、アプリ内課金やプレミアムSMSサービスの更新に関係する（訳注：主に欧米では、コンテンツの配信や課金はSMSサービスを通じて行われている。このような有料情報提供サービスをプレミアムSMSサービスという）。

アプリ内課金

モバイル端末向けアプリケーションの購入に関する不正請求は、デジタルコンテンツに係るOECD円卓会合やオンライン・モバイル決済に係るワークショップで、深刻化している懸念として専門家が指摘している。例としては、米国における児童向けの無料ゲームがある。そのゲームでは追加的なアイテム（in-apps）が販売されており、親が知ることなく児童によって購入されていた。

親には高額な請求書が送られるということになる。オーストラリアでは、2012年11月、財務副大臣が、連邦政府の消費者問題諮問協議会（CCAAC）の消費者政策に係る専門家アドバイザー委員会にアプリ市場と消費者政策への影響を検討するよう諮問した。CCAACは、この分野における課題ペーパーを発表し（CCAAC, 2012a）、2012年12月12日、アプリ内課金について意見聴取を開始した。意見聴取は、2013年1月31日に終了することとなっていた（CCAAC, 2012b）。

　いくつかの国は、無料アプリ内で販売された商品価格について、より良く、より適時の情報開示の必要性を強調し、この状況に対応するため行動している。これらの取組の下では、情報は逐一アプリ内で課金される前に提供されるべきであるとされている。例えばフィンランドでは、消費者庁がビジネスコミュニティと共にオプトイン手続を策定し、これによりモバイルコンテンツが消費者に届くのはSMSなどを通じて確認がなされた後に限ることとしている。

ネガティブオプションとクラミング

　「ネガティブオプション」とは、企業が消費者の沈黙又は消費者がキャンセルしていないという事実を、サービスへの同意や課金の許可と捉える行為である。消費者にとっては便利かもしれない一方、明示的な消費者の同意がないことや当該サービスや関連する長期の金銭的結果に係る情報がないことは問題であるし、消費者の不利益に繋がりうる。不正請求に繋がるもう一つの例は、「クラミング」であり、これは、消費者が電子メールに返信した後や消費者が無料又は少額であると信じていたアイテムをダウンロードした後に、消費者が購入しなかった又は承認していなかったサービスに対する料金を請求に含めることである。

　ネガティブオプションの問題は、特にモバイルで増加していると報告されている（OECD, 2013a）。同様に、クラミングもモバイル端末を通じて商品を購入する消費者に増えている問題と指摘されている（Federal Trade Commission: FTC, US, 2012c）。ソウル宣言以降、いくつかの取組が課題解決

に役立てるため実施されてきた。2009年7月1日、オーストラリア通信メディア庁（ACMA）は、産業界が開発した、二重のオプトイン要件を導入するモバイルプレミアムサービスコード（MPSC）に法的な効力を与えた。将来の消費者は、現在提供されているプレミアムSMSサービスを契約する前には、二回の独立した確認をしなければならない。2010年11月以降、ACMAは、プレミアムサービスを調査する一方、疑わしいコンテンツ供給者が消費者に請求することを止めるため、一時的な「Do Not Bill（請求するな）」命令を発出できる。通信サービスに係るOECDツールキットワークショップでは、オーストラリアの競争・消費者委員会は、モバイルプレミアムサービスに関する苦情の数が大きく減ったということを報告した。これは問題に対処するためにとられた政策手段の成功の証として見られた。米国では、モバイルマーケティング協会の米国消費者ベストプラクティスガイドラインが、ベンダーに対し、プレミアムサービスのために請求する前に、購入したいという旨を消費者が2度確認することを消費者に要請することを求めている（MMA, 2011）。

執行

国内又は国境を越えた詐欺的・欺瞞的商行為と戦うため、執行の分野においてはより多くのことをすることができる。国内においては、いくつかのOECD加盟国がこれらの課題を扱うために新しい力を得ている。例えば、フィンランドでは、2011年2月、通信市場法（the Communication Market Act）が改正され、消費者オンブズマンに新しい執行力が付与された。これは、電気通信事業者に対して、詐欺的・欺瞞的モバイルコンテンツサービスを提供するために使われているSMS番号の閉鎖命令の権限を含んでいた。米国では、2012年に議会が2006年米国安全ウェブ法（US SAFE WEB ACT of 2006）の期限をさらに7年間延長し、連邦取引委員会にオンライン上の国境を越えた詐欺と戦うための強化されたツールを与えた。

イスラエルでは、2012年に実施された調査により、固定やモバイル事業者数社による多くの欺瞞的行為と遠隔地販売法違反が明らかになった。事業者自

身や第三者のコンテンツプロバイダによって提供される商品についてこれらの事業者が消費者に請求する際に欺瞞的行為や違反が発生している。消費者をそのような行為から守るため、消費者保護・公正取引庁は消費者保護法制の改正を提案した。すなわち、固定とモバイル事業者は、もし消費者の明示的な書面による事前同意が得られていなければ、当該事業者又は第三者のコンテンツプロバイダから購入した商品について消費者に請求することはできないというものである。同様に、2012年、通信省は、1）サービスに対する消費者からの明示的な要請を含む文書、及び、2）当該サービスに対する消費者の明示的な同意がのいずれもがない場合の消費者への請求を禁止するため、モバイル事業者の免許の改正を提案した。しかし、免許条件の執行（通信省により実施される）が性質上行政的であり、消費者保護自体を扱っていないという事実から、イスラエル消費者保護当局は、消費者保護法制のより幅広い改正の策定に向けて作業している。具体的には、すべての種類の決済（モバイル決済を含む）に適用され、また、消費者の明示的・事前の同意がない場合、当該取引が直接なされたものか第三者の供給者となされたのかにかかわらず、いかなる事業者による消費者への請求も防止するという内容で、消費者の事前・明示の同意を立証する負担は、消費者に請求し支払を求めている事業者の負担となり、規定違反は刑事罰となる。

　いくつかの国は、企業コミュニティとのより緊密な非公式の協力又は協調行動もまた、課題を解決することに役立てるために推進すべきとしている。この問題は、通信サービスに関するOECDツールキットワークショップで議論された。例えばベルギーは、ベルギーにいる消費者がオランダにいるベンダーによる着信音の詐欺的請求の被害者になった事例について報告した。海外にいる第三者ベンダーを訴える代わりに、ベルギー当局は決済を処理したベルギーの携帯事業者に対して詐欺的な取引を撤回することを要請した。ベルギー当局は、取引を撤回しなければ当該事業者は第三者ベンダーの共犯として位置付けられるとした。

2.4 地理的制約

消費者は、電子商取引を通じて購入した商品は、どこにいてもアクセスできることを期待する一方、多くの商品（特にデジタルコンテンツ製品）へのアクセスは地理的な地域に限定されている。例えば、Kindle の電子書籍は、消費者の居住する国又はクレジットカードを登録した国の店舗からしかアクセスできない（Consumer Focus, 2010, p.12）。これは主に、1）企業が遵守しなければならない著作権の国際的な法的枠組の中で設定された、著作権保護の地域的性格と、2）権利保持者が直面する、a）様々な法的枠組や、b）地域の流通業者の様々なニーズを含む課題に対応するためのコンテンツ使用許諾の地域的性格による。複数の産業関係者は、もし全地域使用許諾が義務化されたとしても、そのような権利の許可は高コストであり、小規模な革新的サービスの立ち上げや小規模な市場での成功をおそらく排除してしまうことから、消費者にとって必ずしもよいというわけではないと見ている。

欧州委員会は、国境を越えたサービスの量が増えることに対応した十分な枠組の策定を重要な目標としている。これは部分的には、デジタル音楽の配信の権利が、EUでは一般的には国内の著作権管理団体によって管理されていることと、地理的制約に服することによる。結果として、EU内でデジタル音楽にアクセスするためには、27のEU加盟国の各国の関連著作権管理団体から許可を得る必要がある。したがって、EUは、欧州知的財産権戦略の枠組の中で、複数地域や全欧州での使用許諾を可能にするため、著作権の一括管理のための法的枠組をつくる提案を提出することを計画している（EC, 2012b）。

2.5 プライバシー

消費者が電子商取引を通じて商品を購入すると、大量の個人データの提供を求められることがよくある。多くの場合、消費者は自分の情報に何がなされ、誰と共有され、どのような目的で使われているのかをよくわかっていない。プライバシーポリシーの開示は、この点でしばしば、不明確、不完全、又は欠け

ていると言われる。

　OECD消費者政策委員会（CCP）はこのデジタルコンテンツ製品に係る分析の取組の中で、また、OECD情報経済作業部会（WPIE）はアプリに係る取組の中で、これらの課題を調査してきた。当該取組は、OECD情報セキュリティ・プライバシー作業部会と協議しつつ行われており、モバイルアプリを購入する際に消費者が許可を与える条件に焦点を当てている（OECD, 2013a）。また、当該取組は、アップルとアンドロイドの両方を対象としている。アップルに関しては、同社の事前の許可なく利用者の連絡先データが収集あるいは送信されるモバイル向けアプリケーションは同社のガイドライン違反となる。アップルは、連絡先データにアクセスされる前に、利用者の明示的な同意が確保されることを求めている。しかし、アプリがひとたびダウンロードされると、消費者は自分が与えた許可を見直す機会がない。アンドロイドに関しては、モバイル端末にアプリをダウンロードする前に、消費者は自分が与えようとしている許可について知らされなければならない。アプリのダウンロード後は、消費者は自分が与えた許可の一覧にアクセスすることができる。ただし、変更することができるというわけではない。

　消費者が知ることなく又は同意なく、開発者が（消費者の）携帯電話に蓄積されたデータあるいは携帯電話によって処理されたデータにアクセスできるモバイル向けアプリケーションに関し、懸念が示されている。これは、住所録、消費者の位置情報、電話番号、通話履歴、固有の識別名（例えば、iTunesのユーザカウント番号）、近距離通信技術の利用を通じたモバイル決済処理中に企業に送信される個人情報が含まれる（New York Times, 2012）。

　アプリを通じた個人データの収集と利用の課題は、児童の場合に特に問題となる。米国の連邦取引委員会は、産業界に対し、親に企業のデータの扱いについてより透明性の高い説明をするよう求めた（FTC, 2012a）。当該要請は、米国の児童オンラインプライバシー保護法（COPPA）の規定に基づき行われた。同法は、モバイル向けアプリケーションを含むオンラインサービス事業者に13歳未満の児童から情報を収集する前に通知をし、親の同意を得ることを求

めている。

2.6 紛争解決と救済
紛争解決

　電子商取引は、複雑な多数当事者の環境になっており、そこでは、消費者は商品に問題があった場合、誰を当てにすべきか必ずしもわからない場合がある。取引の関係当事者（例えば、携帯電話事業者、金融機関、商人）間の曖昧な責任分岐点は、消費者が効率的な方法で自分の権利を主張することを困難にしうる。

　上述のとおり、状況はオンラインかモバイル端末を通じて商品を購入した消費者にとって、特に複雑である。第三者の開発者からオンラインプラットフォームでアプリを購入したという場面における課題も指摘されてきた。消費者が契約に関する問題を解決しようと第三者の開発者に連絡しようとして失敗した後、当該商品が販売されたオンラインプラットフォームの責任が不明確だったという事例がある。研究によれば、多くのEU加盟国の国内法の下、オンラインプラットフォーム提供者は、1）当該商品が自己のブランドの下で販売された場合、2）プラットフォーム上で提供されるベンダーの連絡先の詳細が不正確だった場合、または、3）プラットフォームが第三者のベンダーに自己のプラットフォームを使わせることを過失により許容していた場合にのみ責任を負う（University of Amsterdam, 2011, p.123）。

　効果的な紛争解決メカニズムを開発すること、そして消費者にそのような仕組みの存在を知らせることは、非常に重要な分野であり、電子商取引市場において消費者の信頼感を強化することを支援するため、さらに取り組む必要がある分野である。ECの調査によれば、2011年9月まで12か月以上オンラインで購入していない消費者の28パーセント、そして、同じ期間に他の国に拠点を置くオンライン販売者から購入していない消費者の35パーセントは、もし何かがうまくいかなかった場合、問題を解決するために困難に直面するかもしれないため購入しなかったとした（EC, 2012d）。

問題の解決を容易にするため、いくつかの企業は、調停や仲裁などの裁判外紛争解決手続（ADR）のメカニズムを利用している。

　この点、2011年に欧州委員会が、効果的な紛争解決プロセスの確保に向け、裁判外紛争解決手続に係る指令とオンライン紛争解決（ODR）に係る規則の両方を提案した（EC, 2011c; EC, 2012b）。また、消費者が裁判外で問題を迅速、安価、かつ簡易な方法で解決することを可能にする欧州ODRプラットフォームをつくる計画もある。国連国際商取引法委員会（UNCITRAL）は、国境を越えた電子商取引に係るオンライン紛争解決のための法的基準を策定している。手続ルール案が、2011年5月と11月、2012年6月に開催された第三作業部会の会合で議論された。当該ルールは特に、少額だが量が多い取引の扱いを容易にすることを狙ったものである。ベルギーでは、2011年4月に、「Belmed」という消費者紛争解決のためのオンラインプラットフォームが立ち上がった（SPF Economie, P.M.E., Class moyennes et Énergie, Belgium, 2011）。消費者と企業の両者が、独立のあっせん員（mediator）の支援を受けながら、裁判外の消費者紛争のオンライン上での解決のために当該プラットフォームを利用することができる。「Belmed」は、国内の消費者紛争だけではなく、国境を越えた消費者紛争をも対象としている。

救済

　2007年、OECD消費者政策委員会（CCP）は消費者紛争解決と救済に関するガイドラインを策定し、OECD理事会で採択された（OECD, 2007）。当該勧告は電子商取引の急速な成長を認識し、オンラインとオフラインの両方の取引のために幅広い救済メカニズムの策定を勧告している。経済的損害のための補償や、金銭的救済（例えば、自主的支払、損害賠償、求償、又はその他の金銭的救済）か原状回復による救済（例えば、モノやサービスの交換、特定の行為又は契約の取消）の形かは問わない。このような救済は、次の事項によるため、必ずしも常に電子商取引の消費者が利用できるというわけではない。

第4章　消費者の強化と保護

- 当該問題の性質。
- 関係当事者が利用する決済メカニズム。上述のとおり、多くの事例では支払がモバイル事業者によって処理されたときに消費者は全く救済を得られない。これは、クレジットやデビットカードが使われた場合において、多くの国で消費者に与えられる保護レベルと対照的である。
- 法的枠組による商品の性質（有形か無形か）。

　結果として、消費者に与えられる保護のレベルは国内や国ごとに異なるかもしれない。このことは、企業が自主的に対処するかどうか法的不確実性をもたらしている。有形のデジタルコンテンツ製品に関しては、いかなる理由でもそれを返却することはできないという場合はよくあることである。これは例えば、一度パッケージシールが破られた場合である。デジタルコンテンツ製品が欠陥商品だった場合や不達だった場合にどのような救済があるかにかかわらず、製品の利用可能性は小売業者の裁量でのみ決められることが多い。2010年の英国による覆面調査によれば、大部分の契約条件はソフトウェアの損害に係る責任を除外している（Consumer Focus, 2010, p.24）。

　デジタルコンテンツ製品が電磁的に送信される場合、状況はさらに複雑になる。多くのOECD加盟国では、法律は目に見えないデジタルコンテンツ製品がモノやサービスかどうかを示していない。ゆえに、消費者がいかなる救済策を利用できるのかを示していない。2012年4月に開催されたデジタルコンテンツ製品に係るOECDワークショップで議論されたように、小売業者の大部分は、消費者にデジタルコンテンツ製品の不適合品、欠陥品又は不達の際の救済、特に、ダウンロードやストリーミングによりアクセスされた商品の救済を提供していないように思われる（University of Amsterdam, 2011, p.229）。米国では、オンライン小売業者が遠隔操作で消費者の電子リーダーから電子書籍を削除した場合に、消費者が当該小売業者を集団訴訟により詐欺罪で訴えた。当該オンライン小売業者は最終的に、影響を受けたすべての消費者に対し、消費者の電子書籍を同じ複製で置き換えるか、補償をするかという和解に合意した。また、

同社は、原告たちに15万米ドルを支払うことに同意し、メディアから大きな反発も受けた。

注釈
1. 利用可能なデータは情報源（例えば、政府の公式統計や民間部門の試算など）や使われている計測方法によって異なる。これらのデータは、相互に置換できる概念として、「インターネット経済」「インターネットの利用」「電子商取引」を指すことが多い。ただ、国内か国境を越えた電子商取引か、企業間（B2B）と企業・消費者間（B2C）の電子商取引が対象となっているかは必ずしも特定しているわけではない。
2. 米国のデジタル市場調査会社EMarketerのヨーロッパに対する推計は、ドイツ、フランス、英国、イタリア、スペイン、ロシア連邦、「その他の」国が含まれる。
3. これらの数字が国内と国境を越えたオンライン小売販売の両方を対象としているかは、必ずしも示されているわけではない。
4. 上で触れられている研究は、航空チケットやコンテンツ／音楽ダウンロードを含む多くの商品を対象としていないことに留意すべきである。
5. キプロスの扱いについては、トルコと欧州連合（EU）に加盟するOECD加盟国及びEUが提供する以下の情報に注意する必要がある。
    - トルコによる注記：この文書中の「キプロス」についての情報は、キプロス島の南部に関するものである。トルコ系及びギリシャ系のキプロス島住民を代表する単一の政府は存在しない。トルコは、北キプロス・トルコ共和国を承認している。国際連合において永続的かつ公正な解決が見出されるまで、トルコは「キプロス問題」についてその立場を保持する。
    - EUに加盟するOECD加盟国及びEUによる注記：キプロス共和国は、トルコ以外のすべての国際連合加盟国に承認されている。この文書中の情報は、キプロス共和国の実質的な統治下にある地域に関するものである。
6. イスラエルに関する注釈：イスラエルの統計データは、イスラエル政府関係当局により、その責任の下で提供されている。OECDにおける当該データの使用は、ゴラン高原、東エルサレム、及びヨルダン川西岸地区のイスラエル入植地の国際法上の地位を害するものではない。

参考文献・資料

Accenture (2012), *Accenture 2011 Global Consumer Research Survey*, www. accenture.com/SiteCollectionDocuments/PDF/Accenture-Global-Consumer-Research-New-Realities.pdf accessed in September 2012.

Australian Communication and Media Authority (ACMA) (2011), *Communications report 2010-11 series Report 1-E-commerce marketplace in Australia: Online shopping*, www.acma.gov.au/webwr/_assets/main/lib410148/cr_comp_report1-ecommerce_marketplace_in_australia.pdf accessed in June 2012.

Australian Law Reform Commission (ALRC) (2012), "Copyright and the Digital Economy", *Issues Paper* 42 (IP 42), August 2012, www.alrc.gov.au/sites/default/files/pdfs/publications/whole_ip_42_4.pdf.

BIS (UK) (n.d.), *Midata Consumer Data Principles*, www.bis.gov.uk/policies/consumerissues/consumer-empowerment/personal-data/midata-consumer-data-principles, accessed in January 2013.

Capgemini (2011), *World Payment Report 2011*, 9 September 2011, www.capgemini.com/insights-and-resources/by-publication/world-payments-report-2011/.

CCAAC (Australia) (2012b), *App Purchases by Australian Consumers on Mobile and Handheld Devices*, http://ccaac.gov.au/2012/12/12/app-purchases-by-australianconsumers-on-mobile-and-handheld-devices/.

Census Bureau (US) (2012), *E-Stats*, 10 May 2012, www.census.gov/econ/estats/2010/2010reportfinal.pdf.

Center for Retail Research (2012), *Online Retailing: Britain and Europe 2012*, www.retailresearch.org/onlineretailing.php, accessed on 18 September 2012.

Civic Consulting (2011), "Consumer Market Study On The Functioning Of E-Commerce And Internet Marketing And Selling Techniques In The Retail Of Goods", *Final Report Part 1: Synthesis Report*, prepared for the Executive Agency for Health and Consumers on behalf of the European Commission, September 2011, http://ec.europa.eu/consumers/consumer_research/market_studies/docs/study_ecommerce_goods_en.pdf.

Commonwealth Consumer Affairs Advisory Council (CCAAC) (Australia) (2012a), "App Purchases by Australian Consumers on Mobile and Handheld Devices" *Issues Paper*, 2012, http://issues.ccaac.gov.au/2012/12/12/app-purchases-by-australianconsumers-on-mobile-and-handheld-devices/.

ComScore (2012), US Digital Future in Focus, Key Insights From 2011 and What They Mean for 2012, February 2012, www.comscore.com/Press_Events/

Presentations_Whitepapers/2012/2012_US_Digital_Future_in_Focus.

Consumer Ombudsman (Norway) (2011), Guidelines for Standard Sales Conditions for Consumer Purchases of Goods via the Internet, 22 November 2011, *www.forbrukerombudet.no/asset/4244/1/4244_1.pdf*.

Copyright review Committee (CRC) (Ireland) (2012), *Copyright and Innovation, A Consultation Paper*, CRC, Dublin, *www.djei.ie/science/ipr/crc_consultation_paper.pdf*.

Department for Business, Innovation and Skills (BIS) (UK) (2012), *The Supply of Digital Content - Impact Assessment*, July 2012, *www.bis.gov.uk/assets/biscore/consumerissues/docs/s/12-961-supply-of-digital-content-impact*.

Digital Contents Association Japan (DCAJ) (2011), *White Paper on Digital Content in 2011*, English summary, *www.dcaj.org/outline/english/research.html*.

Direction Générale de la Concurrence, de la Consommation et de la Répression des Fraudes (DGCCRF) (France) (2010), *Le Baromètre des Réclamations des Consommateurs, Résultats Du 1er Semestre 2010*, DGCCRF, Paris, *www.economie.gouv.fr/files/directions_services/dgccrf/documentation/barometre/barometre1er_sem10.pdf* accessed in July 2012.

EC (2008), *Consumer Protection in the Internal Market*, European Commission, Brussels, *http://ec.europa.eu/public_opinion/archives/ebs/ebs_298_en.pdf*, accessed in September 2012.

EC (2010), Communication from the Commission to the European Parliament, the Council, the European Economic and Social Committee and the Committee of the Regions, A Digital Agenda for Europe, COM/2010/0245/f/2, 26 August 2010, European Commission, Brussels, *http://eurlex.europa.eu/LexUriServ/LexUriServ.do?uri=CELEX:52010DC0245R(01):EN:NOT*.

EC (2011a), *Proposal for a Regulation of the European Parliament and of the Council on a Common European Sales Law*, 11 October 2011, COM (2011) 635 final, European Commission, Brussels, *http://eurlex.europa.eu/LexUriServ/LexUriServ.do?uri=COM:2011:0635:FIN:EN:PDF*.

EC (2011b), *Special Eurobarometer 342, Consumer Empowerment*, Conducted by TNS Opinion & Social on request of Eurostat and DG SANCO, Survey co-ordinated by DG Communication April 2011, European Commission, Brussels, *http://ec.europa.eu/consumers/consumer_empowerment/docs/report_eurobarometer_342_en.pdf*.

EC (2011c), *New proposals on Alternative and Online Dispute Resolution (ADR)* and（ODR）, European Commission, Brussels, *http://ec.europa.eu/consumers/ redress_cons/adr_policy_work_en.htm*, accessed in March 2011.

EC（2012b）, Commission Communication to the European Parliament, the Council, the Economic and Social Committee and the Committee of the Regions, A Coherent Framework for Building Trust in The Digital Single Market for E-Commerce and Online Services, COM（2011）942 FINAL, 11 January 2012, European Commission, Brussels, *http://eurlex.europa.eu/LexUriServ/ LexUriServ.do?uri=CELEX:52011DC0942:EN:NOT*.

EC（2012c）, "Bringing E-Commerce Benefits to Consumers", Commission Staff Working Document accompanying the Communication from the Commission To The European Parliament, The Council, The European Economic And Social Committee And The Committee Of The Regions A Coherent Framework To Boost Confidence In The Digital Single Market Of E-Commerce And Other Online Services, SEC（2011）1640 FINAL, 11 January 2012, European Commission, Brussels, *http://ec.europa.eu/internal_market/e-commerce/docs/ communication2012/SEC2011_1640_en.pdf*.

EC（2012d）, "Consumer Attitude towards cross-border trade and consumer protection", *Flash EuroBarometer* No.332. European Commission, Brussels, http://ec.europa.eu/public_opinion/flash/fl_332_en.pdf, accessed in June 2012.

EC（2012a）, *Consumers' Attitude Toward Cross-Border Trade and Consumer Protection*, European Commission, Brussels, *http://ec.europa.eu/public_opinion/ flash/fl_332_en.pdf*, accessed in September 2012.

EMarketer（2012a）, *Asia-Pacific to Grab Greatest Share of E-commerce Sales*, 17 August 2012, *www.public.site1.mirror2.phi.emarketer.com/Article. aspx?R=1009274*.

EMarketer（2012b）, Proximity Mobile Payments Set to Explode in US, 17 October 2012, European Multi-Channel and Online Trade Association（EMOTA）(2012), *Europe Confirmed as Leader in Global e-Commerce*, 1 June 2012, *www. imrg.org/ImrgWebsite/User/Pages/Press%20Releases-IMRG.aspx?pageID=86& parentPageID=85&isHomePage=false&isDetailData=true&itemID=7685&specif icPageType=5&pageTemplate=7*.

Federal Trade Commission（FTC）（US）（2012a）, "Mobile Apps for Kids: Current Privacy Disclosures are Disappointing", *FTC Staff report*, February 2012, *http:// ftc.gov/os/2012/02/120216mobile_apps_kids.pdf*.

Fédération E-commerce et Vente à Distance（FEVAD）（2012）, *Ventes sur*

Internet: La croissance se maintient dans un contexte économique difficile et un environnement de plus en plus concurrentiel, 6 September, www.fevad.com/espace-presse/ventes-sur-Internet-la-croissance-se-maintient-dans-un-contexte-economiquedifficile#topContent.

Forbes (2012), "Brazil's E-Commerce is Booming: Record-Breaking Figures In 2011, Growth Of 26%, Earnings of $11 bn", www.forbes.com/sites/ricardogeromel/2012/03/23/brazils-e-commerce-is-boomingrecord-breaking-figures-in-2011-growth-of-26-earnings-of-11-bi/, accessed on 24 September 2012.

FTC (US) (2012b), *In Short, Advertising and Privacy Disclosures in a Digital World*, 30 May 2012, www.ftc.gov/bcp/workshops/inshort/index.shtml.

FTC (US) (2012c), FTC Calls Wireless Phone Bill Cramming a Significant Consumer Problem, 23 July 2012, www.ftc.gov/opa/2012/07/cramming.shtm.

Hargreaves, Ian (2011), *Digital Opportunity: an Independent Review of IP and Growth*, May 2011, www.ipo.gov.uk/ipreview-finalreport.pdf.

International Business Times (2012), "Facebook Introduces Frictionless Mobile Payments with Bango", 24 September 2012, www.ibtimes.com/facebook-introduces-frictionlessmobile-payments-bango-795209.

International Telecommunication Union (ITU) (n.d.), *ITU World Telecommunication /ICT Indicators Database*, www.itu.int/ITU-D/ict/statistics/index.html, accessed in September 2012.

iResearch (2012), *iResearch Released Data of China E-commerce Market in 2011*, www.iresearchchina.com/views/3957.html, accessed in September 2012.

ITU (2012), *Key Statistical Highlights: ITU Data Release June 2012*, press release, www.itu.int/ITUD/ict/statistics/material/pdf/2011%20Statistical%20highlights_June_2012.pdf.

ITU World Telecommunication/ICT Indicators Database (2013), The developed/developing country classifications are based on the UN M49, see: www.itu.int/ITU-D/ict/definitions/regions/index.html.

Kisielowska-Lipman, Marzena (2010), *Ups and Down (load) s, Consumer Experiences of Buying Digital Goods and Services Online*, Consumer Focus, December 2010, www.consumerfocus.org.uk/files/2010/12/Consumer-Focus-Ups-and-downloads.pdf.

Loos, M.B.M (2011) "Analysis of the Applicable Legal Frameworks and Suggestions for the Contours of a Model System of Consumer Protection in relation to Digital Content Contracts, University of Amsterdam, http://ec.europa.eu/

justice/newsroom/consumermarketing/events/digital_conf_en.htm

McKinsey Global Institute (MGI) (2011), "Internet Matters: the Net's Sweeping Impact on Growth, Jobs, and Prosperity", May 2011, *www.mckinsey.com/ insights/mgi/research/technology_and_innovation/internet_matters.*

METI (2012a), FY 2011 *Research on Infrastructure Development in Japan's Information-based Economy Society (E-Commerce Market Survey)* (Japanese only), *www.meti.go.jp/policy/it_policy/statistics/outlook/ bessi3H23EChoukokusho.pdf*, English summary available, *www.meti.go.jp/ english/press/2012/0828_02.html*, accessed in September 2012.

METI (2012b), METI Will Offer Co-operation Concerning Product Safety Together With Auction Shopping Site Operators, June 2012, *www.meti.go.jp/english/ press/2012/0611_01.html.*

MIC (Ministry of Internal Affairs and Communications) (2012), *Survey results on industry structure of mobile content industry (FY 2011)*, July 2012 (available in Japanese only), *www.soumu.go.jp/main_content/000168895.pdf.*

Ministry of Economy, Trade and Industry (METI) (Japan) (2010), *Market Research on Ecommerce in fiscal year 2009, www.meti.go.jp/policy/it_policy/ statistics/outlook/h21houkoku.pdf*, accessed in July 2012.

Mobile Marketing Association (MMA) (US) (2011), *U.S. Consumer Best Practices*, 1 March 2011, *www.mmaglobal.com/policies/consumer best practices.*

Moore, Elaine (2012), *Visa in partnership with Vodafone*, in Financial Times, 27 February 2012, *www.ft.com/intl/cms/s/0/d1087e04-6132-11e1-a738-00144feabdc0.html#axzz27J5OiaNC.*

Nielsen (2010), *Global Trends in Online Shopping, www.nielsen.com/us/en/insights/ reports-downloads/2010/Global-Trends-in-Online-Shopping-Nielsen-Consumer-Report.html* accessed in September 2012.

OECD (1999), *Guidelines for Consumer Protection in the Context of Electronic Commerce*, OECD Publishing, *http://dx.doi.org/10.1787/9789264081109-en-fr.*

OECD (2006), "Report on Disclosure Issues Related to the Use of Copy Control and Digital Rights Management Technologies", *OECD Digital Economy Papers*, No. 115, OECD Publishing, *http://dx.doi.org/10.1787/231477833812.*

OECD (2007), *OECD Recommendation on Consumer Dispute Resolution and Redress*, OECD, Paris, *www.oecd.org/internet/consumerpolicy/38960101.pdf.*

OECD (2008a), *The Economic Impact of Counterfeiting and Piracy*, OECD Publishing, *http://dx.doi.org/10.1787/9789264045521-en.*

OECD (2009), *Conference on Empowering E-Consumers: Strengthening Consumer Protection in the Internet Economy, Background Report*, OECD, Paris, *www.oecd.org/dataoecd/44/13/44047583.pdf*.

OECD (2010a), *Empowering E-Consumers: Strengthening Consumer Protection in the Internet Economy, Summary of Key Points and Conclusions*, OECD, Paris, *www.oecd.org/dataoecd/32/10/45061590.pdf*.

OECD (2010b), *Consumer Policy Toolkit*, OECD Publishing, *http://dx.doi.org/10.1787/9789264079663-en*.

OECD (2011), *OECD Guide to Measuring the Information Society 2011*, OECD Publishing, *http://dx.doi.org/10.1787/9789264113541-en*.

OECD (2012), *OECD Internet Economy Outlook 2012*, OECD Publishing, *http://dx.doi.org/10.1787/9789264086463-en*.

OECD (2013a), "Report on Consumer Protection in Online and Mobile Payments", *OECD Digital Economy Papers*, No. 204, OECD Publishing, *http://dx.doi.org/10.1787/5k9490gwp7f3-en*.

OECD (2013b), "*Protecting and Empowering Consumers in the Purchase of Digital Content Products*", *OECD Digital Economy Papers*, No. 219, OECD Publishing, *http://dx.doi.org/10.1787/5k49czlc7wd3-en*.

OECD (2013c), *OECD Consumer Policy Toolkit Workshop on Communication Services: Summary of Proceedings*, OECD Digital Economy Papers, No. 221, OECD Publishing, *http://dx.doi.org/10.1787/5k480t1g546j-en*.

Office for National Statistics (ONS) (United Kingdom) (2012), *Retail Sales – February 2012, Statistical Bulletin*, March 2012, *www.ons.gov.uk/ons/dcp171778_260930.pdf*.

Office of Fair Trading (OFT) (United Kingdom) (2009), *Finding from Consumer Surveys on Internet Shopping*, *www.oft.gov.uk/shared_oft/reports/Evaluating-OFTswork/oft1079.pdf*, accessed in July 2012.

OFT (UK) (2011) *OFT launches online distance selling resource for traders*, *www.oft.gov.uk/news-and-updates/press/2011/87-11*, accessed in June 2012.

Oracle (2011a), *European Consumer Views of E-Commerce: A Consumer Research Study of Buying Behavior and Trends, White Paper*, March 2011, *www.oracle.com/us/products/applications/atg/euro-commerce-consumer-survey-333316.pdf*.

Oracle (2011b), *Commerce Anywhere: A Business and Technology Strategy to Maximize Cross-Channel Commerce Growth, White Paper*, March 2011, *www.oracle.com/us/products/applications/atg-commerce-anywhere-333297.pdf*.

Perlroth, Nicole and Bilton, Nick (2012), "Mobile Apps Take Data Without Permission", in New York Times, 15 February 2012, *http://bits.blogs.nytimes.com/2012/02/15/google-and-mobile-apps-take-data-bookswithout-permission*, accessed on 19 February 2012.

Pew Internet & American Life Project (2010), *65% of Internet Users Have Paid for Online Content*, *www.pewinternet.org//media//Files/Reports/2010/PIP-Payingfor-Online-Content_final.pdf*, accessed in June 2012.

Pew Internet & American Life Project (2012), *The Rise of E-reading*, *http://libraries.pewinternet.org/2012/04/04/the-rise-of-e-reading/*, accessed in June 2012.

Productivity Commission (Australia) (2011), Trends and Issues Related to Online Retailing, Chapter 4 in Inquiry Report on the Economic Structure and Performance of the Australian Retail Industry, December 2011, *www.pc.gov.au/__data/assets/pdf_file/0009/113769/07-retail-industry-chapter4.pdf*.

SPF Economie, P.M.E., Class moyennes et Énergie (Belgium) (2011), *Litiges De Consommation: Rechercher Une Solution Via Internet*, *http://economie.fgov.be/fr/binaries/20110928_cp_Belmed-SecteurMeubles_tcm326-148211.pdf*, accessed in June 2012.

Syndicat National de l'Edition Phonographique (SNEP) (France) (2012), Le Marché de la Musique Enregistrée: Résultats du Premier Trimestre 2012, SNEP, Paris, *www.snepmusique.com/fr/catalogpage.xml?id=463915&pg=1&cat=253067*.

UNESCO (2004), "About Local Content", 19 March, available at: *http://portal.unesco.org/ci/en/ev.php-URL_ID=14206&URL_DO=DO_TOPIC&URL_SECTION=201.html*.

Walters, C. (2009), Amazon Kindle Books Can Only Be Downloaded A Limited Number Of Times, And No You Cannot Find Out That Limit Before You Hit It, in The Consumerist, 22 June 2009, *http://consumerist.com/2009/06/amazon-kindle-bookscan-only-be-downloaded-a-limited-number-of-times-and-no-you-cannot-find-outthat.html*.

第5章
インターネット経済へのグローバルな参加

　本章では、インターネット経済の新しい進展やイノベーションモデルとともに、インターネット経済の主要要素を見ていく。そして、これらの要素がいかに発展途上国や新興国のインターネット経済の発展に寄与しうるかを見ていく。また、すでに利用可能なスキルと求められるスキルを見ていく。

第1節　包摂的な経済・社会・文化的発展のためのプラットフォームとしてのインターネット経済

　ソウル宣言以降、ブロードバンドの持つ発展への正の影響を肯定する出版物の数が増えている（詳細なレビューについてはStryszowski, 2012を参照）。**経済的観点**からは、多くの事例分析やその他の分析が、企業レベルとマクロレベルの両方における各種の便益を特定した。企業レベルでは、インターネットは企業内の効率性を高め、意思疎通を促進し、コンテンツ市場（例：音楽、映画、ニュース）を変え、新ビジネスの創出を可能にした。マクロ経済レベルでは、多くの研究が、現在進行中のOECDの取組を含め、インターネット普及率の向上と経済成長の間の正の関係を強調している。例えば、『OECDインターネット経済アウトルック2012』（OECD, 2012a）は、2010年の米国における企業部門の付加価値の最大13パーセントが、その定義の範囲次第では、インターネット関連の活動に起因するとしている。

　社会的観点からは、インターネットは改善の余地はあるものの、すでに様々な方法で個人に便益をもたらしている。例えば、教育への正の影響や情報収集手段の向上と共有、より幅広いデジタルコンテンツへのアクセスと利用が挙げられる。消費者として、透明性の向上、より多くの流通チャネル、結果としてより安価な価格という便益を受けている。

　最後に**文化的観点**からは、インターネットはローカルコンテンツの発展と流通を刺激することがわかっている（OECD, UNESCO, ISOC, 2012）。ウェブにより、個人は容易にコンテンツ制作者になることができ、クラウドソース型知識ベースを発展させ、おそらくより重要なことであるが、コンテンツに全世界からアクセスできるようにすることで文化遺産と知識を以前に比べて格段に幅広い人々に公開することができる。

　しかし、大きくなりつつある懸念の元は、インターネット経済の正の効果は

必ずしも十分に包摂的なものとはなっていないということである。国ごとのよく知られた差異と共に、国の中でも生活条件や収入、能力で不平等が存在する。そして、そのような不平等は、発展途上国や新興国においては、最も有利な人と最も不利な人の間の差がより広いため、はるかに大きい。また、流通の最下層にいる人々は、先進国経済の人々よりも極端な生活条件に直面している。包摂的な成長の概念は政治的討論の中で非常によく現れる。例えば、インド政府の11番目の5か年計画（2007-2012年）は、持続可能な成長に焦点を当てているだけではなく、経済的不平等を減らすことを主要目的として特定している。

「包摂的な発展」を達成することは、より広い政策アジェンダの一部であり、また、イノベーションにも関連する。逆にイノベーションは、様々な方法で「包摂性」に影響を与える（より詳細な説明についてはOECD, 2012b, 2012cを参照）。インターネットとICTは、例えば低・中所得者層の企業家活動や福祉を支援するアプリケーションによって、潜在的には非常に重要な役割を果たす。

ICTは、最近の10年で大規模な変化をもたらした。この理由の一つは、ICTが汎用技術であったためである。また、ICTはあらゆる場面でイノベーションをもたらしたが、これは先進国だけに限らない。過去数年の技術進歩の加速が価格水準に大きな影響を与えてきたため、ICTは、包摂的なイノベーションに係る議論に特に関連する。同様に、以下で議論するように、モバイル技術の普及は低所得・中所得者層に手を指しのべることができ、彼ら／彼女らがICTから便益を受けるための最低条件の一つを満たすことができる。様々なアプリケーションは、最も不利な立場の者に根本的な変化をもたらすために特に適しているように見えるにもかかわらず収入とスキルの不平等はICTへのアクセスを引き続き条件付け、不利な立場の者はアクセスの機会がより少ないということになってしまっている。

課題は、インターネットと関連ICTの経済的・社会的機会を新興国や発展途上国に広げる一方、これらの国々のインターネット経済の**包摂的**な発展を達成することにある。

本章では、国レベルでなされた全体的な進歩をレビューし、インターネット

経済の4つの主要分野における包摂的な発展という観点から進捗に光を当てる。

- インターネット経済へのアクセスの増加
- 発展途上国や新興国におけるアプリケーションと利用の促進
- 発展途上国や新興国におけるインターネット経済のためのスキル開発
- イノベーションと新しいビジネスモデルの役割、いかにそれらが発展途上国や新興国に当てはまるのか

第2節　インターネット経済へのアクセスの増加

　高速ブロードバンドネットワークは、インターネット経済の基盤となる。インターネットと関連ICTへのアクセスを拡大することは、ソウル宣言の主要目的の一つとして、インターネットが提供する経済的・社会的便益を新興国・発展途上国が享受できるための必要条件である。ソウル宣言以降、新興国や発展途上国のインターネット経済へのアクセスを増加させるために多くの活動がなされてきた。

　ブロードバンドへのアクセスを増やすことは、国際接続の強化と国内接続の改善の両方を伴う。国際接続は、新興国や発展途上国がグローバルなインターネットに接続するための基本であるため、我々は最初にこの分野の進展を見る。そして、モバイルネットワークとモバイルブロードバンドの進展を次に見る。これらは、発展途上国の人々や組織を接続し、包摂的な接続の目標を達成するための最も有望な道であるとみなされている。

2.1　海底光ファイバケーブルの展開と利用

　衛星、陸上光ファイバ又は海底光ファイバケーブルは、データを長距離にわたって運ぶため、他の国との接続を確実にする典型的な方法である。海底光ファイバケーブルは、伝送損失率が陸上光ファイバケーブルに比べて低いと考え

られ、また、衛星よりもずっと多くのデータを伝送することができるため、通常、より好まれる手段である（OECD, 2013a）。

2008年以降、世界の海底光ファイバケーブルの展開に重要な進展があった。2008年には、多くのサブサハラ海岸国家が海底ケーブルに接続されていなかったが、2012年までにソマリアを除くアフリカのすべての海岸国家が接続された。今日では多くの国が一つ以上の海底光ファイバケーブルに接続されており、信頼性を確保している。また、国際相互接続におけるデジタルディバイドを解消するため、大変な努力がなされてきた。現在、全世界21の国と地域のみが、国際光ファイバ接続を持っていない（表5.1を参照）。過去数年の間、民間部門は、電気通信事業者かコンテンツプロバイダのような他部門の投資家のコンソーシアムの形で発展途上国や新興国の発展の大部分を主導してきた。

表5.1　国際光ファイバ接続がない国・地域

アフリカ	ソマリア（ソマリランドを含む）、光ファイバ接続が構築されたが、いまだに接続されていない。 セントヘレナ、アセンション、トリスタンダクーニャ（英国海外領土）
アジア	クリスマス諸島、ココス（キーリング）諸島（オーストラリア外部領土）
北アメリカ	サンピエールとミクロン（フランスの海外準県）
南アメリカ	イースター諸島（チリ特別領土）、フォークランド諸島（英国海外領土）、ガラパゴス諸島（エクアドル）
カリブ地域	モントセラト（英国海外領土）
オセアニア	クック諸島、キリバチ、ナウル、ニウエ、ノーフォーク諸島（オーストラリア外部領土）、パラウ、ピトケアン諸島（英国海外領土）、ソロモン諸島、トケラウ（ニュージーランド領）、トンガ、バヌアツ、ワリス・フテュナ（フランスの海外準県）

出典：Submarine Telecoms Forum（2012）, *Submarine Cable Industry Report*, Submarine Telecoms Forum, Sterling, Virginia.

投資という点では、2008年から2012年にかけて、100億米ドルが新しい海底光ファイバプロジェクトに投入されている。図5.1は、これらの投資の3分の2以上がサブサハラアフリカ地域、南アジア、中東でなされ、大部分が南アフリカ、インド、中国の市場を狙ったものであることを示している。興味深いことに、民間投資家が非常に消極的だったため、2008年から2012年までの投資の

80パーセントを電気通信事業者が占めていた。政府と開発当局の基金は、この期間5パーセントに達していた（Submarine Telecoms Forum, 2012）。

図5.1　海底光ファイバケーブルの新規プロジェクトへの投資（地域別）、2008-12年

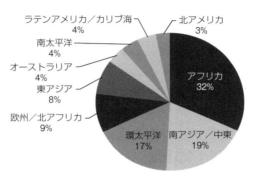

出典：Submarine Telecoms Forum（2012）, *Submarine Cable Industry Report*, Submarine Telecoms Forum, Sterling, Virginia.

いくつかの地域における発展をよく見てみると、発展段階が地域、新興国、発展途上国によって異なることが明らかになる。

──サブサハラアフリカ地域

2008年までは、サブサハラアフリカ地域は2本の光ファイバケーブル、SAT-2とSAT-3によって接続されているのみであった。SAT-2は、南アフリカのみにサービスを提供していた。SAT-3は、西海岸の様々な国々とヨーロッパを接続していたのみだった。東海岸には、海底光ファイバによる接続はなく、多くのアフリカ諸国は、高額な衛星か、高額なSAT-3ケーブルによる接続に頼るしかなかった。一方、2008年からは、大規模な開発がなされ、現在の過剰能力に繋がった。西海岸では、4本の追加的なケーブルがサービスを開始した。東海岸は現在、2本のケーブルにより接続されている。ソマリアのみがいまだに海底光ファイバへのアクセスがない国である。

第5章　インターネット経済へのグローバルな参加

──南北アメリカ、BRICS、発展途上国

　南北アメリカ間の接続には、大西洋間の料金の約10倍の料金という最も高額な相互接続料のケーブルがある（Submarine Telecoms Forum, 2012）。現在、その容量の大部分は3本のケーブルで賄われている。すなわち、SAM-1、South American Crossing、Globe Netであり、すべて2001年に設置されたものである。卸売業者は当該市場全体の重要な支配力を持っている。これは、容量に対するブラジルの需要が増え続けていることと、高額な（接続）料金で説明できる。2013年から2014年の間に少なくとも3つの主要プロジェクトが計画されており、北アメリカ─南アメリカルートに沿って大きく容量が増えるだろう。興味深い進展としては、南アメリカとBRICS、新興国、発展途上国を接続するために4つの追加的なプロジェクトが進行中であるということである。例えば、大西洋ケーブルシステムは、2014年までに完全に敷設されると期待されているが、これはブラジルを欧州と米国に接続することに加え、アンゴラ、アルゼンチン、ウルグアイを接続する。

──太平洋横断の相互接続と南アジア

　2008年から2012年までに、既存の4本の太平洋横断海底ケーブルシステムに加え、3本の新しい海底ファイバ（ケーブル）システムであるTPE、AAG、UNITY／EAC Pacificが敷設された。これにより、米国と東アジア間の全体の容量は非常に増えた。これらの中でも、AAGは主に東南アジア諸国と北アメリカを接続するために敷設され、TPEは主に中国の需要を賄うために敷設された。現在、2014年までに4本の追加的な太平洋横断の光ファイバシステムが計画されている。加えて、東南アジアの事業者は、アジア内の光ファイバシステムを展開することを計画しており、それは、太平洋横断の光ファイバシステムからより独立することになるだろう。結果として、アクセスがより効率的な方法で提供されることになり、料金は下がることが期待されている。

──南アジア

　現在、南アジアで最も多い需要は、インドからものである。南アジアと欧州間の主な相互接続は、スエズ湾を通過するものである。ここは、船の錨や地震、

エジプトにおける政治的不確実性により、たびたび供給停止に陥ることで知られている。このルートの料金はいまだにかなり高いと考えられており、このことは優先度がより低いトラフィックは北アメリカ経由のルートを使うことに繋がっている（OECD, 2013a も参照）。南アフリカ経由で欧州と南アジアを接続するSAT-3の拡張など、いくつかの代替ルートが敷設されてきた。2008年から2012年に4本のケーブルシステムが敷設された結果、インドは現在10以上の国際ケーブルによってサービス提供されていることになる。2014年に少なくとも3本の追加的なケーブルが計画されており、大きく容量が増えるだろう。この計画の一部には中国の事業者（Sea-Me-We-5）が深く関与している。

　特にサブサハラアフリカ地域の接続と東南アジアとの太平洋横断の相互接続により容量が増大したという点で、新興国・発展途上国における海底光ファイバシステムの展開には極めて重要な進展があった。今後は、南アメリカとの接続を促進するべきである。この地域には多くのプロジェクトがあり、もしこれらの新プロジェクトが、卸売業者が現在南アメリカ市場で持っている力を均衡させるのに寄与するならば、発展はかなり有望である。競争と民間投資は、事業者のコンソーシアムによることが多く、新興国と発展途上国を接続するための推進力となってきた。

海底ケーブルの信頼性

　ある国で海底光ファイバケーブルが切断されたとき、当該国は他の光ファイバシステムに代替させる必要がある。多くの国は、現在一つの光ファイバシステムにしか接続していないので、メンテナンスの実施、地震による突発事故、錨や漁船などによる損害があったときは国内のインターネットが切断されてしまう。2012年、レバノン、バングラデシュ、ナイジェリアなどはみな、海底光ファイバの切断により供給が停止し、それぞれの国の企業やエンドユーザに大きな影響を与えた（AFP, 2012; BGPMON, 2012; Dailytimes, 2012）。それゆえ、各国は自国に接続されているネットワークの信頼性を向上させる方法を模索している。しかし、信頼の向上は競争に負の影響を与えうる。例えば、ある国又

は地域に複数の新しい又はアップグレードしたケーブルがあるということは結果的に供給過剰となり、過去には倒産に繋がったこともあるため、民間投資家は追加的重複のための投資には消極的となる可能性がある。

海底光ファイバシステムと陸揚局へのアクセス

ひとたび光ファイバシステムと陸揚局が設置されれば、国に接続するための決定的な問題は、海底光ファイバシステムと陸揚局への公正かつオープンなアクセスが提供されているかどうか、そしてどのように提供されているかである。これにより、複数の事業者が国際相互接続を利用することができ、競争的な料金が卸売レベルで得られる。現在、多くの新興国や発展途上国の状況は、陸揚局へのアクセスがいかにオープンか、そしてどのような条件でこれらの局へのアクセスが提供されるのかについて、透明性がないことが多い。

多くの新興国や発展途上国がグローバルなインターネットに接続され、また、2008年から2012年にかけてグローバルな相互接続へのアクセスが増加したにもかかわらず、一つの陸揚局にアクセスすることができるのは少数に限られている。複数の陸揚局がある場合、これらは大抵単独の事業者によって支配されているが、独占により消費者に過大請求をするというリスクがかなり高い。ケーブルシステムがコンソーシアムによって支配されている場合、コンソーシアムの一部ではないインターネットサービスプロバイダ（ISP）にとって、コンソーシアムが支配している陸揚局に競争的かつ公正なアクセスをすることは困難であることが多い。

海底ケーブルシステムと陸揚局に係る更なる作業分野

海底光ファイバケーブルは国際電気通信のバックボーンとなっている。それゆえ、信頼でき、競争的な海底光ファイバへのアクセスは、国の経済的発展にとって決定的に重要である。更なる取組としては、いかに信頼性と競争の両方が改善されるか、例えばケーブルを敷設したコンソーシアムに参加していないISPに対してオープンアクセスと公正な料金を保証するかに焦点を当てること

ができる。

　競争に関していえば、どの地域や国が陸揚局への競争的かつ公正なアクセスを明らかに欠いているかを判断するため、より詳細な分析を行うことができる。競争的なアクセスがない場合、当局が海底（ケーブル）システムを敷設したケーブルのコンソーシアム外の企業も陸揚局にアクセスできるよう確保すべきである。加えて、陸揚局へのアクセスとアクセスのために請求される料金の両方について透明であるべきである。

　様々な国の経験によれば、次のような方策により独占的な行動を規制することができる。

- 法律の制定
- 競争法の適用
- 電気通信規制の適用

　シンガポールは陸揚局へのアクセスを開放したことで成功した例として、しばしば引用される。この国は、主に規制アプローチを採用した。ひとたび陸揚局へのアクセスがうまく開放されれば、十分なバックホール回線の容量を確保することも重要となる。

　全体として、各国をインターネットに接続することについては、進捗が見られた。国が海底光ファイバに接続されるたびに、何十倍も速度が速くなり費用が下がる。デジタルディバイドは、ローカル市場への更なる投資によって解消されつつある。しかし、接続されているということは問題解決全体の一部分にすぎない。インターネット経済が本当に経済に根付くためには、信頼でき、かつ、競争的なサービスが市場で利用可能でなければならない。今後はいかに競争と信頼性のバランスをとるか考えていく必要がある。

2.2　モバイル通信における発展

　モバイルネットワークは、新興国や発展途上国においてインターネットへの

第5章 インターネット経済へのグローバルな参加

アクセスを増やす有望な方法と考えられており、将来のインターネット利用者の大部分が無線ネットワークを経由してインターネットに接続すると予想されている（OECD, 2009b; IADB, 2011）。国際電気通信連合（ITU）世界電気通信／ICT指標データベースによれば、2010年においては、世界の90パーセントがモバイル信号によってカバーされた。過去数年で、新興国や発展途上国における携帯電話とスマートフォンの数は速いペースで増加してきた。これはトラフィックの伸びをさらに推し進めるだろう。

図5.2は、全世界のモバイル契約数の発展の概観を示す。ここでは2つの重要な要素が示されている。つまり、2005年から2013年までの間でモバイル契約数は3倍になり、全世界で60億契約以上となっている。加えて、全体の契約割合は、時を経て大きく変わった。2000年には全体の契約における発展途上国のシェアは35パーセントだった一方、2013年には全モバイル契約の4分の3（76.6パーセント）は発展途上国になることが予想されている。この極めて大きな伸びは、発展途上国では、モバイルとスマートフォン（モバイルに比べると少ない）が非常に伸びていることと連動している。モバイルやスマートフォンは、モバイル通信の更なる成長の推進力の一つとなるだろう。

図5.2 モバイル契約数（発展段階別）

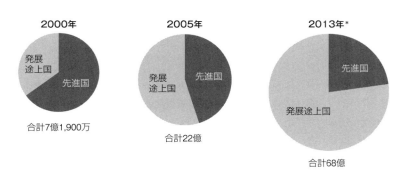

注：＊推計値
出典：ITU World Telecommunication/ICT Indicators Database (2013), The developed/developing country classifications are based on the UN M49, www.itu.int/ITU-D/ict/definitions/regions/index.html.

図5.3 100人当たりのモバイル契約数（発展段階別・地域別）

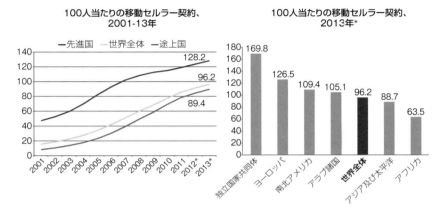

注：＊推計値

図5.4 業務に携帯電話を利用している企業の割合、2009-11年

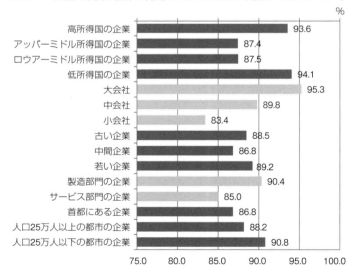

注：統計は38か国1万6,777の企業調査に基づく。詳細はPaunov and Rollo（forthcoming）を参照。
出典：Paunov and Rollo（forthcoming）, "Has the Internet fostered Inclusive Innovation n the Developing World?", *OECD Science, Technology and Industry Working Papers*, forthcoming, based on World Bank Enterprise Surveys.

第5章　インターネット経済へのグローバルな参加

表5.2　インフォーマル部門における技術利用に係る統計（発展途上14か国）、2009-10年

		全体		アフリカ地域		ラテンアメリカ・カリブ地域	
		企業数	割合(%)	企業数	割合(%)	企業数	割合(%)
電力の利用	いいえ	553	24.9%	369	29.7%	178	20.7%
	はい	1,668	75.1%	873	70.3%	681	79.3%
グリッドへの接続	いいえ	145	8.7%	130	14.9%	13	1.9%
	はい	1,522	91.3%	745	85.1%	685	98.1%
電力供給停止の経験	いいえ	765	46.1%	275	31.8%	489	72.0%
	はい	894	53.9%	591	68.2%	190	28.0%
携帯電話の利用	いいえ	1,026	40.7%	295	23.8%	674	56.0%
	はい	1,495	59.3%	943	76.2%	489	42.1%
電子メールの利用[1]	いいえ	-	-	347	94.0%	-	-
	はい	-	-	22	6.0%	-	-
携帯電話の利用[1]	いいえ	-	-	87	22.8%	-	-
	はい	-	-	294	77.2%	-	-

1. コートジボワール、マダガスカル、モーリシャスのみ。
注：データは、14か国（アンゴラ、アルゼンチン、ボツワナ、ブルキナファソ、カメルーン、カーボヴェルデ、コンゴ民主共和国、コートジボワール、グアテマラ、マダガスカル、マリ、モーリシャス、ネパール、ペルー）の企業調査に基づく。
出典：Paunov and Rollo (forthcoming), "Has the Internet fostered Inclusive Innovation in the Developing World?", *OECD Science, Technology and Industry Working Papers*, forthcoming, based on World Bank Informal Firm Surveys.

　100人当たりのモバイル契約は、特に発展途上国において急速に伸びている。2008年の100人当たり49.1人から、2011年には100人当たり78.3人に上昇している（図5.3を参照）[1]。アフリカは現在のところ、100人当たりのモバイル契約数が最も少ない地域である。全体として、先進国と発展途上国の間の差は2007年以降はモバイル契約という観点から**縮まっている**。全体のディバイド曲線は時を経てS字形となっている。

　モバイル通信の分野におけるデジタルディバイドが解消しつつあるもう一つの兆候は、業務で携帯電話を利用する企業の割合である。2009年から2011年の間で、38の発展途上国の企業サンプルをベースとし、図5.4は携帯電話を利用する企業の割合を示している。2009年から2011年の間、国、場所、年齢ベースでのデジタルディバイドは見つからなかった。つまり、低所得国の企業の94.1パーセント、遠隔地にある企業の90.8パーセント、新規企業の89.2パーセ

ントが、業務で携帯電話を利用していた。携帯電話は、非公式経済部門[2]においてもかなり導入が進んでいる。表5.2は14か国のインフォーマル企業のサンプルに基いているが、アフリカの企業にとって携帯電話の導入は電力の導入よりもずっと大きかったということを示している。

これまで議論してきたモバイル契約は、**モバイルブロードバンド**の基礎を提供する。モバイルブロードバンド契約に係る統計は過去数年のものしか利用できないものの、大きな傾向がある。つまり、100人当たりのモバイルブロードバンド契約は大きく増加している。図5.5で見られるように、先進国（先進国と途上国の分類については図の説明文を参照）では、契約数は2007年に100人当たり18.5契約であったものが、2011年には55.1契約となった。2007年にはモバイルブロードバンドのアクセスが発展途上国ではゼロに近かった一方、100人当たりの契約数は2011年までには8契約まで上昇し、低い水準からの伸びではあるが900パーセントの成長を示している。今後、契約数は増え続ける

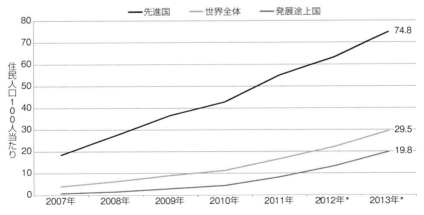

図5.5　100人当たりのアクティブなモバイルブロードバンド契約数、2007-13年

注：＊推計値
出典：ITU World Telecommunication /ICT Indicators Database (2013), The developed/developing country classifications are based on the UN M49, http://www.itu.int/ITU-D/ict/definitions/regions/index.html.

第5章　インターネット経済へのグローバルな参加

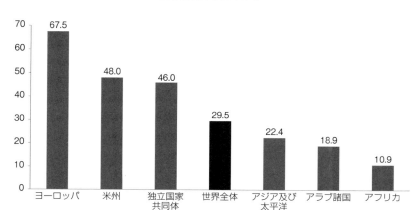

図5.6　100人当たりのアクティブなモバイルブロードバンド契約数（地域別）、2013年＊

＊推計値
出典：ITU World Telecommunication /ICT Indicators Database (2013), Regions are based on the ITU BDT Regions, www.itu.int/ITU-D/ict/definitions/regions/index.html.

と期待されている。しかし、基本的なモバイル契約数におけるデジタルディバイドは小さくなっているものの、グラフはモバイルブロードバンド契約では現在は格差が広がっているということ示している。モバイルブロードバンド契約の数を地域で比較してみると、アフリカは明らかに遅れており、100人当たり10.9契約となっている（図5.6を参照）。

全体として、発展途上国で伸びている契約数は、人々や組織がインターネットにアクセスするため希少資源を使うことを厭わないということ、及び、インターネットに繋がっているということが重要な付加価値を持つと考えていることを示している。しかし、特に遠隔地・僻地において、高速モバイルネットワークの展開がさらに進展する必要がある。また、もう一つの主要要素は、契約が手頃な価格で提供されていることと言われている。残念ながら現段階では、発展途上国の現在のモバイルブロードバンド料金をベースとする事例研究やいくつかの地域研究が存在するのみである。しっかりとした測定方法と追加的な情報がモバイルブロードバンド料金に係る統計を収集するためには必要である。

223

OECDは最近、既存の料金ベンチマーキング測定方法に追加する形で、モバイルブロードバンド料金を測定するための方法を採択した（OECD, 2012d）。この計測方法は、発展途上国におけるモバイルブロードバンド料金の比較を行うために利用することができ、これらの国々に適合するように調整や簡素化することができる。例えば、国際電気通信連合（ITU）はモバイルブロードバンドバスケットの簡素化されたセットを開発している。

モバイル通信における将来の取組分野

　これまで述べてきたとおり、モバイルブロードバンドへのアクセスを手頃な価格で提供することに関し様々な地域や大陸の比較や、国や社会の様々な集団の中でも大きな差異があるかどうかをしっかりと検証するため、モバイルブロードバンド料金に係る一貫した計測方法が開発される必要がある。

　第三世代（3G）サービスやLTE規格（携帯電話の新たな通信規格）といった高品質のモバイルネットワークの展開は、引き続き非常に重要であり、また、周波数の利用可能性にも影響を与える。この点、政府は周波数のリファーミング（再分配）、つまり周波数を低い価値の利用形態から高い価値の利用形態へ再割当することを重視すべきである。また、事業者が3Gサービスやより進んだサービスを提供することを可能にするため、透明性の高い形で周波数を追加的に開放することを重視するべきである（OECD, 2009b）。いくつかのOECD加盟国では、周波数オークションが周波数の割当のために価値のあるツールであることを証明している。例えば、ドイツでは、最近のオークションがブロードバンドに対する**僻地や遠隔地のアクセス格差**を埋めるための効率的な手法であることがわかった。ドイツでは、周波数の割当と遠隔地にブロードバンドを展開する義務を関連付けた。オークションで勝った事業者が当該周波数を都市部や密集地域で利用する前に、当該事業者は僻地や遠隔地の接続性を確保しなければならなかった。このアプローチもまた、新興国や発展途上国で考慮することができるかもしれない。加えて、いかなる無線ネットワークも地中の有線のインフラに頼っている。ゆえに、新興国や発展途上国に強靭な基幹通

信インフラを展開することについても更なる努力がなされるべきである。より多くの供給者をバックホール市場に呼び込む政策が必要とされている（OECD, 2009b）。

　利用している端末の点では、特に低所得層は、複雑なオンラインオペレーションが現在はできない簡易な端末機を主に利用している。3Gモバイルネットワークを導入し始めた発展途上国の数が増えているため、低所得者層も最初は中古端末の利用から始まることで、より高機能の端末機が徐々に人気となることが期待されている。スマートフォンを利用することに対する現在の主な障害は、多くのモデルが毎日充電しなければならない一方、特に地方においては電力がないことである。太陽光を活用した電話の充電ステーションなど、新しい解決法を生み出すことが考えられる。

第3節　発展途上国や新興国におけるアプリケーションと利用の促進

　アプリケーションという点で、インターネットとICTの持つイノベーションの可能性は、明らかになっている。2008年以降かなりの進展があり、新興国や発展途上国で様々なアプリケーションが開発されてきた。ここでは4つの種類のアプリケーションに焦点を当てる。1）農業と漁業、2）医療、3）教育、4）モバイルバンキングである。この選択は2つの観点に基づく。すなわち、これらのアプリケーションは低所得・中所得者層に潜在的には強い影響を与えるものであることと、過去数年かなりの試行と進展があったことである。農業と漁業は、低・中所得者層の主な活動の一つであり、分散した場所にある情報により良くアクセスできることは、ICTの広がりから得られる主な利点の一つである。医療と教育は福祉のための主要なアプリケーションであり、福祉の向上に刺激を与えるものである。この章の残りでは、これらのアプリケーションの最近の進展についてまず議論を行い、それから、更なる進展を支援するため

将来の取組分野に焦点を当てる。

3.1 農業と漁業におけるICTベースのアプリケーション

　ICTとインターネットの基本的な役割は、最新の正確な情報を広く普及させることである。新興国や発展途上国の不利な地方コミュニティは、携帯電話によって最初にそのような情報にアクセスすることが多い。このような簡素で、しばしば費用効率的な機能性（より洗練されたアプリケーションと比較して）はこれらのコミュニティの活動を支援することができる（コラム5.1）。図5.7では、農業と地方の発展のための利益の源泉を要約している。単純なアクセスから、情報サービス、ネットワークを通じたサービスと接続性へのアクセス、金融へのアクセスに関するより進んだ利用まで様々である（以下を参照）。

コラム 5.1　情報提供をベースとした農業・地方発展のためのモバイルアプリケーションの例

KACE（ケニア）：20のコモディティ価格の毎日の市場情報を提供し、卸業者の需要と農場の生産物とが合致するようオファーとビッドを円滑化し、農業者と買付者の連携を円滑化する（例えば、契約交渉やコモディティ輸送など）。

DrumNet（ケニア）：園芸やオイルシード産業を対象とし、市場トレンド、天候、将来のパートナー、関連するトピックに係る情報を提供する。様々な関係者（製造者、買付者、加工工場、輸送サービス提供者、銀行、インプット小売業者）の間のサプライチェーンプロセスを円滑化するため、資金調達、製造、配達、決済機能を含む（クラウドコンピューティングの節を参照）。

Virtual City（ケニア）：茶、コーヒー、綿花、乳製品の主要な買付業者に農産物の収集、記録、会計、追跡／流通のための自動化されたシステムを提供する。農業者は、より早くより正確な価格、品質、量の情報を受け取る。中小規模の小売業者は、販売、配達、注文、支払いのために電話を使うことができる。

Ushahidi（ケニア）：危機や混乱、その他の出来事に関する情報を携帯電話を使って収集して報告し、グーグルマップ上の情報を更新する。ケニアとハイチでう

まく活用されてきた。他の多くの場所でもライセンスされている。

Farmers Texting Center（フィリピン）：農業者、普及指導員等からの主にコメの生産についての農業に係る質問に回答する、革新的なSMSベースのサービスを提供している。

b2bpricenow（フィリピン）：現在の市場価格情報を農業者や組合に提供。オンライン市場は、売り手と買い手を結び付け、銀行口座（ウェブ）やデビットカード（携帯電話）を通じた金融取引を処理する。

1920 AgriExtentsion（Govi Sahana Saranaとしても知られる）（スリランカ）：無料のホットラインサービスであり、作物に係る助言と技術アドバイスをシンハラとタミルの農業者に行う。目的は、農業者の技術的問題やインプット、マーケティングに係る問題解決を支援することにある。利用者は同国のどこからでもコールセンタのオペレータからの至急の回答を求め、電話をすることができる。より複雑な質問については、農業専門家も第二の支援ラインとして利用できる。

Dialog Tradenet（スリランカ）：農業のコモディティ価格の情報をSMSや非構造付加サービスデータ（USSD）を用いて転送し、情報アービトラージ（訳注：情報格差による価格差）を減らす。契約者は、対象の3つの市場のそれぞれから5つの果物と野菜について5つまでの価格アラートを受け取る。また、農業者のために潜在的な買付者を見つけるため取引の場を提供する。

Fisher Friend（インド）：地元の魚市場、天候、海、その他漁業者にとって不可欠な情報に関する適時の情報を提供する。また、「政府スキームや福祉受給権、医療サービス、ディレクトリサービス、海事無料ヘルプラインに関する情報も提供することにより、知識ベースを増やす」。マイクロソフト・スワミナサン研究財団（MSSRF）、インド・タタ・テレサービス（India Tata Teleservices）社、アステュート・システム・テクノロジー（Astute Systems Technology）社、ワイヤレスリーチ（Wireless Reach）事業、クアルコム（Qualcomm）社間の協力がある。

出典：Zhenwei Qiang et al.（2011）, *Mobile Applications for Agriculture and Rural Development*, ICT Sector Unit, World Bank, Geneva, December 2011（Fisher Friendを除く）。

**図5.7　農村地域・遠隔地の発展のためのモバイルアプリケーションからの
潜在的利益の源泉**

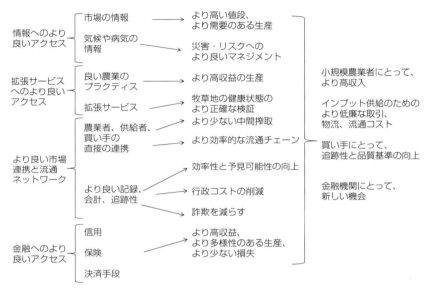

出典：Zhenwei Qiang et al.（2012）, *Mobile Applications for the Health Sector*, ICT Sector Unit, World Bank, Geneva, April 2012.

利用者のための福祉の観点からの影響

　地方コミュニティによるモバイル技術の幅広い利用は、情報へのアクセス需要があることを示している（例：Batchelor, 2002）。de Silva and Ratnadiwakara（2010）によれば、スリランカにおける300の小自作農の代表サンプルの全生産費用の11パーセントが情報の検索であった。農業の零細企業とそのICT利用の研究により、肥料と市場価格の情報の受領に特に関心があることがわかった（Lokanathan and Kapugama, 2012）[3]。しかし、当該研究によれば、対面のコミュニケーションもいまだに他のコミュニケーション方法より好まれるということであった。このことは、モバイルベースの農業情報サービスの漸進的導入を示唆しているかもしれない。潜在的な利用者は、関連するモバイルアプリ

ケーションから十全に便益を受けるためには、伝統的な対面のコミュニケーションではなくメッセージベースのシステムに慣れなければなければならないからである。

　地方コミュニティにとって情報へのアクセスが便益をもたらすことについて具体的な証拠もある。Jensen (2007) は、適時の情報へのアクセス（この場合は価格情報）は非効率性が減少するため、漁業者や農業者がそれぞれ自分たちの商品により良い値付けができたことを示している。Jensen (2007) によれば、漁業者は適時の価格情報へのアクセスにより、利益を平均8パーセント増加させた。加えて、消費者価格が4パーセント下落し、かつて日々の収穫の平均5パーセントから8パーセントを占めていた廃棄損が除去された。DrumNetのアプリケーション（コラム5.1を参照）により、ケニア人の農業者が収入を増やした（Zhenwei Qiang *et al.*, 2011）。拡張サービスなどの成功に関しては、スリランカのe-Dairyが携帯電話を通じた獣医サービスや拡張サービスを提供することにより、子牛一頭ごとに農業者が1年に262米ドル多く稼ぐことができるようになった。そして、ケニアの茶の栽培者が、Virtual Cityの生産測定、記録、追跡機能を利用することによって、平均収入の9パーセントの増加（年間約300米ドル）を報告した（Zhenwei Qiang *et al.*, 2011）。

規模、プロジェクト持続可能性、総影響

　上述の証拠によれば、過去数年においては、モバイルアプリケーションは利用者にとって、一般的に正の効果があった。しかし、より大きな効果を得るためには、モバイルアプリケーションの規模次第であり、財政的持続可能性にも強く関連している。実際、上述の農業の零細企業の研究では、サンプル中の農業者は誰もインターネットを利用しておらず、現段階では影響はむしろ基本的なモバイル技術から得られたとしている。ただ、モバイルベースの農業の情報サービスでさえ、インドの事例以外にはそれほど多く使われていなかった。

　既存のアプリケーションの多くは、高収益を生み出すわけではないため比較的小規模な事業となっている。例えば、74の事例を扱った農業や地方発展の

ためのモバイルアプリケーションの研究によれば、29パーセントのアプリケーションのみが運営費用を賄うのに十分な収益を上げていた。一方、大部分は政府、寄付者、企業の社会的責任（CSR）資源から少なくともいくばくかの資金を受け取っていた（Zhenwei Qiang et al., 2011）。初期の開発費用の場合、状況はさらに悪い。つまり、5つプロジェクトのうち4つ以上がそれらの開発と開業段階のために非営利資金を当てにしている。しかし、例えば上で触れたケララのインドの漁業者に提供されるような情報サービスのように高収益のサービスもいくつかある。さらに、プリペイド式や段階的料金制、チェーンファイナンシングなどの革新的な料金モデルの試行により、低所得層であっても資金を集めることが可能である（Mendoza and Thelen, 2008）。

3.2　医療のためのアプリケーション
医療アプリケーションから得られる潜在的利益

　福祉といえば、医療と教育は基本的な要素である。インターネットとICTベースのアプリケーションは、より広い範囲でのサービス提供とより品質の高いサービスのための機会を提供する。不利な立場の者としては、特に地方においては質の高い教育や医療サービスが受けられないところが多いので、潜在的便益はおそらく他の集団より大きい。例えば、携帯電話は医療サービスに繋ぐことを可能にし、医療従事者が遠隔地の専門家と相談することを可能にし、結果として医療従事者のサービスが向上する。医療と教育のサービスを「伝統的な方法」で広める費用は発展途上国や新興国にとってはあまりにも高額で需要を賄えないため、こういったアプリケーションは特に魅力的である。

　より具体的には、医療アプリケーションは4種類の貢献が考えられる（Zhenwei Qiang et al., 2012）。

1. 医療サービスの質と医療サービスへのアクセスの改善（例：アプリケーションリマインダーを通じた治療サポート、患者の追跡、緊急サービス、地方の医療従事者や他の専門家のための訓練の改善）。

第5章 インターネット経済へのグローバルな参加

2. 医療分野の人的資源の効率性の向上（例：記録保存、診断決定のサポート）。
3. リアルタイムの医療情報の把捉と利用（例：災害管理、社会的説明責任、疾病監視）。
4. 公衆衛生の増進（例：公衆衛生のアドバイスや教育プログラムを通じた病気予防）。

実際の医療アプリケーション

コラム5.2は、多くの事例があることを示している。これらは最近始まったものが多い（プロジェクトのいくつかの概要については、ADB, 2010を参照）。

コラム 5.2　モバイル医療アプリケーションの例

Child Count+（ケニア）：妊娠中の女性と5歳未満の児童を登録し、医療従事者による訪問に優先順位をつけるため、彼ら／彼女らの基本情報を収集するアプリケーション。

Sehat First（パキスタン）：自立事業のフランチャイズ化された遠隔医療センターを使った、パキスタンにおいて基本的な医療サービスと製薬サービスへのアクセスを提供するための社会的企業。アキュメンファンド（Acument Fund）からのエクイティ投資により2008年に設立され、4,000人以上の患者にサービスを提供している。患者は主に女性と児童である。

Tamil Nadu Health Watch（インド）：2004年の津波後に導入された疾病監視システム。4つの地区にあるプライマリ医療センター間で連携し、医療専門家とプログラムマネジャーがより効果的に活動を調整し、より効率的に資源を配分することができる。携帯電話の利用により、医療従事者がたとえ遠隔地にいても、すぐに病状を医療事務者に報告でき、対応を迅速化できる。

Project Masiluleke（南アフリカ）：HIV/AIDSの検査を受ける患者の数を増やし、予防や治療に関する情報を受けるというもの。1日に約100万のメッセージを送信し、1年で国の携帯電話利用者のほぼすべてをカバーする。このプロジェクトは、プラエケルト財団（Praekelt Foundation）、ポップテック・イノベーションネットワーク（the PopTech innovation network）、ライフ

ライン・南アフリカ（Lifeline Southern Africa）（政府が支援するヘルプラインの提供者）、iTEACH、フロッグデザイン（Frog Design）社、そして国内の携帯電話事業者（MTN South Africa）により支援されている。

モンゴルの地方における母体又は新生児の健康増進のための遠隔医療サポート：僻地の医療サービスの向上により幼児と母の死亡率を減らすことを目指している。プロジェクト資金は、モンゴル政府の母子健康研究センター（Mother and Child Health Research Centre）、ルクセンブルク政府の国際開発協力庁（Lux-Development Agency）、国際連合人口基金（UNFPA）のジョイントベンチャーを通じて得られている。

WelTel（ケニア）：処方された服用に従うための一連のリマインダーで患者を支援する抗レトロウイルス（ARV）治療をサポートするSMSベースのメッセージシステム。

出典：Sehat First（*www.sehatfirst.com*）はMelhem and Tandon（2009）、Tamil Nadu Health WatchはAdler and Uppal（2008）、Project MasilulekeはZhenwei Qiang *et al.*（2012）、WelTelとChild Count+ はZhenwei Qiang *et al.*（2012）。

福祉の観点の影響

　証拠によれば、多くのインターネット及びICTベースの医療サービスに正の厚生効果があった。例えば、Project Masiluleke（コラム5.2を参照）は、開始以来、当該国のHIV/AIDSヘルプラインの利用が約4倍になった。また、Medic Mobileは地方のコミュニティ医療従事者にサポートを提供しようとするプロジェクトであるが、これは成功したことが証明されている。マラウィのパイロットプロジェクトでは、当該システムを利用する75名の従事者は輸送費用を大きく節約し、結核治療プログラムの量を6か月で2倍にすることができた（Mahmud *et al.*, 2010）。正の影響が特定されたもう一つの例は、WelTelであり、これはテキストメッセージをHIV/AIDS患者に送り、治療計画に従うことを支援するケニアのプログラムである。WelTelを利用する臨床試験で

第5章 インターネット経済へのグローバルな参加

は、SMSリマインダーを受け取ることが患者の抗レトロウイルス治療の遵守に効果があったことを示した（Zhenwei Qiang et al., 2011）。

拡張性とプロジェクトの持続可能性

農業や漁業のアプリケーションの場合のように、国内や各国間でこれらのプログラムを拡張することや成功しているアプリケーションを複製することには課題がある。SocialtxtやHMRI 104 Adviceなどのアプリケーションはかなり広い影響力を持っている一方、大多数のアプリケーションは、図5.8にあるように小さく、総じて大きな影響力を持つまでは至っていない。これは、モバイ

図5.8 モバイル医療アプリケーションの規模（ハイチ、インド、ケニア）、2010年

取引のユニークユーザの数

出典：Zhenwei Qiang et al. (2011), *Mobile Applications for Agriculture and Rural Development*, ICT Sector Unit, World Bank, Geneva, December 2011, based on Dalberg research and analysis.

ル技術の利用がかなり進んでいるケニアにも当てはまる。パイロットプロジェクトで実行可能で、臨床に役立ち、持続可能性や規模があったものでさえ、ひとたび最初のシードファンディングが尽きたら、事業継続することができたプロジェクトはほとんどない（WHO, 2009）。

　この結果はしばしば、長期的な事業継続ができないアプリケーションの資金調達モデルに密接に関連している。医療サービスのいくつかは高コストであり、営利目的のアプリケーションビジネスモデルの実現可能性は、例えば農業アプリケーションと比べてかなり低いだろう。しかし、民間部門は社会的責任プログラムの一部としてだけではなく、様々な取組を実施してきた。例えば、Novartis社は、タンザニアでSMS for Lifeプログラムを実施している。SMS for Lifeは、公衆衛生施設の週ごとの在庫状況を追跡するため、必要不可欠な薬をより入手できるようにするため、及びマラリアによる死亡者の数を減らすため、携帯電話、SMSメッセージ、電子的マップ技術の組合せを活用する。また、例えば収入による料金差別化をすることにより、低所得者層を除外しないで十分な資金を集められるような革新的な料金戦略を導入する試みがなされてきた。Ziqitza社は、「1298」プログラムを通じ、インドの2州にまたがって、一次救命と二次救命設備を完備した救急車ネットワークを運営している。「1298」のビジネスモデルは、患者が選ぶ病院の種類により決定される価格スライド制を利用しており、価格は患者の支払能力によって決められる。資金調達の持続可能性は相互補助によって保証されている。

3.3　教育のためのインターネットとICTベースのアプリケーション

　多くの発展途上国と新興国には資質のある教師が不足しているため、教育の分野において予期される便益は、特に質とアクセスに関して大きい。教育をより少数の資質のあるスタッフで提供できること、特定の必要や環境に応じて学習要件を合わせることで時間と場所にとらわれない学習を提供することにより、一般の授業時間に合わせることができない人々（例えば、地方や他の不利グループに位置付けられる従業員等）が教育サービスにアクセスできることといっ

た特徴は特に魅力的である。医療のアプリケーションと同じく、教育部門においても利益を出すことも可能である。

実際の教育目的のためのアプリケーション

モバイル教育アプリケーションの例は、コラム5.3に掲げている。例えばインドのHIV/AIDSへの意識を高めるためのダウンロードできるゲームの開発など、情報共有を超えたより野心的な実験がなされてきた（Adler and Uppal, 2008）。

コラム 5.3　モバイル教育アプリケーションの例

Project Mind（フィリピン）：携帯電話により、遠隔で非公式な教育サービスを提供する。生徒の成績は、生徒が送信するSMSによる択一式の数学や科学の問題に対する解答によりモニターされる。

text2teach（フィリピン）：モバイルと衛星技術を使った、迅速かつ適時な教育コンテンツを提供する。コンテンツには、900以上の動画、画像、テキスト、オーディオフォーマットのマルチメディア教材が含まれている。また、SMSをフィードバックやコメントを受けるために利用している。

Text to Change（南アフリカ）：特に双方向かつインセンティブベースのSMSメッセージといった携帯電話技術を利用し、保健医療、教育、経済発展などの福祉に関連する課題について人々を啓発し、興味を持たせ、力を与えるような情報を送信・受信する。

バーチャルパキスタン大学（VUP）：2002年に設立され、現在、17の学位プログラムを提供している情報技術ベースの大学。国内の電気通信設備を利用し、衛星放送TVチャネルを通じ、インターネットを利用して双方向のやりとりができる講義を非同期的に提供している。

出典：ProjectMindとtext2teachはZhenwei Qiang *et al.*(2012)、バーチャルパキスタン大学（VUP）はBaggaley and Belawati (2010)。

利用者のための福祉の観点からの影響

　教育プロジェクトについては、一貫した正の影響の証拠がある。非公式遠隔教育モバイル技術取組（MIND）は国際開発研究センター（IDRC）が支援する取組であり、非公式教育部門つまり、学校に通っていない若者、大人の学習者、義務教育にアクセスできない人々に焦点を当てている。結果は、当該プロジェクトのSMSコースの英語と数学において、フィリピンとモンゴルの学生に正の効果があった（Baggaley and Belawati, 2010）。

より広い影響のための拡張性とプロジェクト持続可能性

　モバイル教育のアプリケーションは、規模とプロジェクトの持続可能性に関し、これまで見てきた医療アプリケーションと類似した課題に直面する。しかし、遠隔教育も含むICTベースの教育プロジェクトについては、状況は異なっている。例えばバーチャルパキスタン大学（VUP）のようないくつかのプロジェクトは、広い学生に対応するため、60都市100以上の提携機関のネットワークに活動を広げている。

3.4　モバイルバンキングアプリケーション

　多くの発展途上国及び新興国では、銀行サービスへのアクセスは限られている。例えば、ケニアはモバイルバンキングが最も成功している国であるが、2010年には人口の19パーセントのみが銀行にアクセスできた（AfDB, 2010）。ケニアの場合のようにモバイル技術のより広い導入によって、これまでは銀行サービスを利用できなかった人々もサービスを利用できるようにすることができるなら、潜在的には発展途上国や新興国にとって大きな影響を与える。しかし、公式の銀行サービスの広いネットワークをつくることは困難である。これは、インドなどの国における多数の小規模なコミュニティを対象とする場合に特に当てはまる。なぜなら、そのようなところには、銀行にとって良いビジネス事例があまりないためである。

基本的なモバイルバンキングサービスは、現金の輸送や保管によるセキュリティリスクが減ることにより福祉を向上させることに役立つ。また、同サービスは、高い輸送費、例えば都市部の移民労働者が、遠方に住む家族に送金する際に負担しなければならない費用等を減らす可能性がある。モバイルバンキングサービスが、例えば不利な立場の者の貯蓄活動の改善や、リスクを減らすため企業活動に信用と保険を供与することで、不利な立場の者の企業家活動を支援するのであれば、潜在的利益はかなりのものとなる。貯蓄を奨励することは、貯蓄を殖やし、しばしば除外されてきた集団の市場機会を支援することができる人的資本や企業活動への投資の支援に繋げることができる。より進んだ保険サービスは、事故、病気、盗難、干魃のような予期しない出来事に対する脆弱性を減らすことができ、リスクを減らすことによって適応力の漸進的な向上を支援することができる。最後に、モバイルバンキングは現金ベースの取引と比較して、政府のサービス提供に対する汚職を減らすことなどにより、透明性という観点からも潜在的利益がある。

実際のモバイルバンキングのアプリケーション

モバイルバンキングにおいて最も人気があり、かつ成功している例は、ケニアのM-PESAである。このモバイル決済サービスは、官民の取組として2005年に試行が始まり、2007年3月にVodafoneとSafaricomによりサービスが開始された。すぐに成功を収め、最初の年で237万人の契約者を獲得した（Maurer, 2012）。試算によれば、2012年には約1,500万の利用者がおり、これはケニアの成年人口の約70パーセントに相当する（The Economist, 2012）。M-PESAは、テキストメッセージと入金／出金ポイントとして小売代理店のネットワークを使った携帯電話送金サービスである（Mas and Morawczynski, 2009; Jack and Suri, 2011）。M-PESAは広く影響を与え、M-PESAをベースに開発されたプログラムがいくつかある。例えば、ケニアのGrundfos Lifelinkという自動化された村の井戸水供給システムがある。当該システムは、M-PESAを決済のために利用しており、消費者は、電子鍵を購入し、安全に汲まれた地下水にアクセス

できる。当該システム（M-PESA）は直接、維持管理のための支払いや井戸のためのコミュニティローンへの返済に利用することができる。

　他の新興国や発展途上国にも、同様のモバイルバンキングの取組が多く存在する。世界の52の事業者を対象に行われた調査によれば、2011年の半ばまでにモバイルマネーサービスに登録した消費者は、全部で6,000万人であった（GSMA, 2011）。しかし、消費者の利用は11のサービスに大きく偏っている。11のサービスの中には、M-PESAに加え、フィリピンのSMART CommunicationsやG-CASHが含まれている（Maurer, 2012）。M-PESAはまた、ケニア以外の他の場所でモバイルサービスの成長を促進する。例えば、Ecokashはブルンジのモバイルマネーサービスである。しかし、大部分のサービスは、特に実際のモバイルバンキングの取引を見ると小さい。推計によれば、M-PESAは、世界におけるすべてのモバイルマネー取引の半数以上で利用されている（The Economist, 2012）。

　モバイルバンキングサービスの大きな潜在的利益は、民間と公共双方の関心を引きつけてきた。例えば世界のモバイルネットワーク事業者を代表するGSMアソシエーション（GSMA）等の産業コンソーシアムや、ビル・メリンダゲイツ財団（Bill and Melinda Gates Foundation）も含まれる。そのような協力の例としては、「非銀行利用者層に向けたモバイルマネー（Mobile Money for the Unbanked）」助成金を巡るコンペがある。これは、2009年に立ち上げられ、社会の貧困層のためのモバイルバンキングの取組に報酬を与えている。

3.5　アプリケーションを通じた一般的結論
アプリケーションは特に不利な立場の者のために福祉を改善する

　利用者は単純なサービスを提供するアプリケーションから便益を受けたという事例がある。便益は、主により質の高い情報とサービスにアクセスしたことによってもたらされる。これは特にこれまでそういうものにアクセスできなかった不利な立場の者に当てはまる。サービスが質とデザインで改善すれば、かなり大きな利益を得る機会となる。質とデザインで改善したサービスは、高齢

第5章 インターネット経済へのグローバルな参加

化の課題に対応するため医療に係るアプリケーションの開発などが必要な先進国を跳び越しうる。

持続可能性と拡張性はいまだに課題

　モバイルアプリケーションは規模とプロジェクト持続可能性という観点から考えると、それほど大成功というわけではない。例外はモバイルバンキングのためのM-PESAやモバイル医療アプリケーションであるSocialtextやHMRI 104 Advice等である。これらの取組の大部分は公的資金、NGO、国際開発銀行に頼っており、長期的な発展や規模拡大のための対策を考慮していなかった。立上げ段階の間には公的資金が特に必要であるが、アプリケーションの持続可能性と拡張性の改善に関し、いくつかの前向きな動きが出てきた。第一に、国際的な財団やドナー、企業の社会的責任プロジェクトからかなりの関心を得るようになった（便益に関する頑健な証拠にもよる）。うまく運用されれば、そのような資金は、より大きな規模のプロジェクトにおける投資を支援することや、より持続可能なビジネスモデルの発展のために使うことができる。第二に、アプリケーションが低所得者層を主に狙っている場合であっても、革新的な料金戦略がアプリケーションの資金調達を可能にしてきた。一つの例は、価格差別の形の一つである、段階的価格設定である。これは、より高収入の利用者が、追加のサービスと引き換えに、あるいは、他の形の市場細分化を通じて、より低収入の利用者を補助する。インドでは、Ziqitza社が「1298」という救急車サービスを提供し、一次救命と二次救命設備が完備した救急車ネットワークを運営している。「1298」のビジネスモデルは、患者が選ぶ病院の種類により決定される価格スライド制を利用しており、価格は患者の支払能力によって決められる。

モバイルアプリケーションの将来的な取組分野

　最近のモバイルアプリケーションの発展の検証に基づき、将来的な取組のための優先事項をいくつか指摘できる。

239

——事例分析を超えて教訓へ

多くの事例分析は、特定のインターネットとICTベースのアプリケーションについて述べているが、これらから学んだ教訓をまとめることは役立つ。これにより、公的資金・民間資金拠出の決定に情報を提供することができるし、総利益を増やすためのより大規模なサービスを目指す決定に必要なインセンティブを提供する。例えば、遠隔医療の分野では、WHO加盟国は、適切な政策を実施するためには遠隔医療サービスの費用効率性に係るより多くの情報が必要であるとした（WHO, 2009）。特に、成功事例にのみ焦点を当てるのではなく、失敗したプロジェクトに係るより体系的な報告に向けて、単一の事例分析を超えることも重要である。

ビジネスモデルのより良い理解もまた、より大規模で持続可能なプロジェクトを育成する上で必要である。特に、概念化から執行まで様々なビジネス発展の段階を追跡することは、各段階の間に異なった投資が必要となることを考えると有用である。もう一つの要件は、財政の持続可能性を達成しつつ、低所得・中所得層がそのようなアプリケーションで便益を得られるよう、いかに料金モデルを合わせるかを探求することである。柔軟な料金設定（例：プリペイド、マイクロリース等）、チェーンファイナンシング（低所得者層が入手できるようにするための資金融通と共にサービスが提供される）、費用をより削減する生産チェーンのイノベーション（例として、貧困層自身がある特定のサービスを提供する）等のビジネスアプローチが開発された。このようなモデルが、どの程度ここで見た特定のアプリケーションで機能するのかを試すことは有意義である。

——インフラと端末の制約とアプリケーションの品質

いくつかの事例では、ICTインフラと利用端末は、先進国の技術標準に基づいている。一方で、多くの社会集団は、非常に限られた財源しかない。このことは、サービスの提供に対し、より実際的なアプローチを求める。過去、技術を活用した野心的すぎるプロジェクトが失敗したが、これは地域事情を無視していたためである。一例は、モンゴルにおける教育のためのICTプロジェク

第5章　インターネット経済へのグローバルな参加

トである。これは、多くの学校にコンピュータを設置するというものであったが、使用の訓練がなかったこと、電力と適切なソフトウェアがなかったことから、当該プロジェクトは失敗した（ADB, 2010）。逆に、より単純で、より適合したプロジェクト（利用可能だったものよりもずっと単純な技術を活用していた）は非常にうまくいくことが多かった。標準的な携帯電話は、おそらく少なくとも次の5年間は支配的地位に居続けるため（おそらく地方ではより長く）、アプリケーションは単純である必要がある。同時に、インフラの改善と対応する端末へのアクセスは、改善されより洗練されたアプリケーションを利用するためには重要である。このことは、これまで議論してきたインフラに係る将来の取組の重要性を強調するものである。

――ローカルコンテンツ、国際的な知識と技術移転

　利用者にとってアプリケーションの価値は、ローカルコンテンツが利用できるときに大きく増加する。これは例えば、農業の情報を共有するシステムで明らかである。天候や土壌の状況に係る地域の情報は利用者が最も欲しい情報である。大部分のアプリケーションにとって、情報を地域文化に適合させ、ローカル言語で記述する必要がある。特に、当該コンテンツを特別に開発しなければならない場合は、そのような適合化は費用を大きく増加させ、拡張性を制限するが、これはすべてのアプリケーションに必ずしも当てはまるというわけではない。多くの教材や医療アプリケーションはより広い活用ができ、ローカル言語への翻訳が求められるだけである。例えば、教育ウェブサイト「カーンアカデミー（Khan Academy）」は、多くの科目をカバーする3,000以上の教育ビデオを無料で提供している[4]。これらの教材により得られる節約は、新しいプロジェクトを維持し開発するために役立てることができる。

　もう一つの追求する価値がある道は、デジタルオブジェクトの国際・国内のリポジトリの創設である（例：学習目的のため）。これは、インドネシアのテルブカ大学（UT）、タイのスコータイ・タマティラット公開大学（STOU）、カンボジア技術大学国際研究所（IICUT）、そして、パキスタンのアラマ・イクバル公開大学（AIOU）によって実施されてきた（Baggaley and Belawati,

2010)。政府もまた、公共データを利用できるようにしてデータの質を確保することで、このような取組に貢献することができる。これまでのところ、いくつかの取組がコンテンツの共有化をはかってきたが、多くのサービスが独自のコンテンツを制作する課題に直面している。アプリケーションのためのコンテンツへのアクセスを改善する更なる方法（知的財産権の問題も含む）を模索する価値はある。

——開放性と規制のオープン性

　一般的に革新的プロジェクトに当てはまるが、イノベーターのための場の提供と、規制による市場保護、消費者保護との間にはトレードオフの関係がある。規制には、消費者保護とプライバシー規定、詐欺対策、当該分野の民間企業の競争を規制する法制も含まれる。この点、オンラインとICTベースのアプリケーションは、そのしばしば破壊的な性質が様々な市場参加者に影響を与えることで新市場を創出するため、重要な課題がある。まず、過度に重い規制はアプリケーションの費用を上げるか、利用できなくしかねない。モバイルバンキングの導入が限定的なのは、少数の成功事例を除き、銀行ではない団体が決済サービスを提供することを許容しない規制の制約によるとされてきた。また一方で、規制がないということは、アプリケーションの導入に有害な影響を与えるような乱用を招きかねない（例：モバイル貯蓄が失われた場合）。不当な市場支配力の確立も競争的サービスの進展を阻害する。発展途上国においては、規制がないこと（例：モバイル事業者の役割や競争への影響に関して）と過度に厳しい規制（例：バンキング規制に関して）の両方が障害として特定されている。また、規制と規制の欠如がそれぞれ商品に対してどのように不当な費用を課しているか、財政的持続可能性を妨害しているのかを検討することも適切である。

——相互運用可能なプラットフォームとオープンな標準の創設の必要性

　財政面に加え、オープンで相互運用可能なプラットフォームがないこと（クラウドコンピューティングに関しては以下も参照）は、多くの事例における重大な制約要因として指摘されてきた（例：Zhenwei Qiang *et al.*, 2011を参照）。

第5章　インターネット経済へのグローバルな参加

　オープンで相互運用可能なプラットフォームは、アプリケーションの開発を刺激し、潜在的な顧客が広く存在することにより、ゼロからインフラを作り上げるより、かなり低廉かつ迅速に規模を拡大することができる。また、モバイルアプリケーションの提供者への支払いをより簡易にすることができる。このような開発の例としては、Nokia社の「オヴィ・ライフツールズ（OLT）」のようなアプリケーションがある。また、Nokia社の当該アプリケーションほどではないが、（契約者のみがアクセスできるという意味で）Telefonica社のBlue Viaもある。このようなプラットフォームは強い公共財としての性格を持っているため、政策介入の役割や成功した介入事例を更に研究することは有意義である。

──より広く一貫した国家政策アジェンダ

　ここまで述べてきたアプリケーションはすべて、特に教育や医療に係る公共政策のかなりの領域を占める。不利な立場の人々に農業や銀行サービスを提供するアプリケーションも、社会政策や金融アジェンダに密接に関係する。これらの多くが公共支出の節約や改善に役立ちうるにもかかわらず財政的に持続することが難しいことを考えると、このようなより広いアジェンダにおいて、アプリケーションはしばしば極めて重要なものとなるだろう。ただ、この点の変化は遅い。例えばICTベースの医療アプリケーションの観点では、アフリカ、東地中海、東南アジア地域は、一貫した国家政策の実施と取組という点で、他に比べて遅れている（WHO, 2009）。しかし、モーリタニア、マリ、スーダンと同様、ブラジル、中国、インド、メキシコのような国は、2009年にはすでに国家遠隔医療（tele-health）政策を持っていた。また、カンボジア、ラオス、ベトナムにおける遠隔教育の発展は、これら3か国の国家政策と計画によって推進されてきた（Baggaley and Belawati, 2010）。より一般的に、様々な国々がいかにオンラインICTベースのアプリケーションを全体の政策アジェンダに統合したのかを追跡することは有用だろう。

──国際協力から得られる利益

　多くの取組はそれぞれ個別に実施されてきており、いくつかの事例では、高

コストの過ちの繰返しとなっている。国際レベルにおいていくつかの取組がある。例えば、WHOのアフリカ地域委員会はすでに2006年に、加盟国に対して医療システムを改善するためe-Health戦略を採択し、実施するよう求めている。これは、2008年の「ワガドゥグー・アルジェ宣言（Ouagadougou and Algiers Declarations）」や、2009年の「アルジェ宣言」実施のための枠組を含んだ他の宣言によってフォローアップされた。どこの国際会合がこれらのアプリケーションに関して国際協力を支援することに役立つのか探求することは、将来の取組として有意義である。大規模且つより財政的に持続可能なモデルを得るための引き続きの課題については、例えば特定のアプリケーションに係る国を越えた情報交換の場を設けることによって共有を効果的に改善する方法を活用することが考えられる。

第4節　発展途上国と新興国におけるインターネット経済のためのスキル開発

4.1　スキルの開発

スキル開発の程度が明らかにインターネットとICTからの利益を制約する場面がいくつかある。**第一の場面**は、エンドユーザ側の、特定のICTベースのアプリケーションを利用する最も基本的な能力である。これまでに見てきた不利な立場の者を支援する目的の特定のアプリケーションは、訓練要素を含むことによって導入が促進され、そうすれば、非常に費用対効果が良いということが証拠により示されている。例えば、インドのFisher Friendアプリケーション（コラム5.1を参照）は「訓練者を訓練する」アプローチを採用している。まず、若い地元の漁師の集団がこのアプリケーションをいかに使うかについて訓練を受ける。現在、これらの「マスタートレーナー」が、他の漁師にこのアプリケーションの使い方を教えている。この段取りは、より広くアプリケーションが利用されるためには重要なものである。もう一つのアプローチは、最初はデジ

タルだけではなく利用者がよく知っている伝統的なオフラインのサービスも提供するというものである。これは、より費用対効果のあるデジタルサービスへの移行を容易にする。例えば、インドのUnited Villagesモデルは、もし利用者が希望すればオンライン取引を行うことができる友達ネットワークを提供した（Adler and Uppal, 2008）。

　第二の場面は、川上の利用者に求められるスキルである。川上の利用者とは、モバイル医療アプリケーションを扱えるスキルが必要な医療専門家などの専門家であることが多い。医療、教育、他のサービスに係るアプリケーションの多くは、サービスを提供する専門家でも不十分な知識しか持っていないことがわかっている。不十分な知識により、アプリケーションの導入がなかなか進まず、インターネットや関連ICTによって提供される機会を最大限利用することができなくなっている（Zhenwei Qiang et al., 2012）。スキル要件は、ICTを利用することに最も密接に関連するスキルだけではなく、マネジメントシステムを改革するという専門家的アプローチを要求することが多い。例えば、プログラムマネジャーがこれらのアプリケーションを利用するインセンティブを持つよう、ICTベースのアプリケーション（の活用）をプログラム評価の一部として組み込む必要性がある。

　さらに、より進んだ**第三の場面**では、自国民のウェブ制作やソフトウェアデザインのスキル等、自国民のインターネットとICTスキルから大きな便益を得ることができる。多くの新興国において、自国のサイトの人気は、アプリケーションにとって明らかな優越を示している。ソフトウェア開発者の訓練は、国の高等教育システムの力に多く依存する。インドのソフトウェア産業の成功は、この点で、他の新興国や発展途上国にとって競争力のあるソフトウェア産業の発展を目指して教育システムの力を向上させる刺激となっている。

　特に、十分な品質を持ったインターネットとICTベースの教育プログラムによって訓練できる学生数を増やすことができるのであれば、ICT自体が教育努力を支援することができる。多くの若者に非常に人気のあるソーシャルメディアもまた、インターネットとICTベースのアプリケーションのところで述

べた、種々の革新的教育ツールを利用することによって、スキル不足による制約を克服する手助けとなりうる。しかし、スキル不足は特に不利な立場の者にも手を差し伸べるとなると迅速かつ簡単には克服できない問題であるため、スキル障壁への現実的なアプローチが重要となる。

インターネットとICTスキルを向上させることに加え、発展途上国のために設計されたアプリケーションとコンテンツの成功のための重要な要素は、ユーザフレンドリーかどうか、低いスキルの者でも扱うことができるものかどうかである。コンピュータに比べ、携帯電話が非常に成功したのは、その単純さに主な理由がある。不利な立場の者のためのアプリケーションの単純さを真似ることによって多くのことができる。この原則は念頭に置いておくべきである。そうしないと、多くの利用者を除外してしまうリスクと、プロジェクトを失敗させてしまうリスクがある。逆に、もし最初の導入ができれば、利用者は単純な機能性から利益を得、スキル構築に向け少しずつ段階を踏んでいける。これは、ICTの利点を最大限に生かすというものではないかもしれないが、長期的に見ればこちらの方がより成功する可能性がある。

4.2　スキル開発における将来の取組分野

特に新興国や発展途上国において、スキルに対するより多くの投資の必要性は新しいものではないし、ICTスキルの必要性についても新しい話ではない。しかし、限られた資源を前提に、この種の投資の重要性や費用を検証する必要がある。特定の場面では、単純な技術がどの程度アプリケーションの利用における訓練を省くことができるのか、国内のソフトウェア開発の重要性と共に検証が必要である。

第5章 インターネット経済へのグローバルな参加

第5節 イノベーションの役割：クラウドコンピューティングと開発

インターネット経済においては、イノベーションは次から次へと生まれている。この節では、ソウル閣僚級会合以降重要度を増してきており、計算処理の方法や計算資源の提供方法を大きく変える一つの革新的な概念について強調する。すなわち、**クラウドコンピューティング**である。

5.1 クラウドコンピューティングの定義、クラウドサービス、展開モデル

クラウドコンピューティングは、「少ない管理努力で、柔軟、弾力的かつオンデマンドな方法でアクセスできる一連の計算資源に基づく計算サービスのためのサービスモデル」として理解することができる（OECD, 2013b）。これは、クラウドコンピューティングインフラとサービスの利用者は、資本集約的な先行投資をITインフラやソフトウェアに最早する必要はなく、その代りに柔軟な従量課金モデルでコンピューティング資源を支払うことができるということを意味する。オンデマンドでコンピューティング資源にアクセスできるため、前もって計算資源の供給を計画する必要はない。さらに、クラウドに蓄積されたアプリケーションと情報は、ネットワーク接続が利用可能な限り、複数の固定・モバイル端末を通じてアクセスすることができる。

クラウドコンピューティングのプロバイダの運営費用は、グローバルな規模と複数の利用者の需要を集めることができる能力により著しく低い。これは、いかなる規模の企業や政府が仮に自前のITインフラを持っていたとしても及ばない。クラウドプロバイダは、計算資源を迅速かつ柔軟に提供でき、変化する需要に対して迅速に対応することが可能である。

全体として、多数の様々なクラウドコンピューティングサービスが存在する。

これには、ソフトウェア、プラットフォーム、インフラサービスを含む。既存のサービスモデルは、1) サービスとしてのインフラ（IaaS）、2) サービスとしてのプラットフォーム（PaaS）、3) サービスとしてのソフトウェア（SaaS）に分類される。IaaSは例えば、記憶領域、処理、ネットワークなどの計算資源そのものを提供し、利用者自身のアプリケーションとソフトウェアを展開することを可能にする。PaaSは、利用者に、より構造化されたプラットフォームを提供し、利用者はプログラム言語を利用して利用者自身のアプリケーションとサービスを展開するため、クラウドプロバイダのツールを活用するのが典型である。SaaSによって、クラウドの利用者はクラウドプロバイダのアプリケーションに直接アクセスする。これらのアプリケーションの範囲は広く、電子メールアプリケーションから、例えば顧客関係管理ツール等の企業のアプリケーションまである。サービスモデルに加え、プライベート、パブリック、ハイブリッド、コミュニティクラウドなどのいくつかの提供モデルもある（クラウドサービスと展開モデルについての詳細はOECD, 2013bを参照）。

5.2　開発のためのクラウドコンピューティングの役割

　開発のためのクラウドコンピューティングの主な便益は、個人、企業、政府が、発展途上国や新興国では他の方法では利用できない、幅広いより発展した計算資源にアクセスし、便益を受けることができることにある。加えて、クラウドコンピューティングを利用すれば、利用者は真に必要な量だけ購入することができる。クラウドコンピューティングの様々なサービスと展開モデルは、幅広い潜在的なクラウドITサービスとプラットフォームを提供する。

　例えば発展途上国の**個人**は、主にプライベート電子メールアカウント、テキストとスプレッドシートプログラム、蓄積サービスなどの複数のSaaSアプリケーションから利益を得ることができる。これらは無料のことが多く、より効率的なデジタルコミュニケーションだけでなく、より簡単な方法で文書を作成したり、計算を行ったり、日々の生活の管理をすることができる。加えて、個人に、自分のアプリケーションを開発できる無料のプラットフォームを提供す

第5章　インターネット経済へのグローバルな参加

るサービスがある。

モバイル端末のために設計されたプラットフォームは、新興国や発展途上国においては、モバイルネットワークの展開は固定ネットワークよりも進んでいるため、非常に興味深い。モバイル端末からのインプットを統合するために特に開発されたプラットフォームの非常に成功した例の一つは、「ウシャヒディ（Ushahidi）」である（コラム5.4を参照）。社会目的やビジネス目的を持った多くのサービスは、ウシャヒディ開始以降に作られた。同プラットフォームは、包摂性を進めるためには非常に価値のあるツールであることが判明した。モバイル端末と接続が利用可能であれば、例え遠方の僻地からであってもコンテンツをアップロードできる。当該プラットフォームで開発されたアプリケーションの多くの主な便益は、分散した地理的地域や様々な社会集団から情報を集めたことにある。

コラム 5.4　「ウシャヒディ」プラットフォーム：
新興国と発展途上国におけるクラウドコンピューティングサービスの一例

「ウシャヒディ（Ushahidi）」（スワヒリ語で「証言」を意味する）は、利用者が自分自身のサービスを作ることができるオープンソースのクラウドコンピューティングプラットフォームである。これはプログラマーが情報を複数のウェブ資源から収集し、「クラウドソーシング」をし、タイムラインを作成して地図サービスを提供することを可能とする無料のサービスである。加えて、当該ウェブサイトの重要要素は、情報を送ったり、検索するために携帯電話を主な手段として使っていることである。選挙暴力の目撃報告を収集するために、ケニアで最初に開始された。その創設以来、世界中で様々な目的で利用されている。例えば、インドでは、2011年7月にムンバイ市が爆弾攻撃を受けた時、ソフトウェアエンジニアが被害追跡地図をウシャヒディのプラットフォーム上に構築した。また、様々な場所で地震が起きていたときに、他の被害追跡目的で利用された。当該ウェブサイトがいかに利用されているかの例としては、地理空間視覚化サービスがある。例としては、様々な国の（人間）トラフィッキング、例えばインド、メキシコ、アフガニスタンなどの様々な国の選挙のモニタリング、ザンビアの薬の在庫切れの

> 監視、ICT知識ベースの構築（例：農業分野）、アフリカのビジネスインキュベーターと技術団体を追跡すること等に利用されている。
>
> 出典：OECD based on Ushahidi, *www.ushahidi.com*（2012年10月アクセス）.

　新興企業や中小企業（SME）を含む**企業**は、先進国よりも新興国や発展途上国においては、財政的資源に大きな制約があることが多い。特に、小規模な企業は、ハードウェアやソフトウェアを含む高価なITインフラを購入したり維持する資金がないことが多い（IADB, 2011）。これらの企業は、クラウドコンピューティングを利用することで、高額の先行資本投資をする必要はなく、オンデマンドでコンピューティング資源を購入し、実際に利用した量に応じて支払をすれば足りる。加えて、これらのサービスは多くの場合、購入しインストールできるインフラやソフトウェアよりも、より発展的で高品質であることが多い（例えば、クラウドサービスによって提供されるサービスの品質、定期的アップデート、セキュリティ対策という点において）。

　クラウドコンピューティングはまた、必要なシードキャピタルが少ないため、個人や小さなグループに、より簡単に新ビジネスを始められる重要な機会を提供する。先進国と発展途上国の両方で、すべてのIT処理とサービスにクラウドコンピューティングを十全に活用することで固定インフラ費が節約できたことにより起業できた新興企業や小規模企業の数がますます増えている。例えば、インドでは、教育サービスの「Sparsha Learning」[5]やウェブアプリの「Whitesharkk」[6]などの新興企業がPaaSサービスを活用している。クラウドコンピューティングはこのように、小規模企業のために参入障壁を低くし、当該企業がインターネット経済全体に参加することができる魅力的な手段を提供している。

　新興国や発展途上国の**政府**は、ますますITインフラを活用しており、当該インフラのアップグレードや拡張の必要性に直面している。クラウドコンピューティングはIT資源を非常に費用効率的かつエネルギー効率的な方法で提供

することができるため、新興国や発展途上国の政府にとって、クラウドコンピューティングの利用を検討することは特に興味深いものとなるだろう。複数のOECD加盟国はすでに政府のサービスをクラウドに移行するための取組を持っており（例：米国やデンマーク）、モデルとして機能している。公的資金の利用を追跡するプログラムから、知識管理や訴訟事件管理システムまで、幅広いアプリケーションの応用範囲がある。

クラウドコンピューティングは新興国や発展途上国の経済にとって非常に貴重な道具となりうる。これらの国の新ビジネス開発のためのプラットフォームを提供し、教育、医療サービス、政府サービスを含む社会的発展を支えることができる。しかし、発展途上国におけるクラウドコンピューティングの展開に関しては取り組むべき課題もある。これらの課題と更なる取組のための他の分野は次に議論される。

5.3 開発のためのクラウドコンピューティングに係る更なる取組分野
インフラの改善の必要性：インターネットアクセスと電力供給

クラウドコンピューティングサービスは、インターネットインフラ（つまり、有線又は無線のブロードバンド）がある場合にのみ利用できる。インフラに係るセクションで示したように、新興国や発展途上国をインターネットに接続すること、モバイルブロードバンドの契約数においては大きな進展があった。しかし、特に僻地において、より多くの人々、企業、学校、政府機関をインターネットに接続するために努力がなされなければならない。そうすれば、発展途上国がクラウドコンピューティングから便益を得ることができる。

第二の主なインフラの課題は、電力がないこと、あるいは信頼できる電力供給が多くの地域でないことである。コンテンツをクラウドに移行し、コンピュータを動かすため、信頼できる電力供給がなければならない。この供給は、風力や太陽光などの代替的エネルギー資源からということもありうる。クラウドコンピューティングサービスのため、いかに十分なエネルギー供給を確保するか、いかにクラウドサービス、電力、接続性の提供を結びつけるのが最善かを

分析しなければならない。

意識啓発と教育の必要

　発展途上国や新興国の個人や企業がクラウドコンピューティングの固有の利益と課題を理解することは非常に重要である。クラウドコンピューティングサービスは、最近隆盛し、概念がバズワードのようなものになってきたが、これは明確な理解の欠如を隠している。中小企業は、先進国でさえも、クラウドコンピューティングの概念を完全に理解することに困難を感じている。したがって、発展途上国において、例えば、ベストプラクティスの例の提供やこれらの国のニーズに合わせた教育活動を行うことによって、当該概念の意識啓発を行うことは極めて重要である。政府はまた、クラウドコンピューティングの便益を示すため、クラウドのリードユーザとしての役割を担う必要がある。すでに公共部門でクラウドコンピューティングを利用した経験を持つ国々から知識の移転があるべきである。

プライバシーとセキュリティの課題に取り組む必要性

　プライバシーとセキュリティの課題は、多かれ少なかれ、先進国と発展途上国で同じである。プライバシーの分野では、政府によって世界的に相互運用可能なアプローチをとることが、クラウドコンピューティングの展開を円滑化する。具体的には、政策策定者は、どこの国の法律がクラウドに蓄積されたデータに適用されるのかという問題に取り組むべきである。これには、誰がこれらのデータにアクセスできるのか、どのような状況下でクラウドにおけるデータの処理が国境を越えた移転に相当するのかを含む。

　一方、クラウドコンピューティングは、まったく新しいセキュリティの課題を提示するものではないが、ネットワーク化されたコンピューティングに基づくものであるため、データの可用性、完全性及び秘匿性を保証するため、リスク管理アプローチが必要である。加えて、個人はクラウドベースのサービスを通じてオンライン活動を行うようになっているため、認証やアイデンティティ

マネジメントに係る課題に取り組む必要がある。先進国や発展途上国において課題は本質的には同じであり、世界ではすでにこれらの課題に取り組んでいるところがあるため、プライバシーとセキュリティの両分野において知識の移転がありうる。

発展途上国においてクラウドコンピューティングのためにオープンな標準は必要不可欠

オープンな標準は新興国や発展途上国のクラウドコンピューティングの利用を促すために重要である。いくつかの標準機関は現在、様々なクラウドコンピューティングのアプリケーションのための一連の標準作りに取り組んでいる（詳細な議論については、OECD, 2013bを参照）。研究機関、国際組織、公的組織はこれらの標準の更なる発展のために協働すべきであり、また、新興国や発展途上国のクラウドサービスプロバイダも現在の標準化の努力に組み込まれるべきである。さらに、公的組織は、クラウドコンピューティングサービスの利用を決める際、オープンな標準を求めることができる。

ビッグデータのためのプラットフォームとしてのクラウドコンピューティングの推進

クラウドコンピューティングは、「ビッグデータ」を利用することができるプラットフォームである。「ビッグデータ」とは、大きな**量**（Volume）（伝統的なITシステムの容量では対応できない可能性がある）、**速さ**（Velocity）（データ収集、アクセス、処理をほぼリアルタイムで行う）、**多様性**（Variety）（構造化されたデータも構造化されていないデータも含んだ、様々な種類のデータを結び付ける）を持ったデータのことを指す。発展途上国にとってビッグデータの利用は、主要な社会的・経済的課題を政策策定者に知らせ、対応することを支援することにより、大きな価値を生み出すことを約束する。例としては、電話、SMS、ツイッターなどのソーシャルネットワーキングサイトといった多様な情報源から、選挙の評価や被害追跡目的のためイベントデータをクラウ

ドソーシングすることや機械で代替できない低いスキルの仕事のためデータ処理や分析能力を提供することも含む(例として、アマゾンメカニカルターク (Amazon Mechanical Turk, *www.mturk.com/mturk/welcome*) を参照)。

結　論

　2008年以降、新興国や発展途上国においてインターネット経済の発展に関して重要な進展があった。インフラは各国間をより良く、より多く接続することを可能にし、不利な立場に置かれている者が農業や漁業、医療、教育、モバイルバンキングを含む分野で活用できるアプリケーションの開発にも進展があった。これらのアプリケーションの多くは、利用者に便益をもたらすが、活動の拡張性に関してはまだ課題が残っている場合が多い。

　本章では、インフラ、スキル、アプリケーション、クラウドコンピューティングの4つの分野に焦点を当てたが、いくつかの重要テーマを選んでいる。ICTの影響はここでカバーできなかった他の分野でも大きく、今後調査がなされるだろう2つの重要な分野としては、インターネットとICTが良い統治に与える影響(例：汚職を減らし、透明性を向上させる)とインターネットとICTが様々な企業に与える影響がある[7]。

注釈
1. 図5.3及び図5.6に示す独立国家共同体とは、アルメニア、アゼルバイジャン、ベラルーシ、ジョージア、カザフスタン、キルギスタン、モルドバ、ロシア連邦、タジキスタン、トルクメニスタン、ウクライナ、ウズベキスタンを含む国々。
2. 非公式経済部門とは、登録されない企業活動を対象としている。
3. 2011年の研究、Teluse@BOP4はバングラデシュ、インド、パキスタン、スリランカで行われ、2011年の5月から6月にかけて、ここ3か月に電話するために電話

を使った15歳から60歳までの低所得デシルに属する1万147人への聴取に基づくものである。
4. *www.khanacademy.org/*
5. *www.sparsha-learning.com/*
6. *www.whitesharkk.in/*
7. 近刊予定の包摂的な発展のためのイノベーションに係るOECDの活動を参照。*http://www.oecd.org/inclusive-growth/*

参考文献・資料

Adler, R. and M. Uppal (2008), "m-Powering India: Mobile communications for Inclusive Growth, Report of the Third Annual joint Roundtable on Communications Policy", The Aspen Institute, India.

AFP (2012), "Bangladesh Internet down after Submarine Cable Cut", *www.google.com/hostednews/afp/article/ALeqM5giGB17XwbV8P6ot7Uy3jv_bM4ZIQ?docId=CNG.2617a5813d3cd45e9f090ff4722280ef.781.*

African Development Bank (AfDB) (2010), "Mobile Banking in Africa: Taking the Bank to the People", *Africa Economic Brief*, Vol 1, Issue 8.

Asian Development Bank (ADB) (2010), *Information and Communication Technology for Development*, ADB Experiences.

Baggeley, J. and T. Belawati (eds) (2010), *Distance Education Technologies in Asia*, IDRC, Sage Publications, India.

Banerjee, A. and E. Duflo (2011), *Poor Economics: A Radical Rethinking of the Way to Fight Global Poverty*, Perseus Books, Jackson, TN.

Batchelor, S. (2002) *Using ICTs to Generate Development Content.* The Hague, International Institute for Communication and Development. Research Report No. 10.

BGPMON (2012), "Internet Outage in Lebanon Continues Into Second Day", *http://bgpmon.net/?p=601.*

Dailytimes (2012), "Internet Supply into Nigeria Disrupted", *www.dailytimes.com.ng/article/internet-supply-nigeria-disrupted.*

Davidson, N. and C. Pénicaud, *State of the Industry: Results from the 2011 Global Mobile Money Adoption Survey*, GSMA, London.

De Silva, H. and D. Ratnadiwakara (2010), "ICT Policy for Agriculture Based on a Transaction Cost Approach: Some Lessons from Sri Lanka", *International*

Journal of ICT Research and Development in Africa (*IJICTRDA*) 1.1 (2010), 51-64.

Esselaar, S., Gillwald, A. and E. Sutherland (2007), *The Regulation of Undersea Cables and Landing Stations*, Link Centre, *http://link.wits.ac.za/papers/esselaar-et-al-2007-undersea-cables.pdf*.

GFAR (2008), *Adoption of ICT Enabled Information Systems for Agricultural Development and Rural Viability*, Pre-Conference workshop summary, August 2008.

HIPSSA (Harmonization of ICT Policies in Sub-Sahara Africa), *Access to Submarine Cables in West Africa – WATRA Guidelines*, ITU, Geneva.

IADB (Inter-American Development Bank) (2011), *Development Connections – Unveiling the Impact of New Information Technologies*, IADB, New York.

Jensen, R. (2007), "The Digital Provide: Information (Technology), Market Performance, and Welfare in the South Indian Fisheries Sector," *Quarterly Journal of Economics*, 122 (3) (August 2007), 879-924.

Lokanathan, S. And N. Kapugama (2012), *Smallholders and Micro-enterprises in Agriculture: Information needs and communication patterns*, LIRNEasia.

Mahmud, N., Rodriguez, J. and J. Nesbit (2010), "A Text Message-Based Intervention to Bridge the Healthcare Communication Gap in the Rural Developing World", *Journal Technology and Health Care*, 18 (2) : 137-144, April 2010.

Maurer, B. (2012), "Mobile Money: Communication, Consumption and Change in the Payments Space", *Journal of Development Studies*, 48:5, 589-604.

Melhem, S. And N. Tandon (2009), "Information and Communication Technologies for Women's Socio-Economic Empowerment", *World Bank Group Working Paper Series*.

Mendoza, R.U. and N. Thelen (2008), "Innovations to Make Markets More Inclusive for the Poor", *Development Policy Review*, Vol. 26, No. 4, p. 427-458.

OECD (2009a), *Internet Access for Development*, The Development Dimension, OECD Publishing, *http://dx.doi.org/10.1787/9789264056312-en*.

OECD (2009b), *ICTs for Development – Improving Policy Coherence*, The Development Dimension, OECD Publishing, *http://dx.doi.org/10.1787/9789264077409-en*.

OECD (2012a), *OECD Internet Economy Outlook 2012*, OECD Publishing, *http://dx.doi.org/10.1787/9789264086463-en*.

第5章　インターネット経済へのグローバルな参加

OECD (2012b), "Innovation and Inclusive Development, Discussion Report", internal working Document, OECD, Paris.

OECD (2012c), "Innovation for Development: The Challenges Ahead", in OECD, *OECD Science, Technology and Industry Outlook 2012*, OECD Publishing, http://dx.doi.org/10.1787/sti_outlook-2012-7-en.

OECD (2012d), "Methodology for Constructing Wireless Broadband Price Baskets", *OECD Digital Economy Papers*, No. 205, OECD Publishing, http://dx.doi.org/10.1787/5k92wd5kw0nw-en.

OECD (2013a), *OECD Communications Outlook 2013*, OECD Publishing, http://dx.doi.org/10.1787/comms_outlook-2013-en.

OECD (2013b), "Cloud Computing: The Concept, Impacts and the Role of Government Policy", *OECD Digital Economy Papers*, forthcoming.

OECD, UNESCO and ISOC (2012), "The Relationship between Local Content, Internet Development and Access Prices", *OECD Digital Economy Papers*, No. 217, OECD Publishing, http://dx.doi.org/10.1787/5k4c1rq2bqvk-en.

Paunov, C. and V. Rollo (forthcoming), "Has the Internet fostered Inclusive Innovation in the Developing World?", *OECD Science, Technology and Industry Working Papers*, forthcoming.

Stryszowski, P. (2012), "The Impact of the Internet in OECD Countries", *OECD Digital Economy Papers*, No. 200, OECD, Paris, http://dx.doi.org/10.1787/5k962hhgpb5d-en.

Submarine Telecoms Forum (2012), *Submarine Cable Industry Report*, Submarine Telecoms Forum, Sterling, Virginia.

The Economist (2012), "Mobile-money services - Let us in," *The Economist*, 25 August.

UNESCO (2011), "Social Media for Learning by Means of ICT", *Policy Brief*, March.

UNESCO (2012), *ICT-enhanced Teacher Standards for Africa* (ICTeTSA), UNESCO, Paris.

WHO (2009), *Telemedicine: Opportunities and Developments in Member States*, WHO, Geneva.

WHO (World Health Organization) (2010), "How can telehealth help in the provision of integrate care?" *Policy Brief* 13.

Williams, M. D. J., R. Mayer and M. Minges (2011), *Africa's ICT Infrastructure – Building on the Mobile Revolution*, The World Bank, Washington, DC.

Zhenwei Qiang, C., Kuek, S. C., Dymond, A. and S. Esselaar (2011), *Mobile*

Applications for Agriculture and Rural Development, ICT Sector Unit, World Bank, Geneva, December.

Zhenwei Qiang, C., Yamamichi, M., Hausman, V., Miller, R. and D. Altman (2012), *Mobile Applications for the Health Sector*, ICT Sector Unit, World Bank, Geneva, April.

訳者解説

本書の意義

　本書は、OECDによってまとめられたデジタル経済分野の公共政策の「基本書」である。我が国にはこれまで、本書のようにデジタル経済公共政策分野の政策や議論が網羅的に収録された書物はあまり存在しなかった。一因としては、技術進歩と新たな政策課題、それを踏まえた政策策定の動きがあまりに速いため、まとめてもすぐに古くなってしまうということがあるだろう。本書に掲載されているデータや政策も、一部すでに古くなってしまっているものもあり、各国の最新の動向を知るには、各国の担当行政機関のウェブサイト等を確認する必要がある。しかし、技術進歩が日進月歩であり、新たな政策的課題が次々と現れるデジタル経済の分野であっても、実は基本的な論点はあまり変わっていない。いかにインターネットにできるだけ多くの国民を快適な速度でアクセスさせるか、インターネットと関連するICTにより経済成長や社会的福祉を向上させるか、インターネットを活用する際に発生するプライバシーやセキュリティなど、デジタル経済に対する信頼をいかに確保するのか等々は不易のテーマである。なお、蛇足だが、我が国ではインターネットの光と影のうちこうした問題は「影」の部分といった言い方がされることもあるが、より前向きに、いかにインターネットに対する信頼を確保するのかといった問題の捉え方の方が個人的には好みである。

　本書の意義は、各国のデジタル経済に係る政策のスナップショットをOECDが議論してきた文脈で撮影したという資料的価値に加え、将来のデジタル政策を考える際に、議論の底流に流れる上述のような基本論点を我が国はどのように考えていけばよいのか考えるための土台となるということにある。

OECDの基礎知識

まず、本文で詳しい説明がなされていない基本的な事項を解説する。すなわち、OECDの概要、OECDのデジタル経済を担当する委員会とその下部組織である作業部会について紹介する。なお、他の委員会やより詳細な情報については、OECD日本政府代表部のウェブサイトを参照いただきたい。*http://www.oecd.emb-japan.go.jp/index.html.*

1　OECDとは

第二次世界大戦で疲弊した欧州経済の再建を目的としたマーシャル・プランに則って、1948年にOEEC（欧州経済協力機構）が発足した。OEECは欧州経済の復興、発展に貢献したが、1961年に世界的視野に立った国際経済機構としての発展的改組を遂げた。これがOECDである。この機構に日本も1964年に加盟し、その後、アジアからは、オーストラリア（1971年）、韓国（1996年）も加盟、現在は34か国が加盟している。

OECDの特徴は「世界最大のシンクタンク」であり、経済問題や社会問題を研究・分析し、各国に政策提言を行うとともに、証拠ベースの議論に基づきグローバルなルール設定を議論できる場となっていることである。

2　デジタル経済政策委員会について

OECDでデジタル経済政策を議論している場所が、「デジタル経済政策委員会」（旧情報・コンピュータ・通信政策委員会。2014年から新しい名称となっている）とその下部組織の3つの作業部会である。各国の白書のデータやその他の公的統計等を用いた証拠ベースの議論に基づき、各国のブロードバンド政策の国際比較や、プライバシー保護、サイバーセキュリティ対策といった一国の対応だけでは足りないグローバルな課題を幅広く議論している。

例えば具体的な成果物としてはデジタル経済分野でいえば、1980年にいわ

訳者解説

ゆるプライバシーガイドラインを策定することによって、日本を含む各国の個人情報保護法制に影響を与えた。また、最近では、2011年にインターネット政策策定原則（IPP）を策定することによって、政策策定におけるマルチステークホルダーの協力の重要性や透明性の確保など、昨今の各国におけるインターネット政策策定の基礎となった。2014・2015年にかけては、セキュリティガイドラインの改訂が議論されている。

OECDでは科学技術イノベーション局が同委員会の事務局機能を果たしており、デジタル経済政策委員会とその作業部会を担当しているOECD事務局スタッフはアシスタントを含め約30名程度である。我が国の個人情報保護法のベースとなった1980年プライバシーガイドラインはプライバシーを担当する作業部会（WPSPDEの前身）において検討がなされた。

なお、消費者政策については、別の委員会である消費者政策委員会があり、本書作成の際には、デジタル経済政策委員会と密接に連携して作業に当たっていた（本書第4章を相当）。

デジタル経済の信頼確保という観点から、消費者は非常に重要な利害関係者である。委員会同士、ますますの連携推進を図ることが望ましい。

OECDの最新の議論の動向

次に、本書であまり深くは触れられていないが、最近のOECDでのデジタル経済政策に関する議論でキーワードとなっているトピックをここで紹介した

い。すなわち、データ駆動型イノベーション（Data Driven Innovation: DDI）である。

「データ駆動型イノベーション」とは、データが牽引するイノベーションを指す。いわゆるビッグデータを活用したイノベーションが典型的な例である。「ビッグデータ」については本書でもいくつかの箇所でOECDの将来的な取組分野として提案されていた。

実は、OECDでは、グリア事務総長からの支援も得ながら、2013年から2年プロジェクトである「データ」に関する分析——KBC（Knowledge Based Capital）Phase2: DATAというプロジェクト——を実施している。具体的にはデータ駆動型イノベーションを実現するためのデータの持つ便益や課題、政策オプションについて分析が行われている。

我が国で2014年10月2日及び3日に開催された「OECD知識経済に関するグローバルフォーラム」では、会合中に本プロジェクトの中間報告書 *Data-driven Innovation for Growth and Well-being: INTERIM SYNTHESIS REPORT*（OECD, 2014）（以下「中間報告書」）が参考に供された。この中間報告書でも触れられている政策オプションについては、プロジェクト終了後もOECDで議論され、次回閣僚級会合に繋がる議論となることが予想される。

ここでは、これまでのOECDでの議論や本書で議論されている内容も踏まえつつ、データの便益、課題、政策オプションをここで一旦整理してみたい。

データの便益と課題については、中間報告書に分かりやすくまとめられているので、同書から引用したい。

（1）データの便益

中間報告書によれば、「ビッグデータ技術・サービス」のための世界市場は2010年の30億米ドルから2015年には170億米ドルになると予想している推計がある。また、データ及び分析の利用は、生産性を約5パーセントから10パーセント向上させるという実証研究の推計もある。さらに、データ及び分析の利用は、特に行政、研究、医療及び教育の分野で期待されているが、経済全体の

「サービス化」も更に推し進め、伝統的に高度技術を利用していない産業及び製造業も便益を得ることができるという。

行政分野では、本書でも触れられていたが、政府データのオープン化を含む「公共部門情報」が効率性、透明性及び説明責任を向上させ、政府への信頼を取り戻す一助となるとしている。

研究分野では、データ分析により複雑な現象のより良い理解を可能にし、医療分野では、データ分析により医薬品の予測できない副作用を発見することができる。また、教育分野では、データ分析により個人化され臨機応変な学習環境の実現が可能となる。

(2) データの課題
(ア) 供給面の課題

まず、モバイルブロードバンドへの投資が重要であると指摘する。モバイルブロードバンドは遠隔地やあまり発展していない地域におけるDDIを実現する可能性があるためである。

また、データの自由流通への障壁を取り除くことが重要であると指摘する。プライバシー保護やセキュリティ等は、場合によっては貿易や競争を制限しDDIに悪影響を与える可能性がある。また、いかにデータを共有するのかも課題である。

(イ) 需要面の課題

次に、データ管理・分析のスキル及び能力が課題として挙げられる。スキルの欠如はDDIの障壁となっている。また、データをもとに解釈し意思決定する各分野特有の能力も必要である。

また、組織上の変化とICTの利用は企業の生産性向上にとって極めて重要であり、データ駆動型ビジネスの展開のため、製品市場、金融及び労働市場へのアクセスに関する規制枠組なども含む、良い経済的環境が必要である。

(ウ) 社会的課題

社会的課題としては、2つ挙げられている。一つは、市場における集中と

優位であり、データ駆動型の市場では、集中が市場での成功の結果となり、「winner takes all」となりがちである。また、DDIのためにはオープンで相互接続された柔軟なデジタル環境を必要とするため、伝統的なセキュリティアプローチとのバランスを取りつつ、その環境づくりが課題である。

(3) 政策オプション

中間報告書にも政策オプションが掲げられていたが若干整理しきれていないところがあるため、同報告書、本書やこれまでのOECDの議論を踏まえひとまずの政策オプションを整理してみた。

- プライバシーと個人の自由の効果的な保護
- デジタルリスク管理文化の促進
- データへのアクセスや共有、相互運用性も含めた、情報の自由な流通の確保、オープンインターネットの確保
- データ分析に関する研究開発の促進
- 公的教育機関やOJTを活用したスキル開発の促進
- 組織上の変化を奨励すべくベストプラクティスを交換
- 公共部門データのさらなる開放

この中で最も難しい論点が含まれているのがプライバシーであろう。個人データの保護とデータの利活用のバランスをどうとるのかという論点である。この論点自体は特段新しいものではない。しかし、多種多様なデータが溢れるビッグデータ時代はこの論点に本格的に挑むことを要求している。

他の政策についてもOECDでどのように議論がなされていくのか要注目である。

なお、文中の意見にあたる部分は訳者の個人的な見解であって、訳者が所属するいかなる組織の見解ではない。

入江 晃史

訳者あとがき

　私が本書の翻訳を思い立ったのは、2014年5月のOECD閣僚理事会の直前であった。2014年は我が国がOECDに加盟して50周年目にあたり、閣僚理事会の議長を日本が務めることになっていた。種々のイベントがパリや日本で開催され、OECDと日本の関係が内外で大きく注目されていた。私はデジタル経済政策分野における日本とOECDの橋渡し役としてこの機会を活用しようと考えた。その活用の一つの形が本書の翻訳である。

　デジタル経済分野におけるOECDの取組の歴史は長い。1990年代後半から電子商取引におけるルールメイキングなどの議論を行ってきている。このような議論の積み重ねが一つの到達点を迎えたのが2008年のソウル閣僚級会合でまとめられた閣僚宣言であった。閣僚宣言までの議論や、それ以降のOECDでの取組や議論が我が国のデジタル経済分野の政策策定者や研究者等に十分に知られていないのではないか、という思いが本書の翻訳の動機となった。

　我が国もOECDの加盟国である以上、OECDを活用しない手はない。デジタル経済分野においてもOECDの公表する統計や知見、議論を日本の政策論議に活用していただき、世界をより良くするために貢献していきたい（ちなみに、OECDの標語はBETTER POLICIES FOR BETTER LIVESである）。

　本書の翻訳にあたっては、多くの方にアドバイスいただいた。特に、総務省の片桐義博料金サービス課企画官、OECD事務局の大磯一政策アナリストには専門用語の訳出等について特に貴重なご指摘をいただいた。明石書店の安田伸氏にも翻訳のイロハから専門用語の訳出のアドバイスまで、丁寧にご指導いた

だき、また、遅々とした作業を続ける訳者を最後まで叱咤激励していただいた。ここに感謝申し上げたい。

最後に、この翻訳作業の時間分、遊んであげられなかった晃司（5歳）と祐輝（1歳）、温かく見守ってくれた妻の陽子に感謝したい。

2014年12月　パリ、ラヌラグ公園近くの自宅にて

入江 晃史

◎訳者紹介
入江 晃史（いりえ・あきふみ）　IRIE Akifumi
1978年静岡生まれ。2002年慶應義塾大学卒業後、総務省入省。07年米国ペンシルバニア大学ロースクール修了。ニューヨーク州司法試験合格。総務省電気通信事業部消費者行政課、財務省大臣官房政策金融課、総務省情報通信国際戦略局国際政策課（北米・欧州担当）等を経て、現在、OECD日本政府代表部一等書記官。著書・論文等に『インターネット上の誹謗中傷と責任』（共著、商事法務）、「オンライン上の児童のプライバシー保護の在り方について―米国、ＥＵの動向を踏まえて―」（学術論文、情報通信政策レビュー）他がある。

インターネット経済
デジタル経済分野の公共政策
〈OECDソウル宣言進捗レビュー〉

2015年3月13日　初版第1刷発行	

編著者	経済協力開発機構（OECD）
訳　者	入江晃史
発行者	石井昭男
発行所	株式会社 明石書店
	〒101-0021
	東京都千代田区外神田6-9-5
	TEL　03-5818-1171
	FAX　03-5818-1174
	http://www.akashi.co.jp
	振替 00100-7-24505

組版　株式会社ハマプロ
印刷・製本　モリモト印刷株式会社

（定価はカバーに表示してあります。）　　　　ISBN978-4-7503-4149-1

多様性を拓く教師教育 多文化時代の各国の取り組み
OECD教育研究革新センター編著　斎藤里美監訳
●4500円

学習の本質 研究の活用から実践へ
OECD教育研究革新センター編著
立田慶裕・平沢安政監訳　佐藤智子ほか訳
●4600円

知識の創造・普及・活用 学習社会のナレッジ・マネジメント
OECD教育研究革新センター編著　立田慶裕監訳
●5600円

脳からみた学習 新しい学習科学の誕生
OECD教育研究革新センター編
小泉英明監修　小山麻紀、徳永優子訳
●4800円

教育と健康・社会的関与 学習の社会的成果を検証する
OECD教育研究革新センター編著　矢野裕俊監訳
山形伸二、佐藤智子、荻野亮吾、立田慶裕、籾井圭子訳
●3800円

世界の教育改革4 OECD教育政策分析
「非大学型」高等教育、教育とICT、学校教育と生涯学習、
租税政策と生涯学習、稲川英嗣、御園生純監訳
●3800円

科学技術人材の国際流動性 グローバル人材競争と知識の創造・普及
OECD編著　門田清訳
●3800円

国境を越える高等教育 教育の国際化と質保証ガイドライン
OECD教育研究革新センター・世界銀行編著
斎藤里美監訳　徳永優子、矢倉美登里訳
●3800円

―――

研究活用の政策学 社会研究とエビデンス
S・ナトリー、I・ウォルター、H・デイヴィス著
惣脇宏、豊浩子、籾井圭子、岩崎久美子、大槻達也訳
●5400円

教育研究とエビデンス 国際的動向と日本の現状と課題
国立教育政策研究所編　大槻達也、惣脇宏ほか著
●3800円

教員環境の国際比較 OECD国際教員指導環境調査(TALIS)2013年調査結果報告書
国立教育政策研究所編
●3800円

成人スキルの国際比較 OECD国際成人力調査(PIAAC)報告書
国立教育政策研究所編
●3500円

生きるための知識と技能5 OECD生徒の学習到達度調査(PISA)2012年調査国際結果報告書
国立教育政策研究所編
●3800円

PISAの問題できるかな? OECD生徒の学習到達度調査
経済協力開発機構(OECD)編著　国立教育政策研究所監訳
●4600円

PISAから見る、できる国・頑張る国2 未来志向の教育を目指す：日本
経済協力開発機構(OECD)編　渡辺良監訳
●3600円

諸外国の教育動向 2013年度版
文部科学省編著
●3600円

〈価格は本体価格です〉

OECD 科学技術・産業スコアボード ［2011年版］ オールカラー版

グローバル経済における知識とイノベーションの動向

OECD 編著　高橋しのぶ 訳

B5判／並製／208頁
◎7400円

経済を不況から脱却させ、持続可能な成長と競争力の源泉を見出すための鍵は何か。活力あるイノベーションや分野を超えた研究開発に焦点をあて、国際比較可能なデータをもとにOECD諸国及び主要新興諸国における科学、技術、産業の実績や将来展望を概観する。

内容構成

- 第1章　知識型経済：傾向と特徴
  成長の源泉／新たな成長の勢力図／変化するイノベーションの展望／イノベーションの現状／今後の課題
- 第2章　知識の構築
  新規博士号取得者／博士号取得者の職歴／科学技術関連の職業 ほか
- 第3章　知識の連結
  R&Dの官民相互の助成／R&Dへの国際的な助成 ほか
- 第4章　新たな成長分野を狙う
  政府によるR&D助成／医療分野のイノベーション／環境技術／共同研究 ほか
- 第5章　企業のイノベーションを引き出す
  様々なイノベーション形態／広がるイノベーション／商標 ほか
- 第6章　グローバル経済における競争
  雇用／サービス業と製造業の連携／企業規模と活力／産業部門の特化 ほか

よくわかる国際貿易 自由化・公正取引・市場開放
OECDインサイト①
パトリック・ラヴ、ラルフ・ラティモア著　濱田久美子訳
◎2400円

よくわかるヒューマン・キャピタル 知ることがいかに人生を形作るか
OECDインサイト②
ブライアン・キーリー著　立田慶裕訳
◎2200円

よくわかる国際移民 グローバル化の人間的側面
OECDインサイト③　OECD編
濱田久美子訳
◎2400円

よくわかる持続可能な開発 経済、社会、環境をリンクする
OECDインサイト④　OECD編
トレイシー・ストレンジ、アン・ベイリー著
濱田久美子訳
◎2400円

官民パートナーシップ PPP・PFIプロジェクトの成功と財政負担
OECD編著　平井文三監訳
◎4500円

公務員制度改革の国際比較 公共雇用マネジメントの潮流
OECD編著　平井文三監訳
◎3600円

創造的地域づくりと文化 経済成長と社会的結束のための文化活動
経済協力開発機構（OECD）編著　寺尾仁訳
◎4500円

格差拡大の真実 二極化の要因を解き明かす
経済協力開発機構（OECD）編著　小島克久、金子能宏訳
◎7200円

〈価格は本体価格です〉

OECD幸福度白書 より良い暮らし指標:生活向上と社会進歩の国際比較
OECD編著　徳永優子、来田誠一郎ほか訳　●5600円

OECD幸福度白書2 より良い暮らし指標:生活向上と社会進歩の国際比較
OECD編著　西村美由起訳　●4500円

OECD成人スキル白書〈OECDスキル・アウトルック2013年版〉
第1回国際成人力調査(PIAAC)報告書
経済協力開発機構(OECD)編著　矢倉美登里ほか訳　●8600円

OECDジェンダー白書 今こそ男女格差解消に向けた取り組みを!
OECD編著　濱田久美子訳　●7200円

OECD教員白書 効果的な教育実践と学習環境をつくる
〈第1回OECD国際教員指導環境調査(TALIS)報告書〉
OECD編著　斎藤里美監訳　●7400円

OECD保育白書 人生の始まりこそ力強く:乳幼児期の教育とケア(ECEC)の国際比較
OECD編著　星三和子、首藤美香子、大和洋子、一見真理子訳　●7600円

OECD世界開発白書2 富のシフト世界と社会的結束
OECD開発センター編著　門田清訳　●6600円

OECD規制影響分析 政策評価のためのツール
経済協力開発機構(OECD)編著　山本哲三訳　●4600円

図表でみる教育 OECDインディケータ(2014年版)
経済協力開発機構(OECD)編著　●8600円

図表でみる世界の保健医療 OECDインディケータ(2013年版)
OECD編著　鐘ヶ江葉子訳　オールカラー版　●5500円

図表でみる世界の行政改革 OECDインディケータ(2013年版)
OECD編著　平井文三訳　オールカラー版　●5500円

図表でみる世界の主要統計 経済、環境、社会に関する統計資料
OECDファクトブック(2013年版)経済協力開発機構(OECD)編著　トリフォリオ訳　●8200円

図表でみる世界の社会問題3 貧困・不平等・社会的排除の国際比較
OECD編著　高木郁朗監訳　麻生裕子訳　OECD社会政策指標　●2800円

図表でみる起業活動 OECDインディケータ(2012年版)
OECD編著　高橋しのぶ訳　●3000円

図表でみる国民経済計算 2010年版
マクロ経済と社会進歩の国際比較
OECD編著　中村洋一監訳　高橋しのぶ訳　●2800円

地図でみる世界の地域格差 都市集中と地域発展の国際比較
OECD地域指標(2013年版)オールカラー版
OECD編著　中澤高志、神谷浩夫監訳　●5500円

〈価格は本体価格です〉